● 工学のための数学 ●
EKM-A5

建築計画・都市計画の数学

規模と安全の数理

青木義次

数理工学社

編者のことば

　科学技術が進歩するに従って，各分野で用いられる数学は多岐にわたり，全体像をつかむことが難しくなってきている．また，数学そのものを学ぶ際には，それが実社会でどのように使われているかを知る機会が少なく，なかなか学習意欲を最後まで持続させることが困難である．このような状況を克服するために企画されたのが本ライブラリである．

　全体は3部構成になっている．第1部は，線形代数・微分積分・データサイエンスという，あらゆる数学の基礎になっている書目群であり，第2部は，フーリエ解析・グラフ理論・最適化理論のような，少し上級に属する書目群である．そして第3部が，本ライブラリの最大の特色である工学の各分野ごとに必要となる数学をまとめたものである．第1部，第2部がいわゆる従来の縦割りの分類であるのに対して，第3部は，数学の世界を応用分野別に横割りにしたものになっている．

　初学者の方々は，まずこの第3部をみていただき，自分の属している分野でどのような数学が，どのように使われているかを知っていただきたい．しかし，「知ること」と「使えること」の間には大きな差がある．ある分野を知ることだけでなく，その分野で自ら仕事をしようとすれば，道具として使えるところまでもっていかなければいけない．そのためには，第3部を念頭に置きながら，第1部と第2部をきちんと読むことが必要となる．

　ある工学の分野を切り開いて行こうとするとき，まず問題を数学的に定式化することから始める．そこでは，問題を，どのような数学を用いて，どのように数学的に表現するかということが重要になってくる．問題の表面的な様相に惑わされることなく，その問題の本質だけを取り出して議論できる道具を見つけることが大切である．そのようなことができるためには，様々な数学を真に自分のものにし，単に計算の道具としてだけでなく，思考の道具として使いこなせるようになっていなければいけない．そうすることにより，ある数学が何故，

編者のことば

工学のある分野で有効に働いているのかという理由がわかるだけでなく，一見別の分野であると思われていた問題が，数学的には全く同じ問題であることがわかり，それぞれの分野が大きく発展していくのである．本ライブラリが，このような目的のために少しでも役立てば，編者として望外の幸せである．

2004年2月

編者　小川英光

藤田隆夫

「工学のための数学」書目一覧	
第1部	第3部
1　工学のための　線形代数	A–1　電気・電子工学系のための数学
2　工学のための　微分積分	A–2　情報工学系のための数学
3　工学のための　データサイエンス入門	A–3　機械工学系のための数学
4　工学のための　関数論	A–4　化学工学系のための数学
5　工学のための　微分方程式	A–5　建築計画・都市計画の数学
6　工学のための　関数解析	A–6　経営工学・社会工学系のための数学
第2部	
7　工学のための　ベクトル解析	
8　工学のための　フーリエ解析	
9　工学のための　z変換とラプラス変換	
10　工学のための　代数系と符号理論	
11　工学のための　グラフ理論	
12　工学のための　離散数学	
13　工学のための　最適化手法	
14　工学のための　数値計算	

(A: Advanced)

まえがき

　建築の計画・設計では，直観や経験の活用は不可欠である．しかし，直観や経験の名に隠れて，その場の雰囲気で思慮の浅い設計をしたり，私見に偏した計画がなされることもある．特に，近年，一部の箱物行政と呼ばれる自治体公的建築にみられる不合理な計画・設計は，地域住民への公的サービスが不十分なばかりでなく，過剰な建設費用による財政負担を増加させ，未来の住民の可能性をも圧迫するもので，批判されてよい．

　本書は，建築の計画・設計に真摯な立場で臨み，できうるかぎり適切な建築を作ろうとするための方法論を述べたものである．ここにはデザインやファッションにみられる華やかな流行はない．一つひとつ論理的な判断を積み重ねるということにつきる．一部は，実際の計画のなかで試行錯誤の末，得られた方法論もあり，論理的思考のなかに，より望ましい建築を希求した先人たちの情熱を読み取ることも可能だろう．

　内容的には，第1部が学部学生の建築計画・都市計画の教育に必要な範囲に対応しており，第2部，第3部は，学部教育では参考範囲，大学院のトピックスに対応している．学部学生が本書を活用する場合，建築計画の具体的事例を講義で学習し，数理的な部分を本書で自習するということもできるように，第1部の数理展開を特にやさしく書いた．

　本書の記述中，実際に使用されている具体的な数値の記載を省いたため，建築計画・都市計画の図書としては，すぐに実務に利用できないという不満があるかも知れない．しかし深く理由を考えずに既存の数値を真似することで計画・設計と考える風潮を排除するため，また，そうした数値は変化するので，あえて「相場」的数値は載せていない．第8章に関連した重要度係数を提案した際，筆者が具体的数値の計算に使用したのは当時の年利率7%であった．四半世紀後の現在考え難い数字である．現在の計画学のテキストのなかにはこうした非現

まえがき

実的数字を根拠にしたものがある．このような数字の変化と陳腐化だけでなく，本書の述べた方法自体も現実に合わないという状況になるかも知れない．そのとき，本書の読者が，直面する世界のなかで自ら新たな方法を構築できるよう，論理的展開に重点をおいてまとめるよう努めた．

2005 年 11 月

青木義次

目　　次

第1部　施設計画の数理 … 1

第1章
規　模　論　　　3
1.1 科学的方法論の第一歩としての規模論 … 4
1.2 規模論の概要 … 5
1.3 施設の利用者到着とサービス現象の解析 … 9
1.4 到着・サービスシステムの解析 … 14
1.5 総費用最小化からみた規模計画 … 24

第2章
施設の利用行動　　　29
2.1 利用行動の変動要因 … 30
2.2 グラビティモデル … 32
2.3 ハフモデル … 37
2.4 ウィルソンモデル … 39
2.5 ロジットモデル … 45

第3章
地　域　人　口　　　53
3.1 地域人口 … 54
3.2 外　挿　法 … 55
3.3 コホートモデル … 62
3.4 ローリーモデル … 68

第4章

施設整備論　　85

4.1　施設整備問題 ･･･86
4.2　地域施設の整備過程 ･････････････････････････････････87
4.3　地域施設整備過程の最適化 ･･･････････････････････････92
4.4　最適整備過程の性質と計画可能性 ･････････････････････96
　　　第1部の問題 ･･･98

第2部　安全計画のための確率論的現象解析 ･････99

第5章

火災拡大の確率モデル　　101

5.1　火災フェイズ ･･･････････････････････････････････････102
5.2　火災フェイズの状態遷移モデル ･････････････････････103
5.3　火災進展の確率的尺度 ･････････････････････････････111
5.4　確率モデルのパラメータ推定 ･･･････････････････････114
5.5　火災拡大の時間的変化 ･････････････････････････････122
5.6　各構造タイプによる火災拡大の差 ･･･････････････････126
5.7　避難と人命危険度 ･････････････････････････････････131

第6章

類焼の確率モデル　　139

6.1　類　焼　過　程 ･････････････････････････････････････140
6.2　類焼確率関数の数理的導出 ･････････････････････････143
6.3　最終類焼確率関数の計測例とその性質 ･･･････････････151

第7章

地震時出火の確率モデル　　155

7.1　地震時出火の経験法則 ･････････････････････････････156
7.2　現象の確率論的定式化 ･････････････････････････････158
7.3　倒壊率　出火率関係式の導出 ･･･････････････････････160

7.4 河角式の導出 ･････････････････････････････････････ 162
7.5 各出火率–倒壊率関係式の特徴･････････････････････ 163
第 2 部の問題 ･･･ 172

第3部　建築・都市安全計画の最適化 ･･･････････ 173

第8章

重要度係数の最適化　　　　　　　　　　　　　　175

8.1 重要度係数の概念枠組み ･････････････････････････ 176
8.2 総効用最大化原理 ･･･････････････････････････････ 180
8.3 効用に関する具体的な値 ･････････････････････････ 183
8.4 総効用最大化原理の展開 ･････････････････････････ 188
8.5 費用に関する具体的な値 ･････････････････････････ 190
8.6 重要度係数の最適解 ･････････････････････････････ 192
8.7 総効用最大化原理の意味と限界･･･････････････････ 200

第9章

都市防災の最適化　　　　　　　　　　　　　　　203

9.1 都市防災計画の状況 ･････････････････････････････ 204
9.2 防災計画の一般的特徴と評価の問題･･･････････････ 208
9.3 2つの集合の比較評価の方法 ･････････････････････ 214
9.4 防災計画における最適化 ･････････････････････････ 221
第 3 部の問題 ･･･ 223

問 題 略 解　　　　　　　　　　　　　　　　　　224

参 考 文 献　　　　　　　　　　　　　　　　　　229

索　　　引　　　　　　　　　　　　　　　　　　235

第1部
施設計画の数理

第1章　規　模　論
第2章　施設の利用行動
第3章　地　域　人　口
第4章　施設整備論

第1章

規模論

　建築設計に先立って建築施設の規模をどの程度にしておくべきかという疑問が生じる．大きすぎて無駄であったり小さすぎて不便であったりしないようにしたい．このような問題に合理的な解答を与えようとするのが建築規模論である．直観や経験に頼ってきた建築設計を，より客観的・合理的な視点から捉え設計計画の科学つまり建築計画学の第一歩となったのも規模論である．本章では建築規模論の基礎的考え方を述べる．

1.1　科学的方法論の第一歩としての規模論
1.2　規模論の概要
1.3　施設の利用者到着とサービス現象の解析
1.4　到着・サービスシステムの解析
1.5　総費用最小化からみた規模計画

1.1 科学的方法論の第一歩としての規模論

　建築計画の研究は，それまで直観や経験に頼ってきた設計を，客観的・合理的にできないものか模索することから始まったといっても過言ではない．そのなかでも，後に『規模論』と呼ばれる施設規模を決定する方法論の構築は，病院建築設計の実践的研究をしていた吉武が，病院での便器の数を，どの程度にするべきか，どのように決めるべきか，現実的で合理的視点から解決することからスタートした[1]～[4], [11]．α法，β法という彼の方法は，便器の必要数を決定したということにとどまらなかった．便器の必要数が決まると，1便器当たりの必要スペースとの積から便所の必要面積が決まる．建築の部分空間に過ぎないにしても，建築設計の最も基礎となる必要床面積が合理的に決定できる．この事実は，建築の規模を科学的方法から求める『規模論』の可能性がみえてきたということである．しかし，それにもまして建築計画研究にもたらした影響として見逃してはならないもうひとつのことがあった．経験的にしか決めることができないと思われてきた建築設計に科学的方法が有効なことが，具体的事例で示されたのであった．これに刺激を受けた建築設計の実務者，研究者は，科学的方法論を駆使することで，建築設計に新たな『建築計画学』という分野を目指すことになるのである．

　吉武の萌芽的研究を受け，岡田[5], [6], [8]～[10], [12]～[14]は，各施設の利用行動の微妙な差異にも配慮しつつ，広い視点からの規模決定の方法について体系的に研究し，施設規模論を確立することになる．

　本章では，規模論の考え方の基本部分に限って紹介しておきたい．その理由のひとつは，2人の先駆的な研究内容を紹介するだけでも数冊の図書になってしまうからである．もうひとつの理由は，規模論からの結果が一人歩きしてしまい，実務者，研究者の一部に，規模論の考え方を理解しないまま使用する傾向がみられるからである．岡田も注意するように，評価指標は，立場や，何に価値をおくかで異なるし，バックグラウンドとなっている待ち行列の理論で用いる指標にも，待つ人の人数の期待値，待つ人が発生する確率など様々なものがあるが，どれを用いるかは，施設の種類や，計画理念によって異なってくるのである．

1.2 規模論の概要

1.2.1 様々な視点

建築設計では，様々な関係者がいる．設計者がすべてを決定できるわけではない．何が望ましいかは，むしろ設計の発注者である施主サイドに大きな発言権がある．公的な施設であれば，利用者である住民の価値判断が尊重されなければならない．「望ましい規模」を考えるときでも，民間施設であれば，経営者は，利益最大となる規模を望むであろうし，公的施設であれば，利用者に対するサービスの最大化や，住民一人ひとりが受けるサービスの公平さが望まれる．

実現可能性を考えると，それ以上の規模でないと運営上支障をきたすという「最小規模」(例えば，あまりにも蔵書数が少ない図書館は利用者が来館せず，図書館として運営できない)，それ以上では，コストや技術的理由で成立できないという「最大規模」があり，この最小規模と最大規模の間になければならないという考え方もある．

全く新たなタイプの施設を作るというのでなければ，既存の施設の状況を把握することも重要である．既存の施設は，すでに実現しているのであるから，少なくとも最小規模と最大規模の間にあると判断できる．こうした事情から，経験的に，既存施設の規模分布の中央値付近を設計の前提とする設計者も多い．

ここでは，上記の既存施設の追従のような経験的方法ではなく，関係者の間で合意された費用・便益の指標を用いて，最適な規模を決定していくことを考えることにしたい．

1.2.2 規模計画の手順

規模計画の手順の概略を図示したものが図1.1である．

何よりも重要なのが利用者行動の把握である．なかでも利用者数は極めて重要な量である．利用者総数は，施設の魅力（例えば，図書館の場合であれば蔵書数が多いほど利用者は増える傾向にある），施設へのアクセスの容易さ，周辺地域の人口密度などに依存しており，利用者数を推測するためのモデルも提案されている．施設によっては，上記の要因のほか，地域固有の利用行動需要というものもある．例えば，病院の計画では，各診療科目の疾病率が，地域によって異なるため，診療科目ごとの必要面積が地域によって変化することもあ

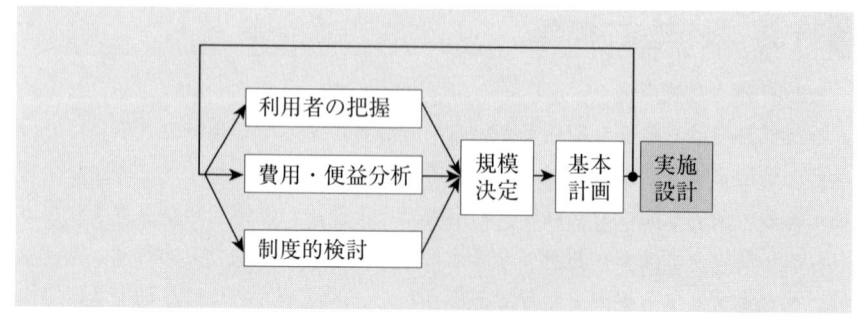

図 1.1 規模計画の手順

る．このように施設の内容が，地域の個性に依存することから，浦[7]は，それまで様々な名で呼ばれていた施設を「地域施設」と名付けた．

利用者数が同一でも，ある時間に集中して来館する場合と，どの時間でもほとんど同数の人が来館する場合では，前者のほうが集中した時間帯でも機能するように設計するため，規模が大きくなる．利用者の来館行動の時間変動を把握するためには，基本的に，時刻変動（1日における来館者数の変化），曜日変動，月変動を配慮する．通常，一番利用者が多いときに十分機能し得るように規模を決定する．

施設計画で，制度的検討もかかせない．例えば，図書館にやってくる利用者は，本人の意志で，図書館を選択し自分の好きな時刻に来館するが，小学校の児童は，住所で小学校は決まっており，平日はかならず決まった時刻に登校する．したがって，小学校の計画では，学校区内の年齢別人口より直接児童数を求めることができるし，図書館のように来館者の時間変動を気にする必要はなく，むしろ適切な学校区編成が計画のポイントとなる．

このほか，様々な社会制度とリンクした整合性を検討する必要もある．例えば，郵便局の計画では，より広域の郵便事業の形態や集配システムによって，設計すべき郵便局の役割が異なってくることもある．図書館でも，本館，分館のネットワークで，図書の移動をすることで，少ない収蔵スペースで効果をあげることもある．

費用・便益分析は，合理的な計画決定の中心部分である．利用者にとってはゆったりとしたスペースのほうが好まれるが，そのために過剰な建設費，電気・ガスなどの設備費を含めた運営費の負担増は，運営主体の財政を圧迫し，場合

によっては，施設の閉鎖にもつながる．適切なコストとなる規模が望ましいのである．こうした観点から費用の少ない，より便益の多い規模が望まれる．

施設計画では，来館した利用者が，施設の規模が小さいことで利用ができなかったり，利用が阻害されたりしないような規模を目指す．つまり，利用不可能者の発生をマイナスの便益として，なるべく少ない費用で利用不可能者の発生を少なくするように規模を決定する．より一般的には，「施設規模により提供できるサービスを超えた利用者が発生することによる損失」をマイナスの便益と考え，規模を決定することが多い．

しかし，利用不可能者の発生というできごとをどのような指標で計算するかは，施設の用途や運営理念にも依存する．例えば，診療所の待合スペースの規模決定では，患者数が多くて待合スペースにはいることができなくなったり，あるいは座る席がなく立ったまま待つということがなるべく生じないように広さや座席数を決定する．この場合でも，待合スペースからあふれてしまった人数の平均値を指標とするのと，待合スペースからあふれてしまう確率を指標とするのでは微妙に異なる．

決定された規模を前提として基本計画が立案されると，フィードバックする必要が生じることがある．図書館の設計を例にすると，基本計画で書庫のスペースが決定し，蔵書数が決まる．これが，当初の来館者数を予測するときに用いたモデルでの魅力係数の計算に用いた蔵書数と大幅に異なっていれば，再度，来館者数の予測をしなおすということになる．同様に，平面計画の結果が当初の費用・便益分析で用いた数値と異なる場合には再度分析のしなおしがなされる．また，基本計画の内容が，広域の図書館ネットワークと整合的かどうかの検討も必要になる．

このような作業を終えて実施設計にはいり，詳細な建築設計がなされる．

1.2.3 規模決定の判断指標

施設の規模，例えば床面積を決めると利用可能な人数が決まる．一方，利用者数は変動する．このとき，どの程度の利用可能人数に相当する規模とするかということが課題である．この議論を明確にするため，まず，利用者数を横軸にとり，縦軸にそれぞれの頻度をとったグラフを描いてみよう（図1.2）．

しばしば，設計者は直観的に平均値 m に相当する規模を選択することがあ

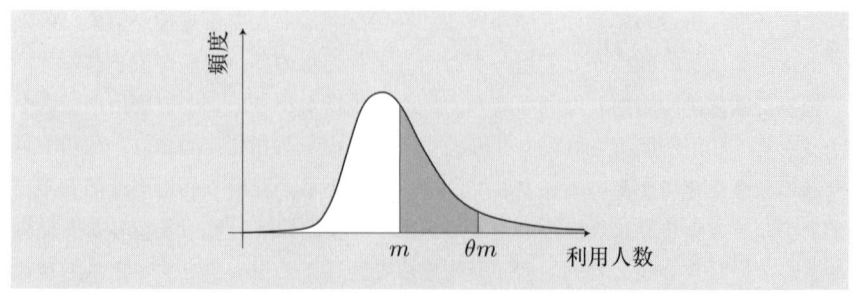

図 1.2 設定値と超過確率

る．このとき，図の分布の平均値 m（中央値または最頻値でも同様）に相当する規模を決定したとすると，約半数のケース（図中の濃い灰色および薄い灰色部分）で利用できない事態となる．明らかに不都合な計画である．

そこで，平均値 m の何倍かにしておけば，利用できない人は少なくなるので，この倍率 θ を用いて，θm に相当する規模に決定することが考えられる．しばしば，この θ を安全率と呼んでいる．しかし，どのような値の θ を採用すべきかという問題が残るし，同じ θ でも，θm を超えてしまい利用できないケース（図の薄い灰色部分）の割合は，分布のばらつきが小さいときは小さいが，ばらつきが大きいときには，この割合は大きい．

そこで，図の薄い灰色部分に相当する確率を計算し，この値がある水準値以下になるような規模とするという考え方がでてくる．超過確率法と呼ばれる決定方法である．しかし，どのような水準値を採用すべきかという問題が残る．また，施設の種類や運営形態によっては，超過確率だけが適切な判断指標ではない．例えば，超過してしまった人数の期待値をある水準値以下にするように規模を決定する方法もある．

以上みてきたように様々な方法があるが，どのような方法で判断するかは，施設の用途や計画理念に依存して決めるべきであろう．

こうしたミクロな視点ではなく，超過してしまうことによる損失を考え，この施設が長期に渡って運営されたときの損失合計，この施設にかかる建設コスト，各年での運営コストの全体を，(利子率で補正し) 合計したものを総損失とし，これを最小化するように規模を決めるという考え方もある．

1.3 施設の利用者到着とサービス現象の解析

1.3.1 現象の理論化

規模決定という実践的課題に対してすぐに解答を用意したいところであるが，現象には確率的な変化が伴うので，より明快な解答を得るためには現象をわかりやすく定式化しておく必要がある．

1.3.2 到着とサービス

具体的な例で検討しよう．5分に1人の割合で利用者が施設に到着するとしよう．一方，利用者は，平均3分のサービスを受けて帰っていく．

ここで，到着とサービスの尺度を比較するため，どちらも1分当たりで考え，1分当たりの到着人数を「到着率」と呼ぶ．同様に1分当たりのサービス終了人数を「サービス率」と呼ぶ．両者を比較すると，$1/5 < 1/3$ となっている．つまり到着する割合のほうがサービスを終えて帰る割合より小さい．もしも，この大小関係が逆転していれば，帰る人より到着する人が多く利用者が次第にたまっていくことになる．そこで，本章の範囲では，上記のように到着率はサービス率よりも小さい範囲で議論を展開することにする．

では，到着率がサービス率よりも小さいとき，利用者は待つことがないかというとそうではない．図1.3のように，25分の時間の中でも2番目に到着した人は1分，5番目の人は2分，合計3分の待ちが発生している．「待たないですむ」ということは到着率がサービス率に比べて小さくとも達成できないことがある．確率的に考える必要はこの点にある．つまり，「待たないですむ」を達成

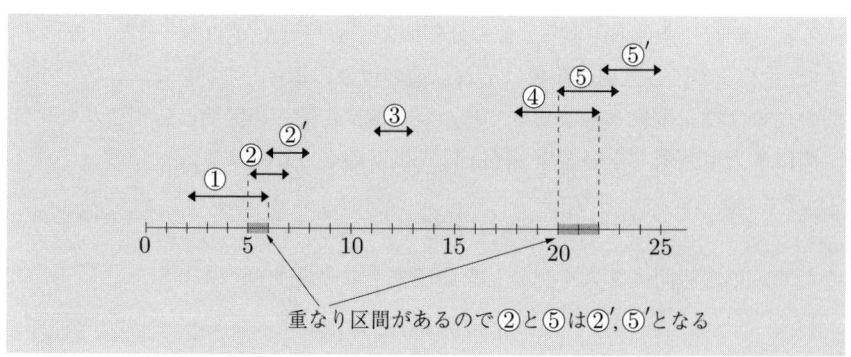

図 1.3　待ちが発生する例 ($\lambda = 1/5, \mu = 1/3$)

するのではなく「なるべく待たない」という考え方である.

1.3.3 ランダム到着

確率的な現象を解明するため,ここでは到着現象について定式化し,その基本的性質を明らかにする.サービス現象も類似した議論となる.

ここでは,ほぼ成立していると思われる以下の仮定をおくことにしたい.

> (1) 十分小さい時間間隔 Δt においては,同時に2人以上の到着は無視し得る.
> (2) 任意の時刻 t 以降の到着確率は,過去の事象の生起に依存しない.
> (3) 任意の時刻 T から $T+t$ の間に k 人到着する確率は,どの時刻 T においても同一である.

以上の仮定のもとで,時間間隔 t の間に k 人到着する確率 $v_k(t)$ がどのように表現されるか検討する.

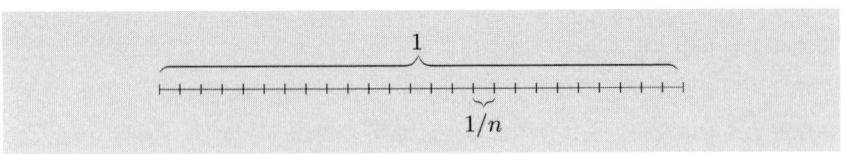

図 1.4 微小時間に分割

まず,時間間隔 t の間に誰も到着しない確率 $v_0(t)$ を検討する.図 1.4 のように1単位時間を n 個に等分割し,時間間隔 $1/n$ に1人も到着しない確率を考えると,上記の条件 (3) より,どの分割区間でも等しく $v_0(1/n)$ になっている.また,(2) より,各区間の現象はそれ以前の現象に依存しないので,n 個の小区間の現象は独立事象とみなせる.したがって,n 個の小区間に分割された単位時間に1人も到着しない確率 $v_0(1)$ は,以下のように定まる.

$$v_0(1) = \{v_0(1/n)\}^n \tag{1.1}$$

ここで,単位時間に1人も到着しない確率を θ と記す.つまり,

$$v_0(1) = \theta \quad (0 \leq \theta \leq 1) \tag{1.2}$$

とおくと,$v_0(1/n) = \theta^{1/n}$ が得られる.

1.3 施設の利用者到着とサービス現象の解析

上記の単位時間のかわりに時間間隔 k/n について同様の議論をすると，

$$v_0(k/n) = \{v_0(1/n)\}^k = \theta^{k/n}$$

を得る．ここで $v_0(t)$ は，定義から時間 t に関して非増加関数であるので，

$$\frac{k-1}{n} < t \leq \frac{k}{n}$$

なる t について，

$$v_0\left(\frac{k-1}{n}\right) \geq v_0(t) \geq v_0\left(\frac{k}{n}\right)$$

を満足している．つまり，

$$\theta^{(k-1)/n} \geq v_0(t) \geq \theta^{k/n}$$

分割数 n が無限大に近づくとき，k/n と $(k-1)/n$ は t に近づくので，上記の左辺，右辺ともに θ^t に収束する．したがって，

$$v_0(t) = \theta^t \tag{1.3}$$

となる．ここで，$\theta = 0$ のとき，単位時間に 1 人も到着しない確率が 0，つまり必ず到着する．単位時間のとり方によらず必ず到着するとすれば，有限時間に無限の到着があることになり，われわれの扱う問題にそぐわない．また，$\theta = 1$ のときを考えると，$v_0(t) = 1$ であり，どんなに長い時間 t であっても誰も到着しないことになる．この場合もわれわれの問題にそぐわない．以上のことから，

$$0 < \theta < 1 \tag{1.4}$$

とみなすことができる．この事実から正のパラメータ λ を導入して，

$$\theta = e^{-\lambda} \tag{1.5}$$

と表記すると，以下のように表すことができる．

$$v_0(t) = e^{-\lambda t} \tag{1.6}$$

次に $v_k(t)$ $(k \geq 1)$ を考える．$[0,1]$ の時間間隔を k よりも十分大きな n 個の区間に等分する．このとき，次の 2 つの排反事象に分解してみる．

- E_1：どの微小区間においても到着した人数は 0 または 1 である．
- E_2：微小区間のうち少なくとも 1 つは，2 人以上の到着がある．

上記の排反事象のそれぞれが起きる確率を $P(E_1,k)$, $P(E_2,k)$ とおくと，

$$v_k(t) = P(E_1,k) + P(E_2,k) \tag{1.7}$$

先にあげた条件 (1) より，十分大きな n に対して $P(E_2,k)$ は 0 とみなせる．一方，E_1 の事象が成立する組合せを考えると以下のようになる．

$$P(E_1,k) = {}_nC_k \{v_1(t/n)\}^k \{v_0(t/n)\}^{n-k} \tag{1.8}$$

ここで，

$$\{v_0(t/n)\}^{n-k} = \{e^{-\lambda t/n}\}^{n-k} = e^{-\lambda t} e^{\frac{k}{n}\lambda t}$$

であり，十分大きな n に対して，

$$\{v_0(t/n)\}^{n-k} \to e^{-\lambda t}$$

となる．一方，

$$\{v_1(t/n)\}^k \cong \{1 - e^{-\lambda t/n}\}^k \cong \left(\frac{\lambda t}{n}\right)^k$$

となることから，

$$P(E_1,k) \cong {}_nC_k \left(\frac{\lambda t}{n}\right)^k e^{-\lambda t} = \frac{n!}{(n-k)!n^k} \frac{(\lambda t)^k}{k!} e^{-\lambda t} \tag{1.9}$$

が成立している．この右辺第 1 項は，

$$\frac{n!}{(n-k)!n^k} = \frac{n}{n} \cdot \frac{n-1}{n} \cdot \frac{n-2}{n} \cdot \cdots \cdot \frac{n-k+1}{n}$$

$$= 1 \cdot \left(1 - \frac{1}{n}\right) \cdot \left(1 - \frac{2}{n}\right) \cdot \cdots \cdot \left(1 - \frac{k-1}{n}\right)$$

と表すことができるので，十分大きな n に対して，1 に収束するので，結局以下の関係式が成立する．

$$P(E_1,k) = \frac{(\lambda t)^k}{k!} e^{-\lambda t} \tag{1.10}$$

以上の結果から，次式を得る．

$$v_k(t) = \frac{(\lambda t)^k}{k!} e^{-\lambda t} \tag{1.11}$$

これは，ポアソン分布と呼ばれる確率分布である．
以下では，到着分布はポアソン分布に従うものとして解析することになる．

1.3 施設の利用者到着とサービス現象の解析

1.3.4 到着間隔

ポアソン到着のとき，到着間隔 D の確率分布を検討する．到着間隔 D が t 以上ということは t という時間間隔に誰も到着しないということなので，到着間隔 D が t 以上となる確率 $P(D > t)$ は $v_0(t)$ にほかならない．つまり，

$$P(D > t) = v_0(t) = e^{-\lambda t} \tag{1.12}$$

$$P(D \leq t) = 1 - e^{-\lambda t} \tag{1.13}$$

これは，到着間隔 D が指数分布に従うことを表している．

指数分布の特徴を理解するため，この分布の平均，分散を求めておくことにする．まず，確率密度関数 $f(t)$ は，一般的に次のように定義される．

$$f(t)dt = P(t \leq D < t + dt) = \frac{d}{dt}P(D \leq t) \cdot dt \tag{1.14}$$

この定義から，到着間隔の確率密度関数 $f(t)$ は，以下のようになる．

$$f(t) = \lambda e^{-\lambda t} \tag{1.15}$$

また，平均到着間隔 $E[D]$ は，

$$E[D] = \int_0^\infty t \cdot f(t)dt = \int_0^\infty t \lambda e^{-\lambda t} dt \tag{1.16}$$

であり，部分積分法を用いて次のように計算できる．

$$E[D] = -\left[t e^{-\lambda t}\right]_0^\infty + \left[-\frac{e^{-\lambda t}}{\lambda}\right]_0^\infty = \frac{1}{\lambda} \tag{1.17}$$

さらに，自乗平均 $E[D^2]$ も，

$$E[D^2] = \int_0^\infty t^2 \cdot f(t)dt = \int_0^\infty t^2 \lambda e^{-\lambda t} dt = \frac{2}{\lambda^2}$$

と計算できるので，分散 $V[D]$ は次のようになる．

$$V[D] = E[D^2] - (E[D])^2 = \frac{1}{\lambda^2} \tag{1.18}$$

上記の結果より，到着分布のパラメータ λ は，到着間隔の平均値の逆数としてデータから推定できることがわかる．これは，すでに 1.3.2 で述べた到着率にほかならないので，以下パラメータ λ を到着率と呼ぶ．サービスがどのようになされるかについても同様の検討で，サービスにかかる時間の確率分布が，指数分布になることがわかる．この分布のパラメータはサービス率 μ である．

1.4 到着・サービスシステムの解析

1.4.1 サービス窓口が1つの場合

診療所に患者が到着し，医師が診察をする．患者が多くなると待合室で待つことになる．ここで，医師が2人で診察すれば待つ可能性は低くなる．このようにサービスを行う窓口を「サービス窓口」もしくは単に「窓口」という．

最初は窓口が1つの場合について，現象を解析する．つまり，ポアソン到着で，指数分布サービスの窓口が1つのケースで，すでに到着した人のサービスが終了していない場合は待っているというプロセスを検討する．時刻tでサービス中の人と待っている人の合計がi人である確率を$P_i(t)$と記す．

厳密な証明は省略するが，十分長い時間経過のもとでは確率$P_i(t)$は一定値に収束する．つまり，

$$\lim_{t\to\infty} P_i(t) = p_i \tag{1.19}$$

であり，このとき，系は平衡状態にあるという．以下では，図1.5で示される平衡状態についての検討を行う．

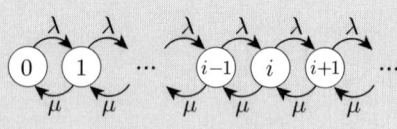

図1.5 人数変化の状態遷移図（窓口1つ）

平衡状態では，系の人数が新たにi人となる確率と新たにi人ではなくなる確率が等しいはずである．十分小さな時間間隔では，先に述べた条件(1)より，2人以上の到着やサービス終了は無視し得るので，前者は$i-1$人の状態に新たに1人の到着があった確率と$i+1$人の状態でサービスが終了した確率の和である．後者は，i人の状態から，新たに到着した人がいて$i+1$人になる確率と1人のサービスが終了して$i-1$人になる確率の和である．式で表現すると，

$$\lambda p_{i-1} + \mu p_{i+1} = (\lambda + \mu) p_i \quad (i \geq 1) \tag{1.20a}$$

となる．$i=0$のときは，

1.4 到着・サービスシステムの解析

$$\mu p_1 = \lambda p_0 \tag{1.20b}$$

になっていることに注意する.

ここで,以下の表記を単純化するため,

$$\rho = \lambda/\mu \tag{1.21}$$

と表記すると,

$$p_1 = \rho p_0 \tag{1.22}$$

となるので,さらに,平衡式 (1.20a) を,

$$p_{i+1} = \frac{1}{\mu}(\lambda p_i + \mu p_i - \lambda p_{i-1}) = \rho p_i + (p_i - \rho p_{i-1})$$

と変形しておき,$i = 0$ のときは (1.22) 式を代入し上式の第 2 項は 0 となる.この計算を繰り返していくことで,以下の一般式を得ることができる.

$$p_i = \rho^i p_0 \tag{1.23}$$

この式から p_0 がわかれば,すべての p_i が決定できる.ところで,すべての事象の確率が 1 となることから,

$$\sum_{i=0}^{\infty} p_i = 1 \tag{1.24}$$

であるので,先の一般式を代入し等比数列の和を計算することで,

$$\sum_{i=0}^{\infty} \rho^i p_0 = p_0 \frac{1}{1-\rho} = 1$$

となり,以下の結果を得る.

$$p_0 = 1 - \rho \tag{1.25}$$

すなわち,次の一般式を得ることができる.

$$p_i = \rho^i (1 - \rho) \tag{1.26}$$

例 この式を用いて,系の中にいる人数の平均 L や,待っている人数の平均 L_q を計算することができる.まず,平均人数の定義式に (1.26) 式を代入すると,

$$L = \sum_{i=1}^{\infty} i p_i = \sum_{i=1}^{\infty} i \rho^i (1 - \rho) \tag{1.27}$$

となる．ここで，

$$\frac{d}{d\rho}\sum_{i=1}^{\infty}\rho^i = \sum_{i=1}^{\infty}i\rho^{i-1} \tag{1.28}$$

であることに注意して，

$$L = \rho(1-\rho)\frac{d}{d\rho}\sum_{i=1}^{\infty}\rho^i = \rho(1-\rho)\frac{d}{d\rho}\frac{\rho}{1-\rho} = \frac{\rho}{1-\rho} \tag{1.29a}$$

となる．また，λ と μ を用いれば，以下のように表すこともできる．

$$L = \frac{\lambda}{\mu - \lambda} \tag{1.29b}$$

同様にして，待っている人数の平均値 L_q も求められる．このとき，1人がサービス中であるので，以下のように表すことができる．

$$L_q = \sum_{i=1}^{\infty}(i-1)p_i \tag{1.30}$$

したがって，

$$L_q = \sum_{i=1}^{\infty}ip_i - \sum_{i=1}^{\infty}p_i = L - (1-p_0) = \frac{\rho^2}{1-\rho} \tag{1.31a}$$

となる．また，λ と μ を用いれば，以下のように表すこともできる．

$$L_q = \frac{\lambda^2}{\mu(\mu-\lambda)} \tag{1.31b}$$

□

次に，待ち時間 T が t 以上となる確率 $P(T>t)$ を求めよう．この事象は，その人が到着したときに k 人いて t 時間後にサービスを終えた人が $k-1$ 人であったときに発生する．時間 t の間にサービスを終える人が j 人である確率を $s_j(t)$ とすると，待ち時間 T が t 以上となる確率は，系に k 人いる確率 p_k に t 時間後にサービスを終えた人が $k-1$ 人である確率の積和となるので，

$$P(T>t) = \sum_{k=1}^{\infty}p_k\sum_{j=0}^{k-1}s_j(t) \tag{1.32}$$

となる．また，

1.4 到着・サービスシステムの解析

$$s_j(t) = e^{-\mu t}\frac{(\mu t)^j}{j!} \tag{1.33}$$

であるので,

$$P(T > t) = \sum_{k=1}^{\infty} \rho^k(1-\rho) \sum_{j=0}^{k-1} e^{-\mu t}\frac{(\mu t)^j}{j!} = (1-\rho)e^{-\mu t}\sum_{k=1}^{\infty}\rho^k \sum_{j=0}^{k-1}\frac{(\mu t)^j}{j!}$$

ここで,加える順序を,k を先に j を後に入れ換えることで以下のようになる.

$$P(T > t) = (1-\rho)e^{-\mu t}\sum_{j=0}^{\infty}\frac{(\mu t)^j}{j!}\sum_{k=j+1}^{\infty}\rho^k$$

したがって,

$$P(T > t) = (1-\rho)e^{-\mu t}\sum_{j=0}^{\infty}\frac{(\mu t)^j}{j!}\left(\frac{1}{1-\rho} - \frac{1-\rho^{j+1}}{1-\rho}\right) = \rho e^{-\mu t}\sum_{j=0}^{\infty}\frac{(\mu t\rho)^j}{j!}$$

であり,ρ の定義から,

$$P(T > t) = \rho e^{-\mu t}\sum_{j=0}^{\infty}\frac{(\lambda t)^j}{j!}$$

となる.ここで,

$$\sum_{j=0}^{\infty}\frac{(\lambda t)^j}{j!} = e^{\lambda t} \tag{1.34}$$

に注意して以下の結果を得る.

$$P(T > t) = \rho e^{-(\mu-\lambda)t} \tag{1.35}$$

次に,待ち時間の平均を求めよう.最初に分布が非負の領域でのみ定義される分布関数の平均を求める計算法について考えておきたい.待ち時間が t となる確率密度関数を $f(t)$,累積分布関数を $F(t)$ とすると,定義から,

$$P(T > t) = 1 - F(t) \tag{1.36}$$

である.そこで,以下の積分を考える.

$$I = \int_0^{\infty} P(T > t)dt = \int_0^{\infty}\{1 - F(t)\}dt \tag{1.37}$$

部分積分法により,

$$I = \left[t\{1-F(t)\}\right]_0^{\infty} - \int_0^{\infty} t\cdot\frac{d}{dt}(1-F(t))dt = \int_0^{\infty} t\cdot f(t)dt \tag{1.38}$$

となる．右辺は，待ち時間の平均値 W_q の定義式であるので，結局待ち時間の平均値 W_q は積分 I を計算すればよいことがわかる．したがって，先に得られた待ち時間 T が t 以上となる確率の式 (1.35) を式 (1.37) に代入して積分を実行することで平均待ち時間が計算できる．

$$W_\mathrm{q} = \int_0^\infty \rho e^{-(\mu-\lambda)t} dt = \rho \left[\frac{e^{-(\mu-\lambda)t}}{-(\mu-\lambda)} \right]_0^\infty = \frac{\rho}{\mu-\lambda}$$
$$= \frac{\lambda}{\mu(\mu-\lambda)} \tag{1.39}$$

先の平均待ち人数の結果と比較すると，次の関係が成立していることがわかる．

$$L_\mathrm{q} = \lambda W_\mathrm{q} \tag{1.40}$$

この関係は，実は次のように考えても得られる．ある A 氏が到着してからサービスを受けるまでの時間の平均は W_q であるので，この時間 W_q における各変量の平均について考える．時間 W_q に新たに到着する人数の平均は到着率を時間にかけることで λW_q と求まる．ところが，この新たに到着した人は，A 氏がサービスを受けるまでは待っている．つまり，時間 W_q に待っている人数の平均 L_q は λW_q に一致する．つまり，上記の式が成立する．この関係はリトルの公式と呼ばれ，サービス窓口の数が増えた場合でも成立する．

■ 例題 1.1

ある診療所での混雑時間帯での患者の到着間隔，診療時間の平均はそれぞれ 20 分と 10 分であった．待合室で満席となり，立って待つ患者が発生する確率が 1 パーセント以下になるように待合室の座席数を決定せよ．

【解答】 系にいる人（つまり，診療中と待っている人）の数が i 人である確率は，以下の式で計算できた．

$$p_i = \rho^i(1-\rho)$$

そこで座席数を k とすると，座れない人が発生する確率は，

$$P = 1 - \sum_{i=0}^{k+1} p_i$$

であり，これに p_i を代入して計算することで以下のようになる．

1.4 到着・サービスシステムの解析

$$P = 1 - \sum_{i=0}^{k+1}(1-\rho)\rho^i = 1 - (1-\rho)\frac{1-\rho^{k+2}}{1-\rho} = \rho^{k+2}$$

さらに，パラメータを到着間隔の平均 $E[D]$，診療時間の平均 $E[S]$ で表せば，各パラメータ λ, μ は，それらの逆数になることから以下のようになる．

$$P = \left(\frac{\lambda}{\mu}\right)^{k+2} = \left(\frac{1/E[D]}{1/E[S]}\right)^{k+2}$$

ここで，

$$E[S] = 10, \quad E[D] = 20$$

であったので，P の式の右辺の括弧内は 0.5 であり，この値を電卓で次々にかけていけば，

$$(0.5)^6 = 0.0156 > 0.01 > 0.0078 = (0.5)^7$$

という結果となるので，結局，座席としては 5 席あれば，立って待つ患者が発生する確率を 1 パーセント以下にすることが可能なことがわかる．■

例題のように，必要座席数がわかると，この席数が用意できるように待合室の広さと形状を決定することが建築設計の課題ということになる．

1.4.2 サービス窓口が複数の場合

平均到着間隔が $1/\lambda$（つまり到着率 λ）のポアソン到着に対して，平均サービス時間が $1/\mu$（つまりサービス率 μ）の窓口を s 個用意した場合の待ち現象を検討する．窓口が 1 つの場合と同様にして，平衡状態での方程式を構成することから始める（図 1.6 参照）．窓口が 1 つの場合と同様，系の人数が i である確率を p_i とする．

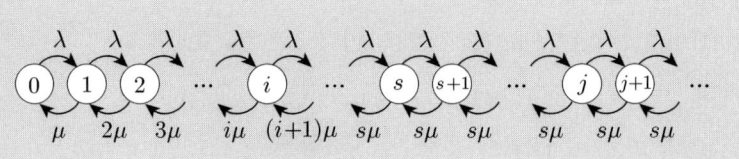

図 1.6 人数変化の状態遷移図（窓口 s 個）

まず，待ち人数が0と1の場合の平衡は，サービスを受けていた1人がサービスを終える確率とだれもいないところに到着する確率が等しいときに成立するので，以下のようになる．

$$\mu p_1 = \lambda p_0 \tag{1.41a}$$

次に，系の人数 i がサービス窓口の数 s 未満である場合について考える．人数が i となるのは，$i-1$ 人のときに到着するか $i+1$ 人のときにサービスを終了するかであり，後者は窓口が1つの場合と違ってサービス中の $i+1$ 人が終了しうる可能性があることに注意する必要がある．一方，人数が i 人の状態からそうでなくなるのは，新たに到着するか，サービス中の i 人がサービスを終了する場合に起こる．平衡状態は，新たに i 人の状態になる確率と i 人の状態からそうでなくなる確率が等しいときなので，以下の等式が成立する．

$$\lambda p_{i-1} + (i+1)\mu p_{i+1} = (\lambda + i\mu)p_i \quad (1 \leq i \leq s-1) \tag{1.41b}$$

系の人数 i がサービス窓口の数 s の場合についても同様の議論が成立する．ただし，サービスが終了するのは，サービス窓口数 s を超えることはないことに注意しなければならない．つまり，以下の平衡関係式を得る．

$$\lambda p_{i-1} + s\mu p_{i+1} = (\lambda + s\mu)p_i \quad (i \geq s) \tag{1.42}$$

ここで，以下の計算を簡便にするために，

$$\rho = \frac{\lambda}{\mu}, \quad \theta = \frac{\rho}{s} = \frac{\lambda}{\mu s} \tag{1.43}$$

と記号を導入しておく．

(1.41a) 式より，直ちに，

$$p_1 = \rho p_0 \tag{1.44}$$

が得られる．

(1.41b) 式について，μ で除して移項することで次式を得る．

$$(i+1)p_{i+1} - \rho p_i = i p_i - \rho p_{i-1}$$

この式の右辺で $i=1$ の場合を考えると，先の (1.44) 式より右辺が0となり，左辺も0となることがわかる．この議論を順次繰り返せば，

1.4 到着・サービスシステムの解析

$$ip_i - \rho p_{i-1} = 0$$

すなわち,

$$p_i = \frac{\rho}{i} p_{i-1} \tag{1.45}$$

が得られる.これが 0 から s までの i について成立しているので,結局,次の結果を得る.

$$p_i = \frac{\rho^i}{i!} p_0 \quad (0 \leq i \leq s) \tag{1.46}$$

一方,(1.42) 式を,i が s から $s+j$ まで加えることで,

$$\lambda p_{s-1} + s\mu p_{s+j+1} = s\mu p_s + \lambda p_{s+j} \tag{1.47}$$

を得る.ところで,(1.46) 式より

$$s\mu p_s = s\mu \frac{\rho^s}{s!} p_0 = \mu\rho \frac{\rho^{s-1}}{(s-1)!} p_0 = \lambda p_{s-1}$$

となるので,(1.47) 式は,以下のように単純になる.

$$s\mu p_{s+j+1} = \lambda p_{s+j}$$

つまり,

$$p_{s+j+1} = \frac{\lambda}{s\mu} p_{s+j} = \theta p_{s+j} \tag{1.48}$$

このことから,

$$p_i = \theta^{i-s} p_s = \theta^{i-s} \frac{\rho^s}{s!} p_0 = \frac{\theta^i s^s}{s!} p_0 \tag{1.49a}$$

となるので,パラメータ θ を消去すると以下のようになる.

$$p_i = \frac{\rho^i}{s^{i-s} \cdot s!} p_0 \quad (i \geq s) \tag{1.49b}$$

以上の結果から,確率 p_0 が決まれば,任意の人数における確率 p_i が計算できることがわかる.確率 p_0 の値を決めるため,すべての可能な場合の確率の合計は 1 になっていること,つまり,

$$\sum_{i=0}^{\infty} p_i = 1$$

を用いる．この式に先の結果を代入し，未知数 p_0 を求めればよい．すなわち，

$$\sum_{i=0}^{\infty} p_i = p_0 + \sum_{i=1}^{s-1} p_i + \sum_{i=s}^{\infty} p_i = \sum_{i=0}^{s-1} \frac{\rho^i}{i!} p_0 + \sum_{i=s}^{\infty} \frac{\theta^i s^s}{s!} p_0$$

を計算し，

$$\sum_{i=0}^{\infty} p_i = p_0 \left(\sum_{i=0}^{s-1} \frac{\rho^i}{i!} + \frac{\rho^s}{(s-1)!(s-\rho)} \right)$$

となるので，確率 p_0 は以下のように定まる．

$$p_0 = \frac{1}{\displaystyle\sum_{i=0}^{s-1} \frac{\rho^i}{i!} + \frac{\rho^s}{(s-1)!(s-\rho)}} \tag{1.50}$$

■ 例題 1.2

受付け係が 3 人いる受付カウンターに，客が 5 分に 1 人の割で到着し，受付手続きは 1 人に対して 10 分かかる．このとき，カウンターに客が 1 人もいない確率 p_0 を求めよ．

【解答】 $s=3, \lambda=1/5, \mu=1/10$ より $\rho=\lambda/\mu=2$ となるので，上式分母の第 1 項は，

$$\frac{2^0}{0!} + \frac{2^1}{1!} + \frac{2^2}{2!} = 5$$

であり，分母第 2 項は，

$$\frac{2^3}{(3-1)!(3-2)} = 4$$

なので，以下のようになる．

$$p_0 = \frac{1}{5+4} = \frac{1}{9} = 0.1111$$ ■

次に待ち行列の長さの期待値 L_{q} を求めよう．待ちが発生するのは，系の中の人数が窓口の数を超えているときであるので，待ち行列の長さの期待値 L_{q} は，

$$L_{\mathrm{q}} = \sum_{i=s+1}^{\infty} (i-s) p_i \tag{1.51}$$

となるが，ここに (1.49a) 式を代入して計算すると，以下のようになる．

$$L_{\mathrm{q}} = \sum_{i=s+1}^{\infty} (i-s) \frac{\theta^i s^s}{s!} p_0 = \frac{s^s}{s!} p_0 \sum_{j=1}^{\infty} j\theta^{j+s} = \frac{\theta^{s+1} s^s}{s!} p_0 \sum_{j=1}^{\infty} j\theta^{j-1}$$

右辺の級数については，

$$\sum_{j=1}^{\infty} j\theta^{j-1} = \frac{d}{d\theta} \sum_{j=1}^{\infty} \theta^j = \frac{d}{d\theta} \frac{\theta}{1-\theta} = \frac{1}{(1-\theta)^2}$$

と計算できるので，結局，待ち行列の長さの期待値 L_{q} は，次のようになる．

$$L_{\mathrm{q}} = \frac{\theta^{s+1} s^s}{s!} p_0 \frac{1}{(1-\theta)^2} = \frac{\mu\lambda\rho^s}{(s-1)!(\mu s - \lambda)^2} p_0 \tag{1.52}$$

待ち時間の平均値 W_{q} も，サービス窓口が1つのときと同様にして求めることができるが，ここでは，すでに述べたリトルの公式

$$L_{\mathrm{q}} = \lambda W_{\mathrm{q}}$$

を用いることで，待ち人数の平均値 L_{q} から次のように求められる．

$$W_{\mathrm{q}} = \frac{L_{\mathrm{q}}}{\lambda} = \frac{\mu\rho^s}{(s-1)!(\mu s - \lambda)^2} p_0 \tag{1.53}$$

最後にサービス窓口がすべてふさがっている確率，つまり待ちが発生する確率 Q を求めておこう．これは，系の人数がサービス窓口の数と同じに達したときから発生するので，

$$Q = \sum_{i=s}^{\infty} p_i \tag{1.54}$$

であり，(1.49b) 式を用いて，以下のように計算される．

$$Q = \sum_{i=s}^{\infty} \frac{\rho^i}{s^{i-s} s!} p_0 = \frac{\rho^s}{(s-1)!(s-\rho)} p_0 \tag{1.55}$$

1.5 総費用最小化からみた規模計画

施設計画では，施設を建設することで得られる収益や住民へのサービスを増大させ，一方，建設費や維持管理費をなるべく少なくするように計画する．しかし，あまりにも切り詰めて計画するとサービスが低下してしまう可能性がある．例えば，役所の窓口が混雑し住民から不満の声があがる．この場合，窓口数を増やすことで，住民を待たせることによる不満を減少することになる．窓口数を増やすということは結局その施設の規模を大きくすることになる．逆にいえば，住民を待たせるというディメリットも考えた規模計画が必要になる．そこで，施設を建設し，m 年間運営したとして，その場合の費用・便益分析から最も適切な規模を決定する方法を検討しよう．まず，便益をマイナスの損失（費用）と考え，全費用をカウントし，これを最小化することを考える．いま，規模決定が関心事なので，サービス窓口の数 s で規模が決まると考え，以下の議論では，最も適切な窓口数を求める問題を考える．

m 年間運営したときの全費用 $L(s,m)$ は以下のものから構成されていると考えることができる．

$C(s)$ ：初期建設費用
$Cr(s,m)$：m 年間の運営費用（現在価値）
$D(s,m)$：m 年間の待たせることによる損失（現在価値）
$B(s,m)$：m 年間の施設サービスによる便益（現在価値）
$R(s,m)$：m 年後の残存価値（現在価値）

最後の項目は，m 年後に施設運営を停止したとしても，施設建物などの資産が存在し，これを売却することも可能であるので，m 年後の時点で，残存価値として評価する必要がある．また，各年ごとに発生する費用，便益や m 年後の残存価値の評価は現在時点での評価値に換算する必要がある．

費用を正，便益を負として全費用の和を求めると，

$$L(s,m) = C(s) + Cr(s,m) + D(s,m) - B(s,m) - R(s,m) \quad (1.56)$$

各年 i における運営費用，待ち損失，施設便益を，それぞれ $cr(s,i)$, $d(s,i)$, $b(s,i)$ とおけば，年利率 r を用いて，以下のように現在価値に換算評価できる．

1.5 総費用最小化からみた規模計画

$$Cr(s,m) = \sum_{i=1}^{m} cr(s,i)(1+r)^{-i} \qquad (1.57\text{a})$$

$$D(s,m) = \sum_{i=1}^{m} d(s,i)(1+r)^{-i} \qquad (1.57\text{b})$$

$$B(s,m) = \sum_{i=1}^{m} b(s,i)(1+r)^{-i} \qquad (1.57\text{c})$$

また，m 年後の時点で $R(m)$ と評価される残存価値は，現在時点では，

$$R(s,m) = R(s)(1+r)^{-m} \qquad (1.58)$$

と換算評価されることになる．このとき，全費用は以下のようになる．

$$L(s,m) = C(s) - R(s)(1+r)^{-m} + \sum_{i=1}^{m} \{cr(s,i) + d(s,i) - b(s,i)\}(1+r)^{-i} \qquad (1.59)$$

ここで，m 年間の間，運営費用，待ち損失，施設便益が大きく変動しない場合については，ほぼ一定とみなし，

$$cr(s,i) = cr(s), \quad d(s,i) = d(s), \quad b(s,i) = b(s) \qquad (1.60)$$

と仮定することができる．この場合の全費用の式は，次のように単純な形となる．

$$L(s,m) = C(s) - R(s)(1+r)^{-m} + \{cr(s) + d(s) - b(s)\}\frac{1-(1+r)^{-m}}{r} \qquad (1.61)$$

この段階で，全費用が窓口数 s の関数とみた場合の関数形を考えておきたい．見通しをよくして考えやすくするため，運営期間 m が十分長い場合を考えると，全費用を表す式は，次のように単純になる．

$$L(s,\infty) = C(s) + \frac{cr(s) + d(s) - b(s)}{r}$$

ここで，初期建設費用，年当たり運営費用はともに窓口数 s（規模）を増大させると，図1.7に示すように，単調に増大し，かぎりなく大きくなる．また，年当たり便益は窓口数 s を増加させれば増大するが，無限に大きくなるわけではなく，増加率は鈍り頭打ちになると考えられる．

したがって，マイナスの費用と考えた便益分は，s の単調減少関数で下限を

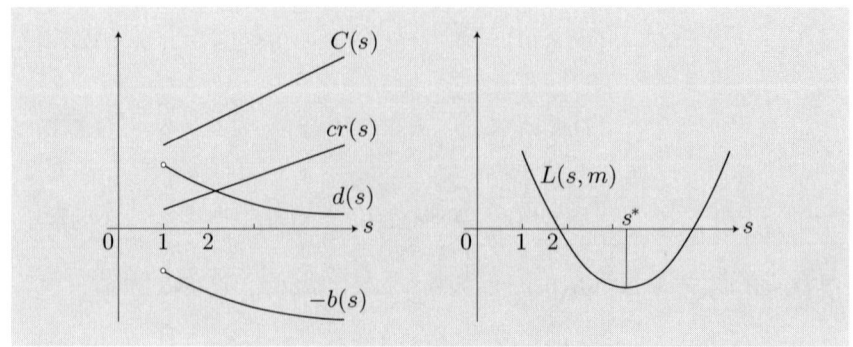

図 1.7 各関数の形状と総費用の最小値

有することになる.また,年当たりの待ち損失も窓口数 s を増加させれば単調減少するが待ちを全くない状態にするのは(ランダム到着の場合)不可能なので,待ち損失は下がったとしても 0 以上である.以上の費用要素の性質をまとめると,全費用は,単調増加で無限大に増加するものと,単調減少で下限を有するものとの和であるので,窓口数 s の増加に伴い s が小さい範囲では全費用は減少し,ある窓口数を越えると全費用は増大するということがわかる.

この全費用を表す関数の形状の考察から,全費用が最小となる s がただ 1 つ存在することがわかった.さらに,変量 s も連続とみなせるような場合で,ほかの変量が s により微分可能とみなせる場合には,われわれの問題は,

$$\frac{\partial}{\partial s} L(s,m) = 0 \qquad (1.62)$$

の解を求める問題となる.記号 $'$ で各変量の s による微分を表すとき,上式より

$$\{C'(s) - R'(s)(1+r)^{-m}\} \frac{r}{1-(1+r)^{-m}} + cr'(s) - b'(s) = -d'(s) \quad (1.63)$$

が導ける.

ここで,施設における待ちによる損失の問題に戻ろう.単位時間当たり λ 人で到着し,この人たちが平均 $W_\mathrm{q}(s)$ の待ち時間であるとすると,この施設での単位時間当たりの待ち時間は $\lambda W_\mathrm{q}(s)$ となる.利用者 1 人の単位時間当たりの待ちによる損失を η とすると,この施設の単位時間当たりの損失は $\eta \lambda W_\mathrm{q}(s)$ となる.この損失を年間当たりに換算すると,$d(s) = h\eta\lambda W_\mathrm{q}(s)$ となる.

平均待ち時間 $W_\mathrm{q}(s)$ の変量の s による微分を $w_\mathrm{q}(s)$ と表せば,

1.5 総費用最小化からみた規模計画

$$d'(s) = h\eta\lambda w_q(s) \cong h\eta\lambda\{W_q(s+1) - W_q(s)\}$$

と表すことができる．

施設のサービスによる施設便益は，到着した人は待つか待たないかは別として全員サービスを受けるので（待った場合の損失は上記でカウントされているので），施設便益は変量の s によって変化しないと考えてよい．つまり，

$$b'(s) = 0$$

である．

サービス窓口 s を 1 単位増加させたときの，初期建設費用，残存価値，年当たり運営費用の増分をそれぞれ一定値 C, R, CR とみなせる場合には (1.63) 式は次のようになる．

$$\{C - R(1+r)^{-m}\}\frac{r}{1-(1+r)^{-m}} + CR$$
$$= -h\eta\lambda w_q(s) = h\eta\lambda\{W_q(s) - W_q(s+1)\} \tag{1.64}$$

ここで，左辺は経済学的に決まってくる量なので，以下の手順で最適な窓口数が求められる．

最適な窓口数を求める手順
(1) 左辺の値 V_1 を計算する．
(2) パラメータ $h\eta\lambda$ の値で V_1 を除し V_2 とする．
(3) s を 1 から順次増加させ，$W_q(s) - W_q(s+1)$ の値が V_2 と一致する s を求める．

以上求めた窓口数から必要床面積などを決定していくことで，施設建築の最適規模を求めることができる．

■ 例題 1.3

ある地区に市の出張所を新たに建設することになった．混雑時間帯は 6 時間で，この時間帯での住民の到着率は 0.15 と推定された．1 人当たりのサービスには平均は 10 分かかる．窓口をいくつにすべきかを，以下の条件で求めよ．

条件

(1) この出張所は年 250 日開いている．
(2) 住民 1 人が 1 時間待つときの損失は 1,000 円に相当する．
(3) 年利は 0.001 とする．
(4) 窓口を 1 つ増やすと建設費用は 100,000 円増加する．
(5) 窓口を 1 つ増やすと運営費用は 85,000 円増加する．
(6) この出張所は 10 年間利用し，10 年後には計画を再検討する．10 年後における出張所の建物資産評価の窓口当たりの評価額は 80,000 円である．

【解答】 上記の条件では，$\lambda = 0.15, \mu = 1/10 = 0.1, h = 250 \times 6 \times 60 = 90000(分), \eta = 1/60(千円/分), r = 0.001, m = 10, C = 100(千円), R = 80(千円), CR = 85(千円)$ である．まず，年利 r が十分小さいとき

$$(1+r)^{-m} \cong 1 - mr$$

となることに注意して，最適条件式の左辺 V_1 を計算すると，

$$V_1 = \{C - R(1+r)^{-m}\}\frac{r}{1-(1+r)^{-m}} + CR$$
$$= (100 - 80 \times 0.99)\frac{0.001}{1-0.99} + 85 = 293$$

となり，パラメータ $h\eta\lambda$ の値で V_1 を除し，

$$V_2 = 293/(90000 \times 1/60 \times 0.15) = 293/225 = 1.302$$

$s = 2, 3, 4$ について W_q を計算してみると，

$$W_q(2) = 12.8571, \quad W_q(3) = 2.1052, \quad W_q(4) = 0.7953$$

となるので，

$$W_q(2) - W_q(3) = 10.7519$$
$$W_q(3) - W_q(4) = 1.3099$$

である．以上から，

$$s = 3$$

つまり，求める窓口数は 3 である．

第2章

施設の利用行動

　第1章では施設の利用数をもとに規模決定がなされたが，本章では，利用者数を推定する方法を考える．グラビティモデルという直感的なモデルから広い意味で空間相互作用モデルといわれている各種の集計を前提としたモデルを紹介し，またミクロな行動現象から定式化されるロジットモデルを紹介し，ロジットモデルが集計されると空間相互作用モデルと一致してくることを示す．また，本章では，各モデルのパラメータ推定の方法も説明する．グラビティモデルのパラメータ推定方法を説明するなかで最小自乗法の考え方をあわせて述べる．

2.1	利用行動の変動要因
2.2	グラビティモデル
2.3	ハフモデル
2.4	ウィルソンモデル
2.5	ロジットモデル

2.1 利用行動の変動要因

施設計画では利用者の特性を把握しておくことが極めて重要である．特に施設の規模を決定する場合には，施設を使用することになる利用者数の推定が前提となる．しかし，利用者が施設を使用，不使用かは，様々な要因によって変化するので，その変動特性を理解しておく必要がある．

● **時間的要因**

変動要因として第一に考えられるのは時間的な変動である．1日における各時刻での利用者数の変化，週における曜日による変化，季節による利用者の増減がある．特に，集中混雑現象が予想される施設においては，利用者数がピークとなる時間帯を把握し対処する必要がある．

また，曜日変動に関して，平日と休日では，利用者数ばかりでなく，利用者層が大きく異なる施設もある．また，積雪地域では，冬季に施設へのアクセスが困難となるため利用者数が減少することなども，施設計画では配慮しておくべき点である．

● **空間的要因**

施設の位置や利用者の住所などの空間的要因により利用行動が変化する．特に，施設のおかれた場所がアクセスしやすいか否かという点は施設計画では最重要点である．後に述べるように，利用者の居住地から施設までの距離の増加に伴い利用者数は減少する．また，同一距離の点でも交通の便がよいところでは利用者数は多くなる．1つの施設についての各地域での利用者数を調査し，地図上に利用率の等しい地点を結んでいくと，ほぼ施設を中心とした同心円になる場合が多い（図 2.1(a)）．つまり，通常，施設と利用者居住地との距離によって利用率が決まってくる．

しかし，この同心円が歪んでくることがある．それが，交通の便などよる影響である．道路が逆に施設利用の阻害要因になることもある．広幅員道路が地域を分断している場合，道路を挟んだ施設と反対側の地域では，利用率が減少する．空間特性で興味深いのは，日常動線との関係によって利用率が変化する点である．鉄道駅と施設との空間配置関係によって，先の同心円が卵型に歪むのである（図 2.1(b)）．等利用率曲線は，駅と反対方向に大きく延びるのである．その理由は，鉄道駅と施設の中間の地域の利用者にとっては，施設利用だ

2.1 利用行動の変動要因

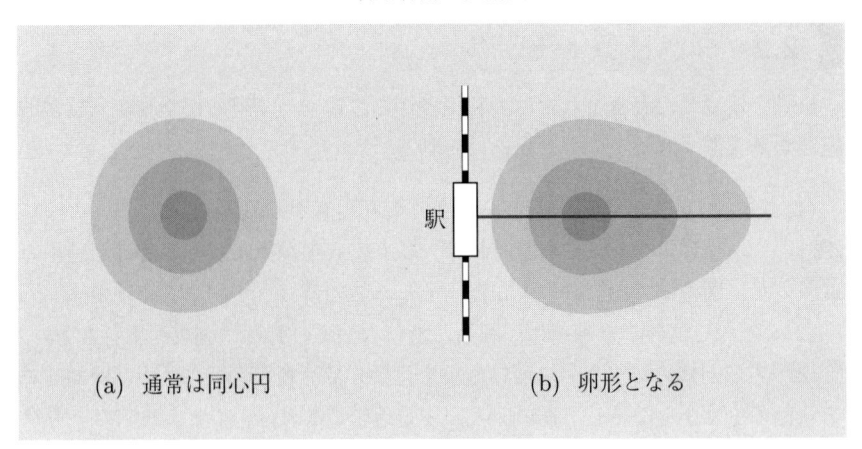

(a) 通常は同心円　　　　　(b) 卵形となる

図 2.1　等利用率曲線

けのために施設までの距離を移動することになるが，鉄道駅と反対側の利用者にとっては，駅への往復の途中で施設に立ち寄ればよいので，アクセスの負担は小さいのである．この結果として，鉄道駅と反対側の遠い地域の利用者が多くなるのである．実際，図書館利用に関する栗原らの調査[20]で，この卵型現象が実証されている．

● **そのほかの要因**

時間的変動，空間的変動のほか，利用者の年齢，所得などの違いによって，施設を利用する行動パターンに変化がみられる点が指摘できる．これら利用者属性と時間特性，空間特性との連動した現象もある．例えば，若年層の購買行動は5時以降深夜まで及び，そのため若年層を想定した品ぞろえの店舗では営業時間帯を遅くすることもある．

以上のほかに，施設そのものが利用者行動に与える影響がある．例えば大規模なショッピングセンターのように施設が集積することで，利用者にとって便利になり，結果として利用者数が増加する．

様々な変動要因を考慮して施設計画がなされるが，次節以下では，利用者数に注目し，これを記述するモデルについて述べたい．

2.2 グラビティモデル

施設を建設したときどれだけの利用者が施設にやってくるだろうか．日常的経験から推測すれば次のことがあげられる．

(1) 建設する施設が魅力的ならば多くの利用者がくる．

例1 ショッピングセンターであれば，多くの店舗が集まっているほど利用者は多いし，図書館であれば，本が沢山そろっているほうが利用者は多い． □

(2) 施設を建設する地域に，利用したい人が多ければ，施設利用者も多い．

例2 人口が極めて少ない場所に施設を建設しても利用者数には限度があってそれ程多くはならないし，逆に，人口密集地帯であれば，たとえ一人ひとりの利用率は低くとも利用者数としては多くなるであろう． □

(3) 利用者が施設にやってくるときの便利さによって利用者数も変化する．

例3 徒歩圏域であれば利用者の住居と施設の距離が近いほど利用し，遠くなるほど利用しなくなるであろう．徒歩圏域を越えるような場合であれば，公共交通の便がよいほど利用者は多くなるであろう． □

実際に調査してみると，上記の3つの推測は，ほぼ成立している．そこで，施設の魅力を表す量を m_1，利用者の居住地域での潜在的な利用需要を表す量を m_2，施設と利用者の居住地域との距離を r とし，この居住地域からの施設利用者数を F としてみると，上記の推測のうち最初の2つは次のようになる．

$$F \propto m_1, \quad F \propto m_2$$

また，3番目の推測は，距離の低下に伴い利用者数は単調に減少するので，

$$F \propto 1/r \quad \text{もしくは} \quad F \propto 1/r^2$$

などが考えられる．ライリー (W.J.Reilly) は，小売り店舗の商圏を研究するなかで利用者数が，売り場面積 m_1，人口 m_2 に比例し，距離の自乗に反比例すると考えた．この場合，以下のようになる．

$$F = k\frac{m_1 m_2}{r^2} \quad (k：パラメータ) \tag{2.1}$$

上式は，そっくりなものがすでに重力を表す方程式として物理学で知られてい

る．もちろん重力方程式における各変数の意味は，F：引力，m_1, m_2：質量，r：距離である．そこで，上式を施設の利用者数を検討する場合でも，グラビティモデルと呼んでいる．実際に，様々な施設や地域のデータに上式を当てはめてみると，かなりよくデータとあうことがわかってきた．

さらに，距離の自乗減衰の項を一般化して，

$$F = km_1 m_2 r^{-\beta} \tag{2.2}$$

と改良してみると，パラメータを2つにしたこともあってデータとの適合度はよくなる．興味深いのは，推定されたパラメータ β は，多くの例で2前後の値となっている点である．

実用のモデルを推定する際，距離 r としては，地点間の直線距離ではなく，地点間の道路上の経路長さにとると一層データとの適合がよいとされている．このときの経路長さを求めるのが煩雑なため，主要道路が直交した市街地では図2.2右のマンハッタン距離を用いることもある．遠距離の場合については，バスや鉄道などの公共交通機関の利用が想定されるので，距離のかわりに2地点間の移動に要する時間を用いることもある．この移動時間を時間距離と呼ぶこともある．さらに，距離要因は，施設利用にかかわる移動のコストと考え，距離を一般化し，距離のかわりに移動費用を用いる場合もある．

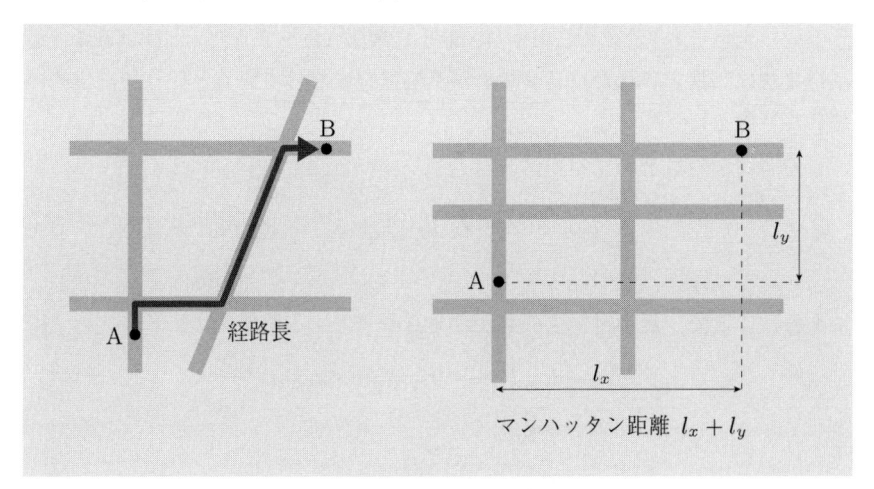

図2.2 距離のとり方

実際の計画でも，グラビティモデルは簡単なこともあり多用される．例えばショッピングセンターの売り場面積 m_1 を仮に設定し，各地域の人口データ m_2 を用いて各地域からの来客数 F を推測する場合については，まず，類似した地域，類似営業形態での店舗でのデータより，パラメータ推定を行い，グラビティモデル式に代入して来客数を推定する．

そこで，一般化したグラビティモデルについて，パラメータの推定問題を検討しておこう．この検討のなかで最小自乗法を用いる．

調査によって，n 組の

$$(F^{(i)}, m_1^{(i)}, m_2^{(i)}, r^{(i)}), \quad i = 1, \cdots, n$$

というデータが得られている場合を想定する．

まず，(2.2) 式の対数をとり，両辺の差（誤差）を，

$$e^{(i)} = \log F^{(i)} - \{\log k + \log m_1^{(i)} + \log m_2^{(i)} - \beta \log r^{(i)}\} \quad (2.3)$$

とおく．ここで，この誤差の総和が 0 になるようにパラメータを推定すればよいと考えてしまうと誤る．なぜなら誤差が正で大きいものと負で大きいものがあった場合，誤差が大きいにもかかわらず相殺しあって誤差の総和が 0 になることがあるからである．そこで相殺しあうことをさけ，上記の誤差の自乗の総和を，データとの不一致の尺度と考えてみる．つまり，自乗誤差を最小にしようという発想であり，このことから，最小自乗法（最小 2 乗法）と呼ばれる．最小自乗法は，推定されたパラメータが不偏推定になっているという統計学的に優れた特徴を持っている．

この問題での自乗誤差の和は，

$$Q = \sum_{i=1}^{n}(e^{(i)})^2 = \sum_{i=1}^{n}\{\log F^{(i)} - \log k - \log m_1^{(i)} - \log m_2^{(i)} + \beta \log r^{(i)}\}^2 \quad (2.4)$$

である．ここで，最小自乗法のしかけをみやすくするため，

$$y^{(i)} = \log F^{(i)} - \log m_1^{(i)} - \log m_2^{(i)}$$
$$x^{(i)} = \log r^{(i)}$$
$$K = \log k$$

とおき，K と β を推定する問題に置き換える．このとき，自乗誤差の和は，

2.2 グラビティモデル

$$Q = \sum_{i=1}^{n} \{y^{(i)} - K + \beta x^{(i)}\}^2 \tag{2.5}$$

である．この式の右辺を，例えば，パラメータ K のみが変数であるとして眺めてみると，K についての2次式に過ぎない．つまり，縦軸に Q，横軸に K をとったグラフを考えれば，下に凸な放物線となり，接線の傾きが0のところで Q は最小になる．パラメータ β についても同様なので，以下の式を満足するものが，ここで求めるものである．

$$\frac{\partial Q}{\partial K} = 0, \quad \frac{\partial Q}{\partial \beta} = 0 \tag{2.6}$$

この2つの偏微分式を具体的に計算してみると，

$$\sum_{i=1}^{n} y^{(i)} - nK + \beta \sum_{i=1}^{n} x^{(i)} = 0$$

$$\sum_{i=1}^{n} x^{(i)} y^{(i)} - K \sum_{i=1}^{n} x^{(i)} + \beta \sum_{i=1}^{n} (x^{(i)})^2 = 0$$

これは，求めたいパラメータ K, β についての連立方程式であり，容易に解けて，

$$-\beta = \frac{V_{xy} - \overline{x}\,\overline{y}}{V_{xx} - \overline{x}^2}, \quad K = \frac{V_{xx}\overline{y} - V_{xy}\overline{x}}{V_{xx} - \overline{x}^2} \tag{2.7}$$

となる．ただし，

$$\overline{x} = \frac{1}{n}\sum_{i=1}^{n} x^{(i)}, \quad \overline{y} = \frac{1}{n}\sum_{i=1}^{n} y^{(i)}$$

$$V_{xx} = \frac{1}{n}\sum_{i=1}^{n} (x^{(i)})^2, \quad V_{xy} = \frac{1}{n}\sum_{i=1}^{n} x^{(i)} y^{(i)}$$

である．パラメータ k は，

$$k = e^K$$

となり，求めたいすべてのパラメータが推定できたことになる．

例題 2.1

海岸線にそって線状の市街地がある. その長さは R km で, 人口密度 m はどこでも等しい. この市街地の西端部にショッピングセンター A, 東端部にショッピングセンター B が建設されることになった. それぞれのショッピングセンターの売り場面積が m_a と m_b であり, $m_b/m_a = \alpha$ である. このとき, ショッピングセンター A に行く人とショッピングセンター B に行く人の割合が同じになる地点は, 市街地の西端から何 km のところか.

【解答】 グラビティモデルで, ショッピングセンターの魅力を売り場面積とすると, 市街地の西端から x km の地点での単位面積当たりのショッピングセンターの利用者数は,

$$F_a = \frac{km_a m}{x^2}, \quad F_b = \frac{km_b m}{(R-x)^2}$$

である. これらが等しいとするとき,

$$\frac{1}{x^2} = \frac{\alpha}{(R-x)^2}$$

である.

ここで, $0 < x < R$ であることに注意すると,

$$\frac{R-x}{x} = \sqrt{\alpha}$$

である. このことから, 以下の結果を得る.

$$x = \frac{R}{1+\sqrt{\alpha}}$$

つまり, 上記のところで, 2 つのショッピングセンターのいずれかに行く人数は等しくなる. この意味で, この地点の西側をショッピングセンター A の商圏, 東側をショッピングセンター B の商圏とみなすことができる.

2.3 ハフモデル

ハフ (Huff, D.L.) によって提案されたモデルは，その開発経緯から購買行動をイメージすると理解しやすいので，以下の説明は，商業施設における購買行動として説明したい．

m 個の居住地からなる都市に n 個の商業施設が配置されている．居住地 i で購買額は A_i であり，j 施設の売り場面積は B_j である．居住地 i から商業施設 j までの距離は r_{ij} である．このとき，居住地 i の住民が商業施設 j で消費する金額（購買額）F_{ij} を，グラビティモデルにおける m_1 を売り場面積 B_j とし，m_2 を購買額 A_i として求めることを考える．つまり，

$$F_{ij} = kA_iB_jr_{ij}^{-\beta} \tag{2.8}$$

ところで，各居住地 i に関し，商業施設 j のすべてについて購買額 F_{ij} を加えたものは，購買額 A_i にほかならない．したがって，

$$A_i = \sum_{j=1}^{n} F_{ij} = kA_i \sum_{j=1}^{n} B_j r_{ij}^{-\beta} \tag{2.9}$$

となるので，パラメータ k は，次の関係式を満足しなければならないことがわかる．

$$k = \frac{1}{\sum_{j=1}^{n} B_j r_{ij}^{-\beta}}$$

上式右辺は居住地 i ごとに異なった値となることから，購買額に関する条件を満足するためには，パラメータを独立に与えるのではなく，居住地ごとに上式右辺の値をパラメータ k のかわりに用いなければならないことがわかる．つまり，

$$F_{ij} = \frac{1}{\sum_{j=1}^{n} B_j r_{ij}^{-\beta}} A_i B_j r_{ij}^{-\beta} \tag{2.10}$$

というモデルとしておかなければならない．このモデルをハフモデルと呼び，特に商業施設に適用されることが多い．

このモデルは，パラメータが β のみであることから，このパラメータに推定誤差がある場合にはモデルより導かれる結果が大きく変化するので，パラメータ推定に注意を払う必要がある．また，この理由から，ハフモデルのかわりに，後に説明する空間相互作用モデル（エントロピーモデル）やロジットモデルが用いられることもある．

■ 例題 2.2

例題 2.1 の問題では，グラビティモデルのかわりにハフモデル（$\beta = 2$）で検討しても同じ結果になることを示せ．

【解答】 ハフモデルでは，

$$F_a = \frac{1}{m_a x^{-2} + m_b(R-x)^{-2}} m m_a x^{-2}$$

$$F_b = \frac{1}{m_a x^{-2} + m_b(R-x)^{-2}} m m_b(R-x)^{-2}$$

となるので，両者が等しいとおいて，次式を得る．

$$\frac{1}{x^2} = \frac{\alpha}{(R-x)^2}$$

これは，グラビティモデルで導出された結果と同じである．

2.4 ウィルソンモデル

交通量調査（OD 調査）では，どこから（起点）どこへ（終点）どれだけの交通（トリップ）があったかを調べ，表を作成する．そのため，これを起終点調査と呼ぶこともある．また，作られた表を起終点表とも OD 表ともいう．

ウィルソンモデルは，この OD 表で考えるとわかりやすい．そこで，次の例題を検討することにしよう．

表 2.1　OD 表

	終点				
	1	2	$\cdots$	j	$\cdots$	n
起点　1	N_{11}	N_{12}	$\cdots$	N_{1j}	$\cdots$	N_{1n}
2	N_{21}	N_{22}	$\cdots$	N_{2j}	$\cdots$	N_{2n}
$\vdots$	$\vdots$	$\vdots$	$\ddots$	$\vdots$	$\ddots$	$\vdots$
i	N_{i1}	N_{i2}	$\cdots$	N_{ij}	$\cdots$	N_{in}
$\vdots$	$\vdots$	$\vdots$	$\ddots$	$\vdots$	$\ddots$	$\vdots$
m	N_{m1}	N_{m2}	$\cdots$	N_{mj}	$\cdots$	N_{mn}

■ 例題 2.3

2 地点間の OD 調査の結果，次の 2 つのケース，OD 表が表 2.2(a) となるケース 1 の場合と表 2.2(b) となるケース 2 の場合を想定したとき，どちらが起こりやすいだろうか．

表 2.2　(a) OD 表（ケース 1）

	終点	
	1	2
起点　1	0	10
2	0	0

表 2.2　(b) OD 表（ケース 2）

	終点	
	1	2
起点　1	2	3
2	2	3

【解答】　直感的には，ケース 1 では地点 1 から地点 2 に全トリップが集中しており偶然すぎ，ケース 2 のほうがあり得そうに思える．この直感的判断を明確に議論するため，各ケースの OD 表が得られる場合の数を計算してみる．

両方の総トリップ数が 10 なので，10 個のトリップが OD 表のどこかの欄に配分されたとして，その配分方法の数を計算する．

ケース 1 では，まず (1,1) 欄に 10 個のうち 1 つも選ばなかったので 1 通り，次の (1,2) 欄に 10 個すべてを配分する方法は 1 通りであり，(1,1) 欄と (1,2) 欄がケース 1 のようになるのは 1 通りである．次に (2,1) 欄が 0 となるのは，すでに 10 個を (2,1) 欄に配分してしまっているので，0 個から 0 個を選ぶ方法しかないので 1 通りである．したがって，(1,1) 欄，(1,2) と (2,1) 欄がケース 1

のようになるのは 1 通りである．最後の (2,2) 欄が 0 となるのは 1 通りであり，結局，ケース 1 が出現する場合の数は 1 通りしかない．

一方，ケース 2 については，まず (1,1) 欄に 10 個のうちから 2 個を選ぶので $_{10}C_2$ 通りある．次に (1,2) 欄が 3 になるのは，残っている 8 個のうちから 3 個選ぶので $_8C_3$ 通りある．(1,1) 欄と (1,2) 欄がケース 2 のようになるのは $_{10}C_2 \times _8C_3$ 通りあることになる．同様の議論で，結局，ケース 2 のような OD 表が得られる場合の数は，$_{10}C_2 \times _8C_3 \times _5C_2 \times _3C_3$ 通りあることがわかる．

以上の考察から，圧倒的にケース 2 となる場合の数は大きく，ケース 1 よりケース 2 が起こりやすいと結論できる．■

例題の解答での考え方は，ほかの条件が同一であれば，起こり得る場合の数が大きいほうが起こりやすいという考え方であり，例えば，サイコロで 1 の目がでる場合と 1 以外のいずれかの目がでる場合とを比較したら，後者が前者よりも 5 倍の確率で起こると信じているのも同じである．統計学的には，この考え方は尤度という概念を用いて正当化される．また，興味深いことに，この考え方は物理学的現象とも関連している．例題 2.3 で表の 4 つの部分にランダムにボールを落としたときに起こるパターンでは，ケース 1 はほとんど生じない．これを物理学的では，エントロピーが大きいものほど生じやすいととらえている．

ウィルソンモデルは，以下に説明するように，例題 2.3 のように場合の数を数え，それが最大になるものをモデルとして定式化したものである．この定式化は物理学的な表現では，エントロピーを最大化するように定式化したモデルということができる．このことから，ウィルソンモデルをエントロピー最大化モデル，あるいは，簡略的にエントロピーモデルと呼ぶことがある．したがって，この定式化については，エントロピー最大化，尤度最大化など形式が異なる形でなされることがあるが，いずれも数学的に等価である．

表 2.1 のように m 個の起点，n 個の終点の OD 表を想定し，i 地点から j 地点へのトリップを N_{ij} とする．このとき，このような OD 表となる場合の数 Q を例題 2.3 のように求めてみよう．以下の説明で，

$$N = \sum_{i=1}^{m} \sum_{j=1}^{n} N_{ij} \tag{2.11}$$

と表しておく．まず，(1,1) 欄が N_{11} となるのは N 個から N_{11} 個を取り出す場

2.4 ウィルソンモデル

合の数 $_N\mathrm{C}_{N_{11}}$ であり,(1,2) 欄が N_{12} となるのは $N - N_{11}$ 個から N_{12} 個を取り出す場合の数 $_{N-N_{11}}\mathrm{C}_{N_{12}}$ である.以下同様の議論を繰り返すことで,

$$Q = {}_N\mathrm{C}_{N_{11}} \cdot {}_{N-N_{11}}\mathrm{C}_{N_{12}} \cdot {}_{N-N_{11}-N_{12}}\mathrm{C}_{N_{13}} \cdot \cdots \cdot {}_{N-N_{11}-\cdots-N_{m,n-1}}\mathrm{C}_{N_{m,n}} \tag{2.12}$$

という結果を得る.具体的には,

$$Q = \frac{N!}{N_{11}!(N-N_{11})!} \frac{(N-N_{11})!}{N_{12}!(N-N_{11}-N_{12})!}$$
$$\cdots \cdot \frac{(N-N_{11}-\cdots-N_{m,n-1})!}{N_{m,n}!(N-N_{11}-\cdots-N_{m,n})!}$$

なので,次のように計算できる.

$$Q = \frac{N!}{N_{11}!N_{12}!\cdots N_{m,n}!} = \frac{N!}{\prod_{i=1}^{m}\prod_{j=1}^{n}N_{ij}!} \tag{2.13}$$

また,場合の数 Q を最大化することと,その対数

$$\log Q = \log N! - \sum_{i=1}^{m}\sum_{j=1}^{n}\log N_{ij}! \tag{2.14}$$

を最大化することは等価なので,以下,この対数値を最大化することを考える.

最大化する前に,課せられる条件について検討しておこう.例えば,ハフモデルのときに,i 地域の人の各施設での購買額の合計をとれば,それは,i 地域の人の購買額になった.これと同様に起点 i についての各終点 j へのトリップを合計すれば,起点 i からスタートする人数に一致しているはずである.同様に,終点 j についての各起点 i からのトリップの合計は終点 j にたどり着く人数に一致している.もしも,起点 i からスタートする人数 $N_{i\cdot}$ や終点 j にたどり着く人数 $N_{\cdot j}$ が条件として与えられている場合には,

$$N_{i\cdot} = \sum_{j=1}^{n} N_{ij} \tag{2.15}$$

や,

$$N_{\cdot j} = \sum_{i=1}^{m} N_{ij} \tag{2.16}$$

を満足しなければならないということになる.このような条件のほか,ウィル

ソンは，総移動コスト

$$D = \sum_{i=1}^{m}\sum_{j=1}^{n} c_{ij}N_{ij} \quad (c_{ij}：i\text{地点から}j\text{地点への移動コスト}) \quad (2.17)$$

が与えられた場合を条件として設定してモデルを導いている．以下でも，上記の条件のもとで，場合の数の対数を最大化するモデルを導くことにしよう．

条件付き最大化の常套手段であるラグランジュ乗数法を用いる．つまり，

$$L = \log Q - \sum_{i=1}^{m} \alpha_i \left(\sum_{j=1}^{n} N_{ij} - N_{i\cdot}\right)$$
$$- \sum_{j=1}^{n} \beta_j \left(\sum_{i=1}^{m} N_{ij} - N_{\cdot j}\right) - \lambda \left(\sum_{i=1}^{m}\sum_{j=1}^{n} c_{ij}N_{ij} - D\right) \quad (2.18)$$

の最大化を行う．これは，次式を満たす解を探すことでもある．

$$\frac{\partial L}{\partial N_{ij}} = 0 \quad (i=1,\cdots,m, \quad j=1,\cdots,n) \quad (2.19)$$

そこで，上記の微分を計算するために，N_{ij} は十分大きい数であるとしてスターリングの近似公式

$$\log x! \cong x \log x - x \quad (2.20)$$

を用いる．つまり，この近似が成立するとき，

$$\log Q = N \log N - N - \sum_{i=1}^{m}\sum_{j=1}^{n}(N_{ij} \log N_{ij} - N_{ij})$$

であり，

$$\frac{\partial}{\partial N_{ij}} \log Q = -\log N_{ij}$$

が成立している．したがって，

$$\frac{\partial L}{\partial N_{ij}} = -\log N_{ij} - \alpha_i - \beta_j - \lambda c_{ij} = 0$$

すなわち，

$$N_{ij} = \exp[-\alpha_i - \beta_j - \lambda c_{ij}] \quad (i=1,\cdots,m, \quad j=1,\cdots,n) \quad (2.21)$$

が得られる．ここで，

2.4 ウィルソンモデル

$$A_i = \frac{\exp[-\alpha_i]}{N_{i\cdot}}, \quad B_j = \frac{\exp[-\beta_j]}{N_{\cdot j}} \qquad (2.22)$$

とおくと，$N_{ij} = A_i N_{i\cdot} B_j N_{\cdot j} \exp[-\lambda c_{ij}]$ である．

一方，条件より，

$$N_{i\cdot} = \sum_{j=1}^{n} N_{ij} = A_i N_{i\cdot} \sum_{j=1}^{n} B_j N_{\cdot j} \exp[-\lambda c_{ij}]$$

でなければならないので，

$$A_i = \frac{1}{\displaystyle\sum_{j=1}^{n} B_j N_{\cdot j} \exp[-\lambda c_{ij}]}$$

でなければならない．同様に，

$$N_{\cdot j} = \sum_{i=1}^{m} N_{ij} = B_j N_{\cdot j} \sum_{i=1}^{m} A_i N_{i\cdot} \exp[-\lambda c_{ij}]$$

より，

$$B_j = \frac{1}{\displaystyle\sum_{i=1}^{m} A_i N_{i\cdot} \exp[-\lambda c_{ij}]}$$

となる．以上を整理すると，ウィルソンのエントロピーモデルは，次の形で与えられることになる．

$$N_{ij} = A_i N_{i\cdot} B_j N_{\cdot j} \exp[-\lambda c_{ij}] \qquad (2.23\text{a})$$

$$A_i = \frac{1}{\displaystyle\sum_{j=1}^{n} B_j N_{\cdot j} \exp[-\lambda c_{ij}]} \qquad (2.23\text{b})$$

$$B_j = \frac{1}{\displaystyle\sum_{i=1}^{m} A_i N_{i\cdot} \exp[-\lambda c_{ij}]} \qquad (2.23\text{c})$$

上記では，起点 i からのトリップの合計や終点 j へのトリップの合計が既知として議論したが，これらが不明のときは，直接 (2.23) 式を用いることができない．以下では，終点 j へのトリップの合計が未知のときの扱いを検討してみよう．(2.23a) 式で，未知の $N_{\cdot j}$ と B_j はいずれも j ごとに定まる量なので，こ

の 2 つの積をまとめて E_j とみなすと，モデルは，

$$N_{ij} = A_i N_i. E_j \exp[-\lambda c_{ij}] \qquad (2.24\mathrm{a})$$

となる．ここで，制約条件 (2.15) より，

$$A_i = \frac{1}{\displaystyle\sum_{j=1}^{n} E_j \exp[-\lambda c_{ij}]} \qquad (2.24\mathrm{b})$$

である．この場合，起点 i からのトリップの合計が制約条件として課せられていることから，始点制約型モデルと呼ぶことがある．(2.24a) 式で，指数項を $r^{-\beta}$ に置き換えるとハフモデルとなる．

同様の論法で，終点 j へのトリップの合計の制約だけがかかるモデルは，

$$N_{ij} = F_i B_j N_{.j} \exp[-\lambda c_{ij}] \qquad (2.25\mathrm{a})$$

$$B_j = \frac{1}{\displaystyle\sum_{i=1}^{m} F_i \exp[-\lambda c_{ij}]} \qquad (2.25\mathrm{b})$$

となり，終点制約型モデルと呼ばれる．さらに，両制約条件を外した場合には，

$$N_{ij} = F_i E_j \exp[-\lambda c_{ij}] \qquad (2.26)$$

となる．上式で，指数項を $r^{-\beta}$ に置き換えるとグラビティモデルになる．

上記のモデルにおいては，直接パラメータの推定値を与える計算式は得られないが，実際のパラメータ推定では，収束計算によって容易に求められる．

ウィルソンモデルは，都市内の移動に関する優れたモデルになっているが，いくつかの難点もある．ひとつは，各ゾーンの設定のしかたによって異なる結果となることがある．この問題の背後には集計単位問題という未解決問題があり，これを回避するものとして，次節のロジットモデルが提案されている．ウィルソンモデルのもうひとつの問題は，都市外部からの流入・外部への流出がある場合，この部分が十分説明できないこと，また，事業所の移転のように，純粋な移動だけではなく，事業所の新たな設立，倒産による消滅などをどのように扱うかという課題が残る．この点についての改良を試みたものもある[26]．

2.5 ロジットモデル

これまでに紹介したモデルは，利用者人数や購買額という集計して得られる量についての経験的法則を定式化したモデルであった．これに対して，最初から集計量を想定してモデル化するのではなく，利用者各人の行動を想定してモデル化し，観測データからモデルのパラメータを推定するというアプローチもある．このようなモデルを行動モデルと呼ぶこともある．また，集計量を前提としたモデルでは，各データの集計単位を変えると結果が異なってくるという問題がある．例えば，もともと同じデータを用いて，同一のモデルで，市町村単位での集計データにモデルを当てはめた場合と，県単位で集計したデータに当てはめた場合，推定したパラメータが異なってくるという現象があり，エコロジカルファラシー，集計単位問題[24]と呼ばれて研究されている．集計データを前提とするときには，集計単位をどのように設定するかという問題が生じるのである．以上の問題を避けるため，集計を前提としないモデルが望まれる場合がある．ロジットモデルは，このような背景で生まれてきたモデルでもある．

個人 i が，n 個の選択対象のなかから対象 j を選択するという行動を考える．各対象 j には，それを個人 i が選択したときに効用 v_{ij} が得られる．各個人は得られる効用を最大化するように行動すると考える．

効用 v_{ij} は確定量ではなく，様々な状況のなかで変動する．そこで，まず，確率的に変動する効用を次のように定式化する．

$$v_{ij} = u_{ij} + \varepsilon_{ij} \tag{2.27}$$

ここに，u_{ij} は非確率的な変量であり，ε_{ij} は確率的な変量である．この確率変量 ε_{ij} は，次の確率分布に従うものと仮定しておく．

$$\text{Prob}[\varepsilon_{ij} < x] = F(x) = \exp[-\exp[-x]] \tag{2.28a}$$

$$f(x) = \frac{d}{dx}F(x) = \exp[-x - \exp[-x]] \tag{2.28b}$$

この分布は，正規分布に近い形状であり，厳密にはある分布から抜き出したサンプルにおける最大値が示す確率分布と一致し，そのため極値分布と呼ばれることも，また，ガンベル分布と呼ばれることもある．

以上の前提で，個人 i が，対象 j を選択する確率 P_{ij} を求めてみよう．個人 i が，対象 j を選択するのは j 以外のどの対象 k の効用 v_{ik} よりも効用 v_{ij} のほ

うが大きいときである．したがって，

$$P_{ij} = \text{Prob}[v_{ij} > v_{ik}, \quad \text{for all} \quad k \neq j] \tag{2.29}$$

ということになる．効用の定式化から，これは，

$$P_{ij} = \text{Prob}[u_{ij} + \varepsilon_{ij} > u_{ik} + \varepsilon_{ik}, \quad \text{for all} \quad k \neq j]$$
$$= \text{Prob}[\varepsilon_{ik} < u_{ij} + \varepsilon_{ij} - u_{ik}, \quad \text{for all} \quad k \neq j]$$

と表される．確率変数 ε_{ij} の分布式を用いれば，次のように表現できる．

$$P_{ij} = \int_{-\infty}^{\infty} f(\varepsilon_{ij}) \prod_{k \neq j} \text{Prob}[\varepsilon_{ik} < u_{ij} + \varepsilon_{ij} - u_{ik}] d\varepsilon_{ij}$$
$$= \int_{-\infty}^{\infty} f(\varepsilon_{ij}) \prod_{k \neq j} F(u_{ij} + \varepsilon_{ij} - u_{ik}) d\varepsilon_{ij}$$

ここで，具体的に計算してみると，

$$\prod_{k \neq j} F(u_{ij} + \varepsilon_{ij} - u_{ik}) = \prod_{k \neq j} \exp[-\exp[-(u_{ij} + \varepsilon_{ij} - u_{ik})]]$$

であり，その対数は，

$$\log \prod_{k \neq j} F(u_{ij} + \varepsilon_{ij} - u_{ik}) = \sum_{k \neq j} -\exp[-(u_{ij} + \varepsilon_{ij} - u_{ik})]$$
$$= -\exp[-(u_{ij} + \varepsilon_{ij})] \sum_{k \neq j} \exp[u_{ik}]$$

となる．このことから，以下の計算結果を得る．

$$\prod_{k \neq j} F(u_{ij} + \varepsilon_{ij} - u_{ik}) = \exp\left[-\exp[-(u_{ij} + \varepsilon_{ij})] \sum_{k \neq j} \exp[u_{ik}]\right]$$

この結果を，先の積分式に代入することで，以下のようになる．

$$P_{ij} = \int_{-\infty}^{\infty} \exp[-\varepsilon_{ij} - \exp[-\varepsilon_{ij}]]$$
$$\cdot \exp\left[-\exp[-(u_{ij} + \varepsilon_{ij})] \sum_{k \neq j} \exp[u_{ik}]\right] d\varepsilon_{ij}$$

2.5 ロジットモデル

$$= \int_{-\infty}^{\infty} \exp\left[-\varepsilon_{ij} - \exp[-\varepsilon_{ij}]\left\{1 + \exp[-u_{ij}]\sum_{k \neq j}\exp[u_{ik}]\right\}\right] d\varepsilon_{ij}$$

ここで，積分変数を含まない項を，

$$\alpha = 1 + \exp[-u_{ij}]\sum_{k \neq j}\exp[u_{ik}]$$

とおくことで，確率 P_{ij} は，次の積分によって定まることがわかる．

$$P_{ij} = \int_{-\infty}^{\infty} \exp[-\varepsilon_{ij} - \alpha\exp[-\varepsilon_{ij}]]d\varepsilon_{ij}$$

この積分は容易に実行できて，

$$P_{ij} = \frac{1}{\alpha}\left[\exp[-\alpha\exp[-\varepsilon_{ij}]]\right]_{-\infty}^{\infty} = \frac{1}{\alpha}$$

となる．つまり，個人 i が，対象 j を選択する確率 P_{ij} は以下の式で表される．

$$P_{ij} = \frac{1}{1 + \exp[-u_{ij}]\sum_{k \neq j}\exp[u_{ik}]} = \frac{\exp[u_{ij}]}{\sum_{k=1}^{n}\exp[u_{ik}]} \tag{2.30}$$

■ 例題 2.4

i 地区に住んでいる人が j 地区に転居する問題を考える．このとき，i 地区から j 地区に転居するときの効用は，j 地区の居住環境のよさ u_j，移動費用 c_{ij} を用いて，以下のように表されるとする．

$$v_{ij} = u_j - \beta c_{ij} + \varepsilon_{ij}$$

このとき，i 地区から j 地区に転居する確率をロジットモデルで表せ．これを用いて，転居前の i 地区の人口が $N_{i\cdot}$，転居後の j 地区の人口が $N_{\cdot j}$ であったとして，i 地区から j 地区に転居する人口 N_{ij} を表す式を導出せよ．

【解答】 ロジットモデルにより，

$$P_{ij} = \frac{\exp[u_j - \beta c_{ij}]}{\sum_{k=1}^{n}\exp[u_k - \beta c_{ik}]}$$

が得られる．ここで，当分，

第 2 章 施設の利用行動

$$C_{ij} = \exp[-\beta c_{ij}]$$

と表すことにする．このとき，

$$P_{ij} = \frac{\exp[u_j] C_{ij}}{\sum_{k=1}^{n} \exp[u_k] C_{ik}}$$

である．

また，$N_{i\cdot}$ 人が確率 P_{ij} で j に向かうので以下の式が成立している．

$$N_{ij} = N_{i\cdot} P_{ij} = \frac{N_{i\cdot} \exp[u_j] C_{ij}}{\sum_{k=1}^{n} \exp[u_k] C_{ik}}$$

ここで，

$$A_i = \frac{1}{\sum_{k=1}^{n} \exp[u_k] C_{ik}} \tag{2.31}$$

とおくと，以下のようになる．

$$N_{ij} = A_i N_{i\cdot} \exp[u_j] C_{ij} \tag{2.32}$$

転居後の人口について，以下の関係が成立しなければならない．

$$N_{\cdot j} = \sum_{i=1}^{n} N_{ij} = \exp[u_j] \sum_{i=1}^{n} A_i N_{i\cdot} C_{ij}$$

ここで，

$$B_j = \frac{1}{\sum_{i=1}^{n} A_i N_{i\cdot} C_{ij}}$$

とおくと，

$$\exp[u_j] = N_{\cdot j} B_j \tag{2.33}$$

となる．これらの結果を，(2.32) 式に代入することで，

$$N_{ij} = A_i N_{i\cdot} B_j N_{\cdot j} C_{ij}$$

となる．また，A_i についても (2.33) 式を (2.31) 式に代入して，

$$A_i = \frac{1}{\sum_{j=1}^{n} N_{.j} B_j C_{ij}}$$

となる.

ここで,移動コスト c_{ij} を用いて以上の式を書きなおせば,次の結果を得る.

$$N_{ij} = A_i N_{i.} B_j N_{.j} \exp[-\beta c_{ij}] \quad (2.34\text{a})$$

$$A_i = \frac{1}{\sum_{j=1}^{n} N_{.j} B_j \exp[-\beta c_{ij}]} \quad (2.34\text{b})$$

$$B_j = \frac{1}{\sum_{i=1}^{n} A_i N_{i.} \exp[-\beta c_{ij}]} \quad (2.34\text{c})$$

となる.これは,ウィルソンモデルと全く一致している.■

例題 2.4 で示された結果は,各個人が自分の価値判断で行動するというミクロな視点での結果が,集計的に扱うというマクロな視点での結果に一致することを意味する.この事実は,個々の分子の運動というミクロな現象が,温度というマクロな現象と関係しているという熱力学の結果と類似している.

ロジットモデルでは,効用を用いているが,この効用を,別の変量の関数と考えることができる.例題 2.4 では,地区の環境のよさ u_j と移動コスト c_{ij} の関数として効用が表される場合であった.計測可能な量の関数として効用関数が確定すると,各個人の効用最大化行動として定式化することで行動予測モデルとして活用できる[23].次の例題で,観測可能な変量で表現された効用関数を推定することを確認しておこう.

例題 2.5

ある団地の人が，3つのショッピングセンターにでかける．ショッピングセンターは，どれも等距離であり，団地住民の好みは同一とみなせる．ショッピングセンターの魅力は，売り場面積 x と品ぞろえ y で表すことができるとして，j ショピングセンター $(j=1,2,3)$ を選択したときの効用は以下のように表すことができる．

$$v_j = u_j + \varepsilon_j, \quad u_j = ax_j + by_j \quad (j=1,2,3)$$

また，この団地の人が各ショピングセンターを選択した数は $N_j\ (j=1,2,3)$ である．このとき効用関数のパラメータ a, b を推定する方法を考えよ．また，それぞれのショピングセンターの売り場面積 x_j と品ぞろえ y_j の基準化したデータおよび利用頻度 N_j は次の通りであった．

$$j=1, \quad x_1=1, \quad y_1=0, \quad N_1=2$$
$$j=2, \quad x_2=0, \quad y_2=1, \quad N_2=3$$
$$j=3, \quad x_3=1, \quad y_3=1, \quad N_3=6$$

このときのパラメータ a, b を計算せよ．

【解答】 ロジットモデルを適用すれば，

$$P_j = \frac{\exp[u_j]}{\exp[u_1]+\exp[u_2]+\exp[u_3]}$$

である．

ここで，データ $N_j\ (j=1,2,3)$ が観測される確率を考えてみると，

$$L = \prod_{j=1}^{3} P_j^{N_j} = P_1^{N_1} P_2^{N_2} P_3^{N_3} \tag{2.35}$$

となる．この確率の値は，モデルのパラメータを変化させると変わる．この確率の値が大きいほどあり得るモデルということができる．上記の値 L を尤度と呼び，この最大なときを最もあり得るモデルとする考え方であるので，最尤法と呼ぶことがある．上記の値を最大化することと，対数の値を最大化することは等価なので，次の値を最大化することを考える．

$$\log L = \sum_{j=1}^{3} N_j \log P_j = N_1 \log P_1 + N_2 \log P_2 + N_3 \log P_3 \tag{2.36}$$

2.5 ロジットモデル

上式にロジットモデル式を代入することで，以下のようになる．

$$\log L = N_1 u_1 + N_2 u_2 + N_3 u_3 - N \log Q$$

ただし，

$$Q = \sum_{j=1}^{3} \exp[u_j] = \exp[u_1] + \exp[u_2] + \exp[u_3]$$

$$N = \sum_{j=1}^{3} N_j = N_1 + N_2 + N_3$$

最大化の条件から，

$$\frac{\partial}{\partial a} \log L = 0, \quad \frac{\partial}{\partial b} \log L = 0 \tag{2.37}$$

を満足しなければならない．したがって，以下の2式

$$\sum_{j=1}^{3} N_j x_j = \frac{N}{Q} \sum_{j=1}^{3} x_j \exp[ax_j + by_j] \tag{2.38a}$$

$$\sum_{j=1}^{3} N_j y_j = \frac{N}{Q} \sum_{j=1}^{3} y_j \exp[ax_j + by_j] \tag{2.38b}$$

を満足するようなパラメータを求めればよい．実際の問題では，上記の連立方程式をコンピュータを用いて数値解を計算することになる．ここでは，与えられたデータが少ないので，手計算で以下のように求めることができる．

まず，

$$\exp[ax_1 + by_1] = \exp[a] = A$$
$$\exp[ax_2 + by_2] = \exp[b] = B$$
$$\exp[ax_3 + by_3] = \exp[a+b] = AB$$

とおいておくと，

$$Q = A + B + AB$$

であり，(2.38) 式は，

$$8 = \frac{11(A + AB)}{A + B + AB}, \quad 9 = \frac{11(B + AB)}{A + B + AB}$$

となる．この連立方程式で A, B は 0 とならないので，

という解を得る．これから，パラメータ a, b は，

$$a = \log 2, \quad b = \log 3 \tag{2.39}$$

つまり，効用関数の非確率部分は，

$$u_j = (\log 2) \cdot x_j + (\log 3) \cdot y_j \tag{2.40}$$

と表すことができることがわかる． ∎

参考 上記の例題で示したように最尤法によるパラメータ推定が可能であり，また，統計学的にも，推定パラメータの検定方法などが知られている．

しかし，ロジットモデルの特徴を活用するとパラメータの値を簡単に知ることが可能な場合もある．例えば，上記の例題のデータで考えてみよう．

ロジットモデルによると，

$$\frac{P_1}{P_2} = \frac{\exp[a]}{\exp[b]}, \quad \frac{P_1}{P_3} = \frac{\exp[a]}{\exp[a+b]} = \frac{1}{\exp[b]} \tag{2.41}$$

である．一方，データから，

$$\frac{P_1}{P_2} = \frac{2}{3}, \quad \frac{P_1}{P_3} = \frac{2}{6}$$

したがって，(2.41) 第 2 式より，

$$\exp[b] = 3$$

この結果と，(2.41) 第 1 式より，

$$\exp[a] = 2$$

これらから，

$$a = \log 2, \quad b = \log 3 \tag{2.42}$$

となる． ∎

第3章

地域人口

　第1章では施設の利用数をもとに規模を決定する方法，第2章では利用者数を推定する方法を述べた．本章では，利用者数の推定に必要な地域人口を推定する方法について考える．人口の時間変化の傾向が変わらないものとして推定する外挿法のうち，よく用いられる多項式モデル，指数曲線モデル，ゴンペルツ曲線モデル，ロジスティック曲線モデルを紹介する．次に，人口推定の標準的方法であるコホートモデルの考え方と，コホートモデルの一種であり建築計画で使用されてきた家族型推移モデルを紹介する．また，開発計画との関連性を前提としたローリーモデルを紹介し，地域産業従業者数および人口推定の方法を述べる．

```
3.1  地 域 人 口
3.2  外 挿 法
3.3  コホートモデル
3.4  ローリーモデル
```

3.1 地域人口

　前章では，施設の利用者数を推測する方法を示したが，それらはいずれも，地域にどのようなタイプの居住者がどれだけいるかがわかっていることを前提としていた．地域人口は国勢調査などの人口統計調査によって得られる場合もあるが，計画に必要な将来時点での人口については推測するしかない．本章では，地域人口の推測方法について検討する．

　地域人口というときの地域という概念にはひろがりがある．市町村内のどの街区にどれだけの人が居住しているかというようなミクロな視点で議論する場合もあれば，日本という地域の人口はいくらかというようなマクロな視点もある．しかし，本章で議論したいのは，施設の利用者数を予測し，施設規模を合理的に決定するために必要な情報であるので，都市全体の人口とともに，都市内の分割された小地域の人口を問題とする，比較的ミクロな視点である．

　人口予測では，日本全体の人口予測に比べれば，市町村などの小地域の人口予測のほうが容易であるように思われるかもしれないが，事情は逆である．日本の人口の推移をみてみると，極めてなだらかな変化をしており，数年間で2倍になるというようなことはない．単純に数年間のデータから外挿しても，相対誤差はそれほど大きくならない．しかし，小地域の場合，特に開発が進行している市町村では，大きな住宅団地の建設で，突然人口が2倍になってしまったということも起こる．特に，人口を推測したい地域というのは，なんらかの開発行為が検討されている地域が多く，変化の激しい地域であり，人口の予測は難しい．

　そこで，後に述べる方法のなかには，計画行為の影響を考慮して人口予測をするものがある．

3.2 外挿法

図3.1のように，横軸に時間（年），縦軸に人口をとったグラフに，データの得られている各年の人口をプロットしていく．これを結んでいくと，折れ線グラフになるが，なだらかな曲線で結び，まだデータが得られていない年にまで，曲線を延長することで，将来の人口の予測値と考える．この考え方で，人口予測をする方法を，外挿法と呼んでいる．

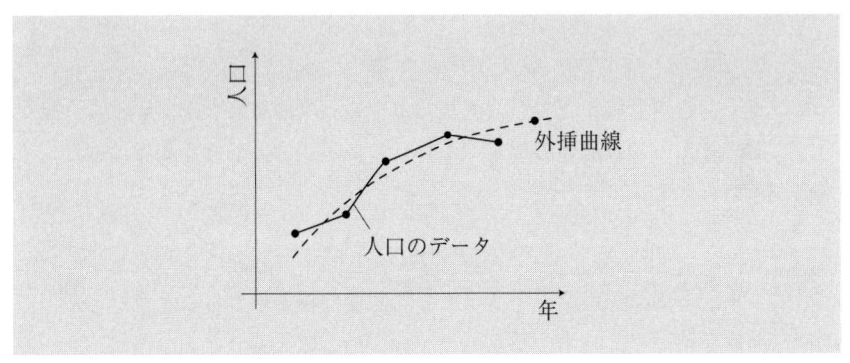

図 3.1 外挿法の考え方

一口になだらかな曲線といっても，様々なものがある[11]〜[13],[36],[37]．以下では，この曲線の種類別に外挿法を紹介してみたい．

(1) 直線および多項式回帰モデル

データをプロットしたとき，プロット点が1つの直線の上に並んでいたとすると，将来もこの直線の上にプロットされると推測することがある．完全に直線の上にプロットされていなくとも，ある程度，直線に近いところにプロットされているならば，同様に考えて，将来の時点でも，直線の延長上に人口データはプロットされると推測する．この考え方を直線回帰による外挿という．プロットされた人口データから，直線の傾きや切片を求める必要がある．つまり，直線の方程式を求める必要がある．

年と人口のデータの組 (t_i, p_i), $i = 1, \cdots, n$ が与えられているとして，直線の方程式

$$p(t) = a + bt \tag{3.1}$$

の係数 a, b を求める方法を考えよう. それは, すでに紹介した最小自乗法によって求めることができる. つまり, t_i 年のモデルよる推測値 $a + bt_i$ とデータ p_i の差の自乗和

$$Q = \sum_{i=1}^{n} \{p_i - (a + bt_i)\}^2$$

を最小とするパラメータ a, b を決めればよい. こうして得られたパラメータを用いると, 将来の時点 t_* での人口 p_* は, 次のように予測できる.

$$p_* = a + bt_*$$

プロットした点を結んだとき, 直線ではなく高次曲線になっているような場合, 上記の考え方で直線の方程式のかわりに多項式で表される高次曲線とする方法が考えられる. つまり,

$$p(t) = a_0 + a_1 t + a_2 t^2 + a_3 t^3 + \cdots + a_m t^m \tag{3.2}$$

として, 上記と同様な議論をすることで, 回帰曲線を求めることができる. この回帰曲線を用いて, 将来の時点 t_* での人口 p_* を予測できる.

これらの方法は, 次のような欠点があるので注意して使用する必要がある.

まず, 予測人口 p_* が負というあり得ないケースの発生の可能性がある. 例えば, 直線回帰による外挿で, もしも, 直線の傾きが負である場合には, ある年より先で直線は横軸と交わり予測値が負になってしまう. 高次曲線による回帰でも同様なことが発生してしまうことがあり得る.

一見, 回帰式の次数をあげ高次曲線を用いれば, それだけデータとの差は小さくなるので, 予測精度はよくなると考えがちである. 例えば2時点のデータであれば, このデータの2つのプロット点を誤差なく通過する直線が存在する. 3時点の場合, 2次曲線を用いれば3つのプロット点を誤差なく通過する直線が存在する. 一般的に n 個の時点でのデータが与えられると, $n-1$ 次の曲線を用いれば誤差なく, 各プロット点を通過するようにできる. このように次数を増やせば, 自乗誤差を小さく抑えることができる. しかし, 次数を増やすことは, 予測の精度がよくなることを保証していない. この事実を理解するために, 人口が本当に一定増加率で変化している地域があったとしよう. ほんのわずかなランダムな変動があって, 得られた人口データのプロットは, 直線から

わずかにずれているとしよう．このとき，直線の回帰式で推定すると，自乗誤差は0とならないが正しい増加率が回帰式の係数として求めることができるが，高次の曲線を用いると，かえって意味のないランダムな変動に追従した曲線になって予測値が現実にあわなくなる可能性が高くなる．

(2) 指数曲線モデル

人口は，人口が少ないときにはそれほど増加しないが，人口が増えるに従って増加数も飛躍的に増えることが知られている．このような「幾何的増加」を指摘したものとして，マルサスの人口論が知られている．幾何的増加ということを数式で表現したものが，以下のモデル式である．

$$p(t) = p_0 \exp[at] \quad (a > 0) \tag{3.3}$$

指数関数で表されることから指数曲線モデルと呼ばれることがある．

このモデルの性質を調べておくことにしよう．

まず，時間が十分経過したとき，上式右辺の指数部分は正の値で無限大に近づくので，人口は無限大になることがわかる．すなわち指数曲線モデルにおいては，人口爆発が生じることを意味している．

■ 例題 3.1

人口単位当たり人口増加率が一定と仮定すると，人口は指数曲線モデルで変化することを導け．

【解答】 人口単位当たり人口増加率が一定値 a とすると次式が成立する．

$$\frac{dp(t)}{dt} \bigg/ p(t) = a \tag{3.4}$$

対数の微分公式により，

$$\frac{d}{dt} \log p(t) = a$$

となるので，これを積分すると，

$$\log p(t) = at + c$$

となり，

$$p(t) = \exp[c] \cdot \exp[at]$$

となる．時刻 0 のときを考えると，$p(0) = \exp[c]$ となる．つまり，

$$p(t) = p(0) \cdot \exp[at]$$

である．(3.3) 式は，時刻 0 での人口 $p(0)$ を p_0 とおいたものにほかならない． ■

例題から，人口単位当たりの人口増加率が一定であるような人口増加傾向があることを前提としたモデルが，指数曲線モデルであることがわかった．

このモデルには，パラメータは，p_0 と a しかないが，この推定は次のように簡単に求めることができる．モデル式の対数をとると，

$$\log p(t) = \log p_0 + at \tag{3.5}$$

となる．この式は，図 3.2 のように，横軸に時間，縦軸に人口の対数値をとってデータをプロットすると，切片が $\log p_0$，傾きが a の直線になることを示している．この事実から，先の直線回帰と同様な方法でパラメータ $\log p_0, a$ を推定できる．

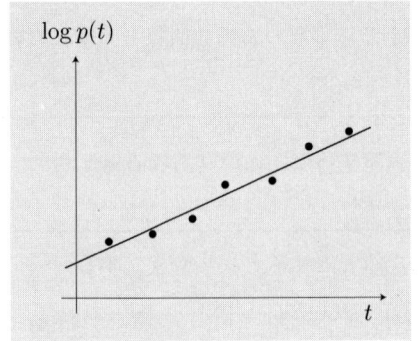

図 3.2　指数曲線モデルの推定法

図 3.3　上限への漸近

(3) 上限漸近曲線モデル——ゴンペルツ曲線モデル

指数曲線モデルでは人口が限りなく増大する．実際には，人口密度には限界があるので，頭打ちになる．そこで，この上限があるものと考え，人口が上限値に次第に漸近していくというモデルが考えられる．

まず，図 3.3 のように，上限値に漸近していく性質を有するモデルを導出してみよう．上限値 L と人口 $p(t)$ との差が時間の経過とともに減少することを，次式で表現してみる．

$$L - p(t) = k \cdot a^t$$

ただし，この差はいつも正であること，差が徐々に小さくなるためには，パラメータは，以下の範囲でなければならない．

$$k > 0, \quad 0 < a < 1$$

したがって，このモデルは，次のようになる．

$$p(t) = L - k \cdot a^t \quad (k > 0, \quad 0 < a < 1) \tag{3.6}$$

上限値に漸近する性質を有するモデルとしては，別な形のものもあり得る．以下は，その提案者ゴンペルツ (Gompertz) の名前で呼ばれているゴンペルツ曲線モデルである．

$$p(t) = L \exp[-a \exp[-bt]] \quad (L > 0, \quad a > 0, \quad b > 0) \tag{3.7}$$

■ 例題 3.2

ゴンペルツ曲線モデルでは，上限値に漸近する性質があることを確認せよ．

【解答】 モデル式の対数をとると，

$$\log p(t) = \log L - a \exp[-bt]$$

となるので，上限の対数値と人口の対数値との差は，

$$\log L - \log p(t) = a \exp[-bt]$$

となり，$a > 0, b > 0$ のもとで右辺は正で時間の経過とともに減少する．つまり，人口は上限値に漸近する． ■

(4) ロジスティック曲線モデル

人口の増加に関して，指数曲線モデルでは，各時点での人口当たりの人口増加率が一定，つまり人口増加量は，その時点での人口に比例するという考え方であった．一方，上限漸近曲線モデルでは，上限値との差が縮まっていくという考え方であった．実際には，人口が少ないときには，上限値の影響はほとんどなく，指数曲線モデルのように人口は増加していることが多い．また，ある

程度人口が増大すると，上限漸近曲線モデルのように，上限値に収斂するように増加することが観測されることが多い．この両者の性質をあわせ持ったモデルが考えられる．つまり，人口の増加量は，現在の人口に比例するが，同時に上限値との差にも比例するという考え方であり，次ように定式化できる．

$$\frac{d}{dt}p(t) = a \cdot p(t) \cdot \{L - p(t)\} \tag{3.8}$$

この式と同型のものが，化学反応における反応速度式として用いられている．この微分方程式は，以下のように順次変形していくことができる．

$$\frac{d}{dt}p(t)\frac{1}{p(t) \cdot \{L - p(t)\}} = a$$

$$\frac{d}{dt}p(t)\left\{\frac{1}{p(t)} + \frac{1}{L - p(t)}\right\}\frac{1}{L} = a$$

$$\frac{\frac{d}{dt}p(t)}{p(t)} - \frac{\frac{d}{dt}\{L - p(t)\}}{L - p(t)} = aL$$

$$\frac{d}{dt}\log p(t) - \frac{d}{dt}\log\{L - p(t)\} = aL$$

この微分方程式を時間 t で積分することで次式を得る．

$$\log p(t) - \log\{L - p(t)\} = aLt + c$$

すなわち，

$$\frac{p(t)}{L - p(t)} = \exp[aLt + c] = \exp[c]\exp[aLt]$$

これを $p(t)$ について解くことで，

$$p(t) = \frac{L\exp[c]\exp[aLt]}{1 + \exp[c]\exp[aLt]} = \frac{L}{\exp[-c]\exp[-aLt] + 1}$$

つまり，以下の式を得る．

$$p(t) = \frac{L}{k\exp[-bt] + 1} \quad (L > 0, \quad b > 0, \quad k > 0) \tag{3.9}$$

この式で表される曲線はロジスティック曲線と呼ばれている．

最初の定式化段階で述べたように，現在の人口に比例するが，同時に上限値との差にも比例するという性質があるため，この曲線は人口が少ないときと上限値に近いときには，増加の割合が小さく，上限値の半分の人口のところで，増

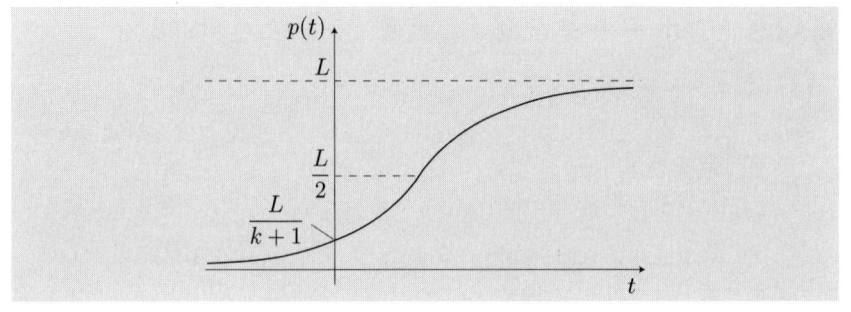

図 3.4 ロジスティック曲線モデル

加の割合は最大となる．このため，全体としてS字状の曲線となる．もちろん，十分に時間が経過したときには，上限値 L に収束する．

$$\lim_{t \to 0} p(t) = L \qquad (3.10)$$

この曲線では，図 3.4 のように，初期段階では下に凸，上限値の半分を超えてからは上に凸なS字曲線であり，様々な曲率の部分を有しているため，人口データへのフィッティングもよいことが知られている．また，このモデルでは，やや複雑な関数形のようにみえるものの，パラメータは3つしかなく，少ないデータでもパラメータ推定が可能であるという便利さがある．実際に用いる場合には，人口そのものではなく，人口密度をこのモデルに当てはめて人口予測をすることが多い．

■ 例題 3.3

ロジスティック曲線モデルで，人口増加率が最大となるのはどのようなときか．

【解答】 (3.8) 式より，

$$\frac{d}{dt}p(t) = -a\{p^2(t) - Lp(t)\} = -a\left\{\left(p(t) - \frac{L}{2}\right)^2 - \frac{L^2}{4}\right\}$$

となる．つまり，人口が上限値の半分のときに増加率は最大である．したがって，ロジスティック曲線モデルに従うことがわかっている場合，増加率がピークに達したならば，そのときの人口の2倍が上限値である．■

3.3 コホートモデル

(1) コホートモデルの考え方

外挿法では，人口の時間変化の傾向だけに注目していた．社会を構成する様々な人々は，それぞれの理由で都市に移住してきたり転出したりする．また，それぞれの年齢ごとに子供が生まれる割合も異なってくることが考えられる．したがって，より正確に人口を推定するには，人々の階層ごとに，それぞれの階層の特徴にあわせて推測したほうがよい．つまり，人口の増減にかかわる要因に注目し，その要因を持っている階層ごとに人口の推移を把握することが望ましい．この考え方に立った方法をコホート要因法と呼んでいる．

具体的には，男女による違い，年齢による違いに注目し，男女別年齢別階層に分類することが多く，それぞれの階層の人口の推移を推測する．

コホートモデルの概念を理解するため，単純な例題で検討してみよう．

■ 例題 3.4 ─

年齢階層を 0～9, 10～19, 20～29, ⋯ と 10 才ごとに分類し，階層 0, 1, 2, ⋯ と名付ける．各階層では 10 年経つと 2 パーセントの人が死亡し，階層 2 つまり 20 才から 29 才の女性は 10 年で 0.8 人の子を出産し，階層 3 つまり 30 才から 39 才の女性は 10 年で 0.2 人の子を出産する．各階層の男女比は 1：1 に保たれている．ある年の各階層の人口がいずれも 100 人であった．また地域外から階層 0 を除く階層で 10 年当たり 2 人の割りで移住してくる．10 年後の各階層の人口はどのようになるか．

【解答】 階層 0, 1, 2, ⋯ の人口を順に並べて書くと便利である．当初は，各階層 100 人であったので，

$$(100, 100, 100, \cdots)$$

である．まず，この現在の居住者の 10 年後を検討する．

10 年間で死亡する人は，各階層で，100 人の 2 パーセントなので 2 人である．したがって，10 年後に生存していれば 10 才年をとるので，当初この地域にいた人が 10 年後には，次のような人口になる．

$$(0, 98, 98, 98, \cdots)$$

一方，20 才から 39 才の女性は階層 2 から階層 3 にそれぞれ半数の 50 人い

た．出産の割合を掛けることで，階層 2 の女性から $50 \times 0.8 = 40$（人），階層 3 の女性から $50 \times 0.2 = 10$（人）で，合計 50 人の子供が生まれ，この分だけ階層 0 に加わることになる．したがって，10 年後には，次のような人口増加がみられる．

$$(50, 0, 0, \cdots)$$

さらに，地域外からの移住者は，

$$(0, 2, 2, \cdots)$$

である．現在の居住者の 10 年後，出産による子供，地域外からの移住者の合計が 10 年後の人口なので，合計値

$$(50, 100, 100, \cdots)$$

ということになる．同様に，20 年後を計算すると，

$$(50, 51, 100, \cdots)$$

となる．■

(2) 世帯構造変化モデル

コホートモデルのうちでも，建築計画の分野で使用されてきた世帯構造変化モデルを紹介しておこう[11],[101]．このモデルは，以下のような歴史背景のなかで提案されてきたものである．

戦後の日本における住宅不足を解消するため，日本住宅公団が設立され，昭和 30 年代に，いわゆる「公団住宅」の供給が開始されることになる．地方自治体では当初は「団地」が建設されることに前向きであったが，いざ建設されると，建設時点での市町村道の整備のほか，居住開始後数年で幼稚園の不足，さらに数年後には，小学校教室の不足という事態が生じ，地方自治体に対する住民からの不満が高まり，地方自治体も道路や学校などの施設整備のため財政的負担が増大することになり，団地建設反対の自治体も出現することにもなった．団地建設に伴う幼稚園，小学校などの施設需要を把握し，計画的施設整備を計るため，団地住民の人口推移を正確に予測する方法が必要となった．こうした状況下で提案されたモデルが，世帯構造変化モデルであった．

世帯構造変化モデルでは，世帯を家族の構成から分類する（表 3.1）．大きく

表 3.1 世帯構造変化モデルにおける家族型

	単純家族								複合家族	欠損家族	単身家族
	夫婦のみ	夫婦＋子供									
	主婦年齢	最年長子の年齢									
	40歳未満	40歳以上	0～2歳	3～5歳	6～8歳	9～11歳	12～14歳	15～17歳	18歳以上			
	C0a	C0b	Cb	Ci	Ck1	Ck2	Ck3	Ck4	Cm	Cc	B	S
i	1	2	3	4	5	6	7	8	9	10	11	12

夫婦のみの世帯，夫婦＋子供という構成の世帯，複合世帯，欠損世帯，単身世帯の5つに分類し，夫婦のみの世帯を，さらに主婦の年齢が40才未満と40才以上で2つに分類する．夫婦＋子供という構成の世帯は，さらに長子の年齢で0～2, 3～5, 6～8, 9～11, 12～14, 15～17, 18才以上に分類する．結果として12分類となる．夫婦のみ世帯を主婦の年齢で分けたのは，出産率の違いを考慮するためで，主婦の年齢が40才未満の夫婦のみ世帯は，次の時間単位では，夫婦＋子供（長子0～2）という世帯に変化する可能性が高い．また，長子の年齢を3年ごとに分類したのは，長子年齢で3～5が幼稚園，6～8, 9～11が小学校，12～14が中学校，15～17が高等学校にほぼ対応しており，この世帯数が推定できると，地域に必要な施設需要がすぐにわかるようにするための分類である．また，この分類にあわせて，単位時間を3年としている．

さらに，世帯構造変化モデルの著しい特徴は，総世帯数が一定という点である．これは，団地に供給された住居の数は，当初に建設された数で固定されており，団地内にとどまる世帯は，世帯タイプが変化するだけであり，このほか，団地外へ転出する世帯と団地外から転入する世帯があり，結局，世帯数の総数は団地内の住居の数で一定である（空き家は考えていない）．

ここで，時刻 t での世帯分類 i の世帯数を $w_i(t)$ と表すことにしよう．

次に，12に分類された各世帯が，地域外から地域内への移住，地域外への移住がないとしたとき，1単位時間（3年）経過の後，どのような種類の世帯へ変化するかを調べる．世帯分類 i のものが世帯分類 j になる確率を p_{ij} と表す．この確率を遷移確率と呼ぶことが多い．このモデルが提案された頃の遷移確率は表3.2（数学の慣例と異なり縦方向に j，横方向に i の場所に p_{ij} の値が記されている）のようになっている．

3.3 コホートモデル

表 3.2 家族型推移マトリックス P

	C0a	C0b	Cb	Ci	Ck1	Ck2	Ck3	Ck4	Cm	Cc	B	S
C0a	0.270	0.000	0.000	0.000	0.000	0.000	0.000	0.005	0.000	0.010	0.040	0.150
C0b	0.050	0.900	0.000	0.000	0.000	0.000	0.000	0.010	0.050	0.015	0.005	0.010
Cb	0.590	0.010	0.010	0.000	0.000	0.000	0.000	0.000	0.000	0.010	0.080	0.280
Ci	0.035	0.000	0.975	0.005	0.000	0.000	0.000	0.000	0.030	0.020	0.020
Ck1	0.000	0.000	0.000	0.970	0.005	0.000	0.000	0.000	0.000	0.050	0.020	0.010
Ck2	0.000	0.000	0.000	0.000	0.960	0.005	0.000	0.000	0.000	0.050	0.010	0.010
Ck3	0.000	0.000	0.000	0.000	0.000	0.950	0.010	0.000	0.005	0.030	0.010	0.010
Ck4	0.000	0.005	0.000	0.000	0.000	0.000	0.940	0.010	0.005	0.015	0.010	0.010
Cm	0.000	0.015	0.000	0.000	0.000	0.005	0.010	0.930	0.870	0.080	0.030	0.010
Cc	0.010	0.015	0.000	0.005	0.000	0.000	0.000	0.005	0.030	0.650	0.020	0.000
B	0.005	0.005	0.010	0.010	0.020	0.025	0.035	0.025	0.020	0.035	0.680	0.070
S	0.040	0.050	0.005	0.010	0.010	0.015	0.005	0.005	0.020	0.025	0.075	0.420

ところで，時刻 t で世帯分類 i にあったどの世帯も，1単位時間後には1〜12のいずれかの分類になるので，

$$\sum_{j=1}^{12} p_{ij} = 1 \tag{3.11}$$

である．この遷移確率を用いると，$t+1$ 時点での各世帯分類 j の世帯数 $w_j(t+1)$ は次のようになる．

$$w_j(t+1) = \sum_{i=1}^{12} p_{ij} w_i(t) \tag{3.12}$$

次に社会移動，つまり，地域外から地域内への移住，地域外への移住を考えよう．考えやすくするため，時刻 t から $t+1$ の1単位時間のうち，期間の始めの瞬間に転出し，期間の終わりの瞬間に転入が発生するものとして定式化する．まず，世帯分類 i の転出率を m_i とすると，転出した世帯の数と転出せずにいた世帯の数とは，それぞれ，

$$\sum_{i=1}^{12} m_i w_i(t), \quad \sum_{i=1}^{12} (1-m_i) w_i(t)$$

となる．転出した世帯が住んでいた住居に転入してくるので，転入世帯の世帯

分類 j の割合を h_j とするとき，時刻 $t+1$ までに転入してくる世帯分類 j の世帯数は次のようになる．

$$h_j \sum_{i=1}^{12} m_i w_i(t)$$

一方，転出せずに団地内に残った世帯は，転入転出がない場合のように世帯分類が遷移するので，結局，転出入を考慮した時刻 $t+1$ での世帯分類 j の世帯数は，

$$w_j(t+1) = \sum_{i=1}^{12} p_{ij}(1-m_i)w_i(t) + h_j \sum_{i=1}^{12} m_i w_i(t) \tag{3.13}$$

となる．

このモデルが提案された頃のデータに基づいた各世帯分類の転出割合を表 3.3 に，また，転入世帯割合を表 3.4 に示す．前者の転出率は，提供された住居のタイプ（特に広さ）に関連して変化し，後者の転入世帯割合は，既存市街地での入居可能な所得範囲での世帯分類の割合に近い．

初期世帯数すなわち時刻 0 での世帯分類ごとの世帯数を与えれば，(3.13) 式より，その後の時刻での世帯分類別の世帯数を計算することができる．初期世帯数は，提供された団地の住居タイプに依存している．つまり，小規模な住宅を提供した団地では夫婦のみで主婦年齢 40 未満という世帯数が大きくなり，逆に広い規模の住宅を提供すると複合世帯の割合が増える．

表 3.3 転出率 m_i

C0a	C0b	Cb	Ci	Ck1	Ck2	Ck3	Ck4	Cm	Cc	B	S
0.12	0.07	0.12	0.12	0.12	0.12	0.12	0.07	0.05	0.12	0.10	0.12

表 3.4 転入家族型構成 h_i

C0a	C0b	Cb	Ci	Ck1	Ck2	Ck3	Ck4	Cm	Cc	B	S
0.07	0.02	0.17	0.20	0.15	0.08	0.04	0.03	0.09	0.03	0.06	0.06

表 3.5 初期家族型構成 $w_i(0)$

C0a	C0b	Cb	Ci	Ck1	Ck2	Ck3	Ck4	Cm	Cc	B	S
0.16	0.01	0.23	0.18	0.10	0.04	0.03	0.02	0.07	0.02	0.06	0.08

3.3 コホートモデル

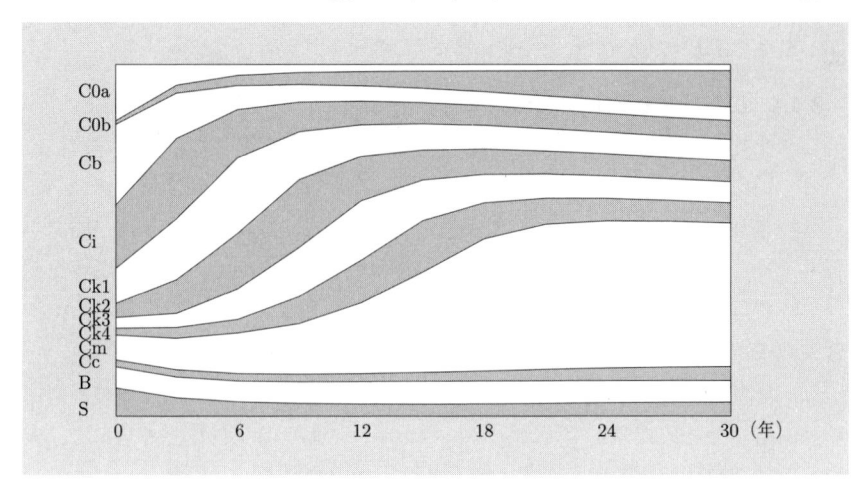

図 3.5 家族型構成の変化

表 3.5 の初期値から，時間経過とともに世帯数がどのように変化するかを示したものが図 3.5 である．この結果をみると，入居開始から 3 年で夫婦＋子供（長子 3～5）という世帯が増大し，やや遅れて夫婦＋子供（長子 6～8）という世帯が増えることがわかる．つまり，3 年後に幼稚園児が増え，6 年後には小学校児が増えることになる．

この世帯構造変化モデルは，このような発生している問題の説明だけに使用されるものではない．団地に供給する住居タイプを変化させることで，初期世帯数と転出率を変化させることができる．公団団地が建設された初期の時代では，画一的な住居プランのみの団地では，初期世帯数に偏りが生じ，先の計算例のように幼稚園，小学校の需要が急に増加する傾向にあったが，同一団地内でも多様な住居プランや長子の年齢が高くなっても対応できるタイプの住居を増やすことで，急激な施設需要の発生が制限されることが，このモデルを用いて判明したのである．

3.4 ローリーモデル

3.4.1 ローリーモデルの考え方

これまで述べた外挿法では人口変化の傾向が将来も変わらないことが前提になっていた．また，コホートモデルでも階層ごとの推移の傾向は将来についても維持されることが前提であった．しかし，最初の節で述べたように，開発を行うような地域では，開発以前の傾向を維持するのではなく，開発の影響を受けて予想以上に人口が増えてしまうことがある．このような事態を考慮した地域人口予測の方法もある．

以下で説明するものは，アメリカ・ペンシルベニア州ピッツバーク市の総合開発計画策定のためにランド・コーポレーションにより開発されたモデルで，人口と土地利用の同時予測をする．開発者ローリーの名を冠し，ローリーモデルと呼ばれている[30]~[33]．後に，ガリンによって，当初グラビティモデルで記述されていた土地利用配分の部分が空間相互作用モデルで記述されるよう改良され，アメリカではガリン・ローリーモデルと呼ばれることが多い．日本では，改良された形も含めてローリーモデルと呼ぶことが多い．ここでは空間相互作用モデルで定式化されたものを紹介したい．

基本的概念は計量経済学的構成をなしているが，以下では，日常的な概念を用いて説明してみたい．

例 ある新都市に大きな会社を誘致する開発計画があるとしよう．この会社の製品は，この都市以外で販売されており，その売り上げ予測から，この会社のベストの雇用人員がわかっている．

この会社が誘致されるとどういうことが起こるであろうか．当然のことだが，この会社に雇われる従業員の数だけ人口がいる．しかし，それだけではない．従業員が1人で住むとは限らない．もちろん単身世帯の人もいるかもしれないが，一般には従業員以外に従業員の家族が同居しているはずである．そこで，この会社と類似した会社の社員について，家族も含めた総人数／総従業員数の比率を調べておけば，この都市での家族も含めた人口増加数が推定できる．

次に，都市にどのような変化が起こるだろうか．この都市の新住民である従業員とその家族が生活するわけなので，パンを買いに行ったり，必要な衣服を購入したりする．こうした生活に必要な物の購入が，ある割合でなされるはず

3.4 ローリーモデル

である．この結果，パン屋とか衣料品店が，都市内に出店し，そこで何人かの人が雇用されるはずである．そこで，パン屋や衣料品店を，先の会社と区別して，地域に必要な産業ということで地域産業と呼ぶことにしよう．地域産業にもいろいろな種類のものがある．いずれにしても，人口が決まると，地域産業ごとの雇用が発生するはずである．事前に，人口1人当たりの地域産業別従業員数を求めておけば，先に求めた新都市の人口から新たに増加する地域産業別従業員数がわかる．

最初の会社の従業員に家族がいたように，地域産業の従業員にも家族がいる．先と同じように家族を含めた地域産業従事者関係の人口がわかる．

新都市の人口は，先の誘致会社関係の人口と地域産業関係の人口の和になるはずである．さて，これを最終的な人口と考えてよいだろうか．このままでは問題がある．というのは，先に予測した地域産業別従業員数は，誘致会社関係の人口のみに対応したもので，地域産業別従業員の家族を含めた人口の生活に必要な地域産業の分が加味されていなかった．地域産業関係の家族もパンを買ったりするわけなので，地域産業別従業員の予測では，地域産業別従業員の家族を含めた人口を加えた人口でやりなおす必要がある．この結果人口は，地域産業関係者の生活に必要な地域産業分の人口増となる．

このやりなおしの結果で十分かというと，まだ問題がある．やりなおして人口がやや増加しているので，この増加人口に必要な地域産業の従業員増があり，その家族を含めた人口を再度求める必要がある．この繰り返しを続けていく必要がある．

この繰り返しを無限に続けなくてはならないようにも思えるが，各繰り返しでの人口増加分は徐々に小さくなるので，人口の値は収束する． □

上記の考え方は，開発行為（この説明では会社を地域に誘致したこと）に伴って，地域がどのような状況に落ちつくかを，すなわち，均衡状態が達成されるかを，繰り返し計算によって求めるというものである．その意味で，広い意味での均衡解を求めるモデルと理解することができる．また，類似しているとはいえ，上記の繰り返し計算での均衡状態への収束過程は，実際の人口や土地利用の「時間的な推移」を表すものではなく，均衡解を求める「計算ステップ」に過ぎないということを忘れてならない．

3.4.2 ローリーモデルの基本構造の定式化

ローリーモデルでは，都市内を各地区に分割して議論するが，ここでは，ローリーモデルの基礎概念の理解のため，最初は地区に分割せず都市全体で議論することにし，その後で複数の地区よりなる標準的なローリーモデルに修正する．

大前提は，産業を大きく基幹産業部門 (Basic Sector) と地域産業部門 (Retail Sector) に分類することである．前者は都市内から従業員を雇用するものの，その企業収益は対象都市以外から得ているものである．そのため，対象都市の人口が変化しても企業収益は変化せず，したがって，基幹産業従業者数は変化しない．一方，後者は都市内の人々に対してサービスを提供し彼らからの支払いより収益を得る企業である．そのため，サービスの種類は様々なものが考えられるので，地域産業は m 種類あると定式化できる．地域産業 k ($k=1,\cdots,m$) は，都市の人口が大きいほど規模は大きくなり，従業員数も増大する．

最も基本的な関係は，人口 N と総従業者数 E との関係である．ローリーモデルでは，この比率が一定とみなせるという前提で定式化する．つまり，

$$N = \alpha \cdot E \tag{3.14}$$

が成り立ち，パラメータ α は議論の範囲では一定値であり，実際のモデル計算では，類似都市の人口と総従業者数のデータより求めた値を用いる．

都市の居住者には，その生活を支える産業，つまり地域産業が必要である．地域産業の規模は人口が多いほど大きく，したがって，地域産業 k の従業者数 E^k も人口に比例して増大する．すなわち，地域産業別比例定数 β^k を用いて

$$E^k = \beta^k \cdot N \tag{3.15}$$

比例定数 β^k も，類似都市の人口と総従業者数のデータより求める．

さて，総従業者数 E は，基幹産業従業者数 E^B および地域産業の従業者数の和である．つまり，

$$E = E^B + \sum_{k=1}^{m} E^k \tag{3.16}$$

以上がローリーモデルの基本関係式であり，図 3.6 のように表すことができる．外生変数として基幹産業従業者数 E^B を与えたとき，内生変数である人口

3.4 ローリーモデル

[図: 基幹産業従業者数 E^B → 従業者総数 E → (α) → 従業者の家族も含めた人口 N → (β^k) → 地域産業従業者数 E^k → 従業者総数 E]

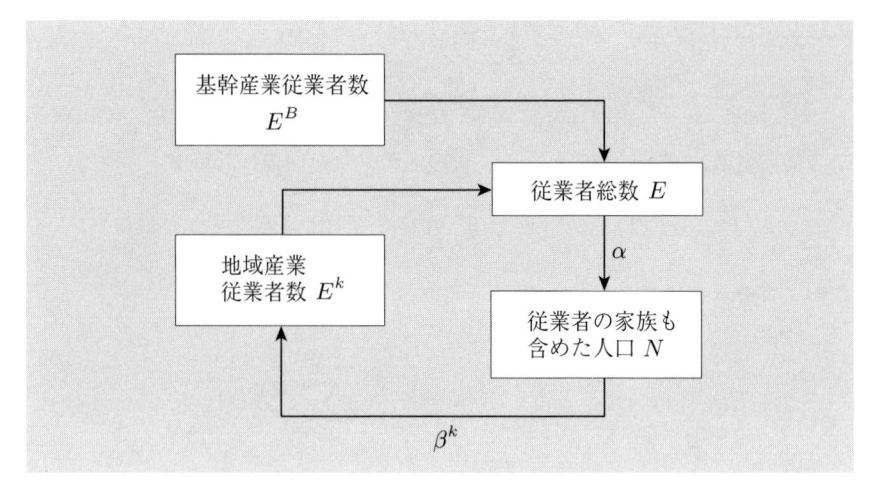

図 3.6 ローリーモデルの基本構造

N と総従業者数 E のうち，この (3.14)〜(3.16) 式の3式を満足するもの（しばしば均衡解と呼ばれる）を求める問題となる．

均衡解を上式から解析的に求めることも容易だが，以下のようにモデルを拡張した場合でも応用できる収束計算で，均衡解を求めることを行ってみよう．この計算手続きのほうが，変量間の影響関係をイメージしやすいという利点もある．

以下では，各計算ステップを表すため変量に括弧付き番号を付す．例えば計算ステップ s の人口は $N(s)$ と表現される．最初は，外生的に与えられた基幹産業従業者数 E^B を総従業者数 E の初期値とする．

$$E(0) = E^B \tag{3.17}$$

(3.14) 式を用いると，人口は，

$$N(0) = \alpha E(0) = \alpha E^B$$

となる．人口が決まると，その人々の生活を支えている地域産業の従業者数が，(3.15) 式から決定できる．

$$E^k(0) = \beta^k N(0)$$

これで，最初のステップが終わる．この結果，総従業者数は，最初の基幹産業従業者数だけではなく地域産業従業者数を加えたものになる．すなわち，(3.16)

式より,次のステップの従業者数が次のように決まる.

$$E(1) = E^B + \sum_{k=1}^{m} E^k(0)$$

この従業者数が都市にいるとして,次のステップを同様に計算する.

$$N(1) = \alpha E(1), \quad E^k(1) = \beta^k N(1), \quad E(2) = E^B + \sum_{k=1}^{m} E^k(1)$$

このプロセスを繰り返していく.

一般に,

$$E(s+1) = E^B + \sum_{k=1}^{m} E^k(s) = E^B + \sum_{k=1}^{m} \beta^k N(s) \tag{3.18}$$

となるので,

$$\beta = \sum_{k=1}^{m} \beta^k \tag{3.19}$$

とおくと,次の漸化式が得られる.

$$E(s+1) = E^B + \beta N(s) = E^B + \beta \alpha E(s) \tag{3.20}$$

ここで,従業者数の初期値は基幹産業従業者数であったことを考えると,次の一般式が得られる.

$$E(s) = \{1 + (\alpha\beta) + (\alpha\beta)^2 + \cdots + (\alpha\beta)^s\} E^B \tag{3.21}$$

人口についても,以下の一般式が得られる.

$$N(s) = \alpha E(s) = \alpha \{1 + (\alpha\beta) + (\alpha\beta)^2 + \cdots + (\alpha\beta)^s\} E^B \tag{3.22}$$

ここで,この繰り返しを続けていく場合を考えると,$s \to \infty$ として,

$$E(\infty) = \frac{1}{1-\alpha\beta} E^B \tag{3.23}$$

$$N(\infty) = \frac{\alpha}{1-\alpha\beta} E^B \tag{3.24}$$

となる.すなわち,総従業者数,人口ともに一定値に近づく.先に,均衡解と呼んだのは,このように一定値に収束することに由来する.総従業者数の均衡値は,最初に与えた基幹産業従業者数の $1/(1-\alpha\beta)$ 倍になっており,この倍率は1より大きい.このような効果を,経済学では乗数効果と呼んでいる.

例題 3.5

地域産業は1種類しかない場合を想定する．人口と総従業者数の比率および地域産業従業者数と人口の比率をそれぞれ，$\alpha = 3, \beta = 0.01$ とする．従業者数970人の基幹産業を誘致した．このとき，地域産業従業者数および人口を求めよ．

【解答】 (3.23) 式より，総従業者数は，

$$E(\infty) = \frac{1}{1 - 3 \cdot 0.01} \cdot 970 = 1000$$

となり，$1000 - 970 = 30$ 人の地域産業従業者がいることになる．

また，(3.24) 式より，人口は，

$$N(\infty) = \frac{3}{1 - 3 \cdot 0.01} \cdot 970 = 3000$$

となる．つまり，970人の基幹産業従業者が都市にやってくることで，3000人の人口増になることがわかる．

3.4.3 ローリーモデルの空間相互作用の定式化

(1) 従業者の居住地選択行動

ローリーモデルの基本的アイデアは図 3.6 に表された通りであるが，このままでは，都市の居住者がどの地区で居住するのか，地域産業は都市内のどの地区に立地しその従業者はどこに居住するのかは明示的でない．実際の都市では，住宅や地域産業用地を十分供給できない場合もあり，その場合には人口は増加できなかったり，地域産業が立地できなかったりして，先の議論は成立しなくなる．そこで，前述の議論を，都市の空間配置を考慮した形で展開することを試みる．

以下の議論展開のため，都市空間を n 個の地区に分割しておこう．地区別の人口分布と，地区別従業者数分布との相互作用を定式化することを試みる．

空間相互作用は，図 3.7 のように，従業者数分布から人口分布を求める部分と，人口分布から地域産業従業者数を求める部分に分けて考える．

まず，地区 i に立地している企業の従業者がどこに居住するかを検討する．

住宅地を選択する行動は，移動コストが小さい勤務地の近くの住居を求めると考えられる．地区 i の勤務地で地区 j の住宅地を選択する従業者数を T_{ij} とする．地区 i の従業者総数 E_i がわかっているときには，

$$\sum_{j=1}^{n} T_{ij} = E_i \quad (i = 1, \cdots, n) \tag{3.25}$$

という制約条件があることに注意する．この地区 i で勤務する人が地区 j の住宅地を選択する行動は，前章で示した空間相互作用モデル（ウィルソンモデル）における始点制約型モデルとして定式化できる．したがって，地区 i と地区 j との間の移動コストを c_{ij} とすると，地区 i の勤務地で地区 j の住宅地を選択する従業者数 T_{ij} は，次のようになる．

$$T_{ij} = a_i E_i b_j \exp[-\lambda c_{ij}] \tag{3.26}$$

$$a_i = \frac{1}{\sum_{j=1}^{n} b_j \exp[-\lambda c_{ij}]} \tag{3.27}$$

空間相互作用モデルでは，パラメータ b_j は，地区 j の住宅地としての魅力を表していた．実際の計算では，地区 j の住宅地としての環境条件などを指標化してパラメータ b_j の値とすることが望ましい．これらの情報が得られない場合には，地区の魅力に差がないものと仮定し，一定値 $b_j = 1$ として計算することがなされている．また，すでに割り振られた地区人口 N_j を b_j として代用することもある．

空間相互作用モデルにより，勤務地が地区 i で地区 j の住宅地を選択する従業者数 T_{ij} が求まると，地区 j の住宅地を選択した従業者数の合計

$$\sum_{i=1}^{n} T_{ij}$$

がわかる．この従業者の家族を含めた地区 j の人口 N_j は，

$$N_j = \alpha \cdot \sum_{i=1}^{n} T_{ij} \tag{3.28}$$

となる．

以上で，地区 i の従業者数が与えられると地区 j の人口 N_j を求められることがわかった．

3.4 ローリーモデル

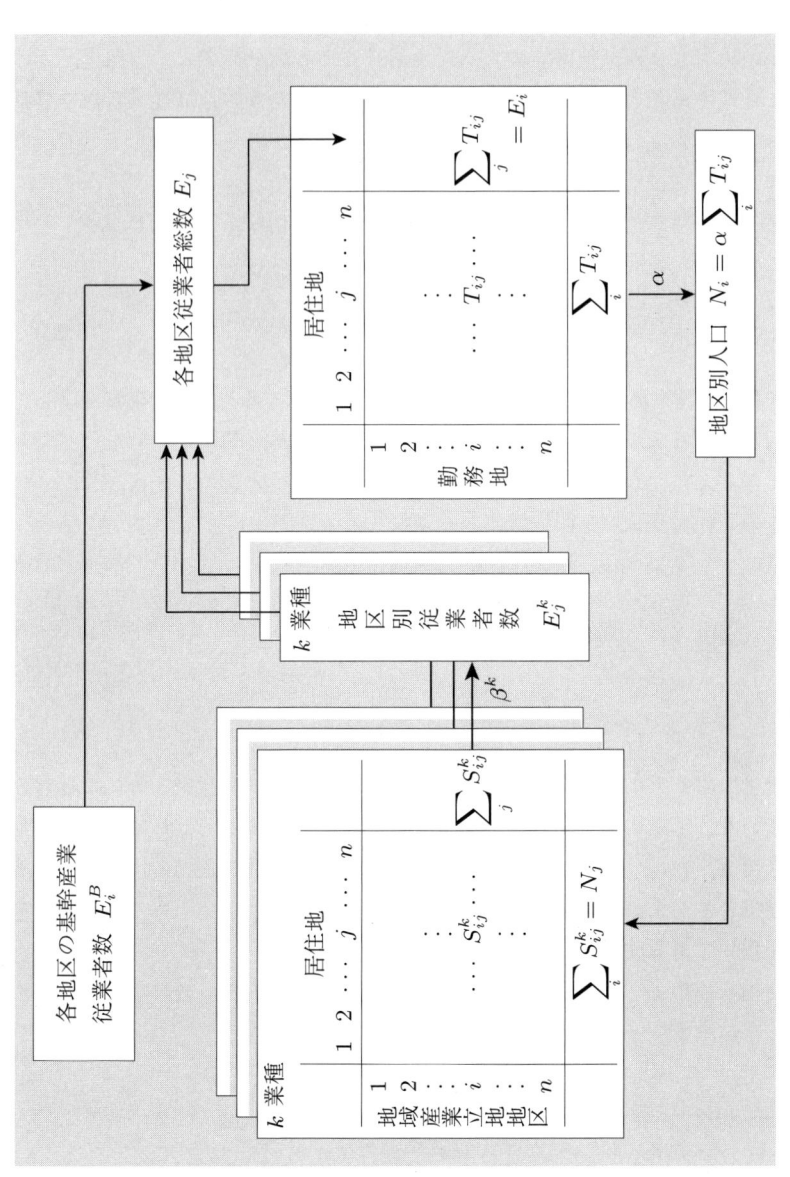

図 3.7 ローリーモデル

(2) 居住者の地域産業選択行動

次に，地区 j の人口 N_j がわかったとき，地区 i の地域産業の従業者数がどうなるかを検討しよう．地区 j の人々の生活を支える地域産業は，当然地区 j の周辺に立地することが考えられる．しかし，人口当たりの地域従業者数や移動コストの影響の度合いも，業種によって異なることが考えられる．そこで，以下では，業種別に地域従業者数を求める方法を検討する．

地区 j の居住者で地区 i の地域産業の業種 k を利用する居住者数を S_{ij}^k とする．このとき，地区 j の人口 N_j が与えられていたので，

$$\sum_{i=1}^{n} S_{ij}^k = N_j \tag{3.29}$$

という制約条件がある．この地区 i の地域産業を選択する行動は，前章で示した空間相互作用モデル（ウィルソンモデル）における終点制約型モデルとして定式化できる．したがって，地区 i と地区 j との間の移動コストを c_{ij} とすると，地区 j の居住者が地区 i の地域産業を選択する人数 S_{ij}^k は，次のようになる．

$$S_{ij}^k = d_j^k N_j e_i^k \exp[-\lambda^k c_{ij}] \tag{3.30}$$

$$d_j^k = \frac{1}{\sum_{i=1}^{n} e_i^k \exp[-\lambda^k c_{ij}]} \tag{3.31}$$

空間相互作用モデルでは，パラメータ e_i^k は，地区 i の地域産業としての魅力を表していた．実際の計算では，地区 i の地域産業の集積効果として，地域産業従業者数 E_i^k を e_i^k として用いる．ただし，繰り返し計算の最初の段階では地域産業従業者数が求められていないので，地区の魅力に差がないものと仮定し定数1を用いて計算する．

空間相互作用モデルにより，地区 j の居住者が地区 i の地域産業を選択する人数 S_{ij}^k が求まると，地区 i の地域産業を選択した人の合計

$$\sum_{j=1}^{n} S_{ij}^k$$

がわかる．これに，業種 k の人口1人当たりの従業者数 β^k を乗じることで，業種 k の従業者数を以下のように求めることができる．

$$E_i^k = \beta^k \sum_{j=1}^n S_{ij}^k \tag{3.32}$$

(3) 地区別従業者数

上記のように，業種別に地区 i の地域産業従業者数が求まったならば，これらの結果から，地区 i の全地域産業従業者数が次のように求まる．

$$E_i^s = \sum_{k=1}^m E_i^k \tag{3.33}$$

基幹産業の従業者がいたので，地区 i の全従業者数は次のようになる．

$$E_i = E_i^B + E_i^S = E_i^B + \sum_{k=1}^m E_i^k \tag{3.34}$$

3.4.4　ローリーモデルの計算手順

ローリーモデルでは，図 3.7 に示すように，上記の (1)～(3) の空間的な相互作用により循環的に，地区別の人口，業種別就業者数が決定される．

したがって，計算プロセスは，次のようになる．

ローリーモデルの計算プロセス

- **ステップ 0**：
  基幹産業の地区別従業者数を，地区別総従業者数として与える．
- **ステップ s**：
(1) 地区別総従業者数から，始点制約型空間相互作用モデルを用いて従業者の居住地を推定する．
(2) 地区別居住地選択従業者数から，地区別人口を推定する．
(3) 地域産業の業種別に，地区別人口から，終点制約型空間相互作用モデルを用いて，地域産業の利用地区を推定する．さらに，業種別地区別従業者数を推定する．
(4) 地区別に，基幹産業従業者数，業種別地域産業従業者数を合計し，ステップ $s+1$ の地区別総従業者数とする．
(5) 前ステップでの人口，従業者数の値との差が一定値以下であれば終了．そうでなければ，(1) の計算プロセスに戻って繰り返す．

例題 3.6

3つの地区よりなる都市で，地区間の移動コスト c_{ij} は表3.6に示す．勤務地から居住地を選択する場合の定数 λ は $\log 2$ であること，居住地の魅力はどの地区も等しく $b_j=1$ とみなせることがわかっている．人口と総従業者数の比率は $\alpha = 3$ である．地域産業は2種類であり，業種1の移動コストにかかわる定数は $\lambda^1 = 1000$，従業者と人口の比率は $\beta^1 = 0.02$ であり，業種2の移動コストに関わる定数は $\lambda^2 = 0$，従業者と人口の比率は $\beta^2 = 0.01$ である．従業者数200人の基幹産業を地区2に誘致した．このとき，地域産業従業者数および人口を求めよ．

表 3.6 地区間移動コスト

C_{ij}	1	2	3
1	0	1	2
2	1	0	1
3	2	1	0

【解答】 以下では，人口や従業者数の地区ごとの値をまとめて地区数 n の要素からなるベクトルで表記する．したがって，与えられた基幹産業従業者数 E^B は，$(0, 200, 0)$ と表される．

● ステップ 0：

0：総従業者数 $E(0) = E^B = (0,\ 200,\ 0)$

1：移動コスト表から $\exp[-(\log 2)c_{ij}]$ の表3.7を作成しておく．(3.26), (3.27)式において，b_j はすべて1とおく．この結果，

$$a_1 = \frac{1}{1+1/2+1/4} = \frac{4}{7}$$
$$a_2 = \frac{1}{1/2+1+1/2} = \frac{1}{2}$$
$$a_3 = \frac{1}{1/4+1/2+1} = \frac{4}{7}$$

表 3.7　$\exp[-\lambda c_{ij}]$ の値

	1	2	3
1	1	1/2	1/4
2	1/2	1	1/2
3	1/4	1/2	1

となり，各地区 i の勤務地で地区 j の居住地を選んだ従業者数 T_{ij} を (3.26) 式より 80 ページの表3.8のように求めることができる．

2：表3.8の列の和として地区別居住地選択従業者数 $(50, 100, 50)$ を求め，この結果に，人口と総従業者数の比率 $\alpha = 3$ を乗じることで，地区別人口 $N(0) = (150, 300, 150)$ を得る．

3：地域産業の業種別に，地区別人口から，終点制約型空間相互作用モデルを用いて，地域産業の利用地区を推定する．

3.4 ローリーモデル

3-1：業種1について計算する．まず，$\exp[-\lambda^1 c_{ij}]$ を計算しておく．パラメータ λ^1 の値が大きいので，c_{ij} が0のときに1，それ以外では0とみなせる．結果として，$i=j$ のとき1，それ以外では0となる．最初に，各地区の地域産業としての魅力をすべて等しいとして1とおく．つまり，$e^1 = (1, 1, 1)$ とする．この値と $\exp[-\lambda^1 c_{ij}]$ の値から，$d^1 = (1, 1, 1)$ となる．したがって，地区 i の居住者で地区 j の地域産業1を利用する人の数は表3.9のように計算できる．この表の行和として地区 j の地域産業1の利用人口は $(150, 300, 150)$ となる．さらに，これに，業種1の人口当たり従業者数 $\beta^1 = 0.02$ を乗じることで，地区 j の地域産業1の従業者数 $E^1 = (3, 6, 3)$ を得る．

3-2：業種2について計算する．まず，$\exp[-\lambda^2 c_{ij}]$ の値を計算しておく．パラメータ λ^0 の値が0なので，いずれの場合でも $\exp[-\lambda^2 c_{ij}] = 1$ となる．最初に，各地区の地域産業としての魅力をすべて等しいとして1とおく．つまり，$e^2 = (1, 1, 1)$ とする．この値と $\exp[-\lambda^2 c_{ij}]$ の値から，$d^2 = (1/3, 1/3, 1/3)$ となる．したがって，地区 i の居住者で地区 j の地域産業2を利用する人の数は表3.10のように計算できる．この表の行和として地区 j の地域産業2の利用人口は $(200, 200, 200)$ となる．さらに，これに業種2の人口当たり従業者数 $\beta^2 = 0.01$ を乗じることで，地区 j の地域産業2の従業者数 $E^2 = (2, 2, 2)$ を得る．

4：地区別に，基幹産業従業者数 $E^B = (0, 200, 0)$，業種別地域産業従業者数 $E^1 = (3, 6, 3)$，$E^2 = (2, 2, 2)$ を合計し，ステップ1の地区別総従業者数 $E(1) = (5, 208, 5)$ を求める．

● ステップ1：

1：前ステップと $\exp[-(\log 2)c_{ij}]$ の値は変わらない．b_j はすべて1としているので，$a_1 = 4/7, a_2 = 1/2, a_3 = 4/7$ とステップ0と変わらない．各地区 i の勤務地で地区 j の居住地を選んだ従業者数 T_{ij} を (3.26)式より表3.11のように求めることができる．

2：表3.11の列の和として地区別居住地選択従業者数 $(55.57, 106.86, 55.57)$ を求め，この結果に，人口と総従業者数の比率 $\alpha = 3$ を乗じることで，地区別人口 $N(1) = (166.71, 320.57, 166.71)$ を得る．

第3章 地域人口

表 3.8 従業者居住地選択行動（ステップ 0）

T_{ij}		居住地		
	1	2	3	
勤務地 1	0	0	0	0
勤務地 2	50	100	50	200
勤務地 3	0	0	0	0
推定値	50	100	50	

与える

表 3.11 従業者居住地選択行動（ステップ 1）

T_{ij}	居住地			
	1	2	3	
勤務地 1	20/7	10/7	5/7	5
勤務地 2	52	104	52	208
勤務地 3	5/7	10/7	20/7	5
	55.57	106.86	55.57	

表 3.9 地域産業 1 の選択行動（ステップ 0）

S^1_{ij}	居住地			
	1	2	3	
立地地区 1	150	0	0	150
立地地区 2	0	300	0	300
立地地区 3	0	0	150	150
	150	300	150	

与える　推定値

表 3.12 地域産業 1 の選択行動（ステップ 1）

S^1_{ij}	居住地			
	1	2	3	
立地地区 1	166.71	0	0	166.71
立地地区 2	0	320.57	0	320.57
立地地区 3	0	0	166.71	166.71
	166.71	320.57	166.71	

表 3.10 地域産業 2 の選択行動（ステップ 0）

S^2_{ij}	居住地			
	1	2	3	
立地地区 1	50	100	50	200
立地地区 2	50	100	50	200
立地地区 3	50	100	50	200
	150	300	150	

与える　推定値

表 3.13 地域産業 2 の選択行動（ステップ 1）

S^2_{ij}	居住地			
	1	2	3	
立地地区 1	55.57	106.86	55.57	218
立地地区 2	55.57	106.86	55.57	218
立地地区 3	55.57	106.86	55.57	218
	166.71	320.57	166.71	

3.4 ローリーモデル

3：地域産業の業種別に，地区別人口から，終点制約型空間相互作用モデルを用いて，地域産業の利用地区を推定する．

3-1：業種 1 について計算する．$\exp[-\lambda^1 c_{ij}]$ の値はステップによって変わらない．$i=j$ のとき 1，それ以外では 0 なので，同一地区の地域産業を選択するので，地区 i の居住者で地区 j の地域産業 1 を利用する人の数は表 3.12 のようになる．この表の行和として地区 j の地域産業 1 の利用人口も $(166.71, 320.57, 166.71)$ となる．さらに，これに，業種 1 の人口当たり従業者数 $\beta^1 = 0.02$ を乗じることで，地区 j の地域産業 1 の従業者数 $E^1 = (3.33, 6.41, 3.33)$ を得る．

3-2：業種 2 について計算する．まず，$\exp[-\lambda^2 c_{ij}]$ の値はステップによって変わらない．最初に，各地区の地域産業としての魅力を，集積効果として前ステップで求めた業種 2 の従業者数を用いる．つまり，$e^2 = E^2 = (2, 2, 2)$ とする．この値と $\exp[-\lambda^2 c_{ij}]$ の値から，$d^2 = (1/6, 1/6, 1/6)$ となる．したがって，地区 i の居住者で地区 j の地域産業 2 を利用する人の数は表 3.13 のように計算できる．この表の行和として地区 j の地域産業 2 の利用人口は $(218, 218, 218)$ となる．さらに，これに，業種 2 の人口当たり従業者数 $\beta^2 = 0.01$ を乗じることで，地区 j の地域産業 2 の従業者数 $E^2 = (2.18, 2.18, 2.18)$ を得る．

4：地区別に，基幹産業従業者数 $E^B = (0, 200, 0)$，業種別地域産業従業者数 $E^1 = (3.33, 6.41, 3.33)$，$E^2 = (2.18, 2.18, 2.18)$ を合計し，ステップ 1 の地区別総従業者数 $E(2) = (5.51, 208.59, 5.51)$ を求める．

● ステップ 2：

1：前ステップと同様に，各地区 i の勤務地で地区 j の居住地を選んだ従業者数 T_{ij} を (3.26) 式より表 3.14 のように求めることができる．

2：表 3.14 の列の和として地区別居住地選択従業者数 $(56.09, 107.53, 56.09)$ を求め，この結果に，人口と総従業者数の比率 $\alpha = 3$ を乗じることで，地区別人口 $N(2) = (168.26, 322.59, 168.26)$ を得る．

3-1：業種 1 について，前ステップと同様に計算することで，地区 i の居住者で地区 j の地域産業 1 を利用する人の数は表 3.15 のようになる．この表の行和として地区 j の地域産業 1 の利用人口も $(168.26, 322.59, 168.26)$ となる．さらに，これに，業種 1 の人口当たり従業者数 $\beta^1 = 0.02$ を乗じることで，地区 j の地域産業 1 の従業者数 $E^1 = (3.37, 6.45, 3.37)$ を得る．

3-2：業種 2 について，前ステップと同様に計算する．最初に，各地区の地域産業としての魅力は，前ステップで求めた業種 2 の従業者数を用い，$e^2 = E^2 = (2.18, 2.18, 2.18)$ とする．この値と $\exp[-\lambda^2 c_{ij}]$ の値から，$d^2 = (0.15, 0.15, 0.15)$ となる．したがって，地区 i の居住者で地区 j の地域産業 2 を利用する人の数は表 3.16 のように計算できる．この表の行和として地区 j の地域産業 2 の利用人口は $(219.70, 219.70, 219.70)$ となる．さらに，これに，業種 2 の人口当たり従業者数 $\beta^2 = 0.01$ を乗じることで，地区 j の地域産業 2 の従業者数 $E^2 = (2.19, 2.19, 2.19)$ を得る．

4：地区別に，基幹産業従業者数 $E^B = (0, 200, 0)$，業種別地域産業従業者数 $E^1 = (3.37, 6.45, 3.37)$，$E^2 = (2.19, 2.19, 2.19)$ を合計し，ステップ 1 の地区別総従業者数 $E(3) = (5.56, 208.64, 5.56)$ を求める．

表 3.14　従業者居住地選択行動（ステップ 2）

T_{ij}	居住地 1	2	3	
勤務地 1	3.15	1.62	0.79	5.51
勤務地 2	52.15	104.30	52.15	208.59
勤務地 3	0.79	1.62	3.15	5.51
	56.09	107.53	56.09	

表 3.15　地域産業 1 の選択行動（ステップ 2）

S^1_{ij}	居住地 1	2	3	
立地地区 1	168.26	0	0	168.26
立地地区 2	0	322.59	0	322.59
立地地区 3	0	0	168.26	168.26
	168.26	322.59	168.26	

表 3.16　地域産業 2 の選択行動（ステップ 2）

S^2_{ij}	居住地 1	2	3	
立地地区 1	56.09	107.53	56.09	219.70
立地地区 2	56.09	107.53	56.09	219.70
立地地区 3	56.09	107.53	56.09	219.70
	168.26	322.59	168.26	

表 3.17　従業者居住地選択行動（ステップ 3）

T_{ij}	居住地 1	2	3	
勤務地 1	3.18	1.59	0.80	5.56
勤務地 2	52.16	104.32	52.16	208.64
勤務地 3	0.80	1.59	3.18	5.56
	56.14	107.50	56.14	

● ステップ 3：

1：前ステップと同様に，各地区 i の勤務地で地区 j の居住地を選んだ従業者数 T_{ij} を表 3.17 のように求めることができる．

2：表 3.17 の列の和として地区別居住地選択従業者数 (56.14, 107.50, 56.14) を求め，この結果に，人口と総従業者数の比率 $\alpha = 3$ を乗じることで，地区別人口 $N(3) = (168.41, 322.51, 168.41)$ を得る．

　ここで，$N(2)$ と $N(3)$ を比較すると整数部分に変化がないことから，ほぼ収束値に達していると判断する．このとき，従業者数総数は，$5.56 + 208.64 + 5.56 = 219.76$ となり，ほぼ 220 人で基幹産業の 200 人を差し引くと地域産業に 20 人の従業者が発生したことになる．人口については，$168.41 + 322.51 + 168.41 = 659.33$ でほぼ 660 人になる．　■

3.4.5　ローリーモデルでの制約条件

　上記では，各地区では人口や地域産業ができればそれに必要な土地はすべて供給できるように説明してきたが，実際には，有限の土地面積なので，この有限性からの制約を満足する範囲でしか，人口や地域産業別従業員数も増加できない．

　ローリーモデルを実際の都市に適用するときには，一部の地区に過度に人口や従業者数が集中し，現実的に供給できる住宅地面積や地域産業用地では不可能な場合が発生することがある．この問題に対応するため，利用可能な土地面積に関する制約条件を課して定式化することがある．

　しばしば用いられるのは，各業種の面積制約条件である．つまり，地区 i での基幹産業用地，地域産業用地 $(i = 1, \cdots, m)$，住宅用地の各必要面積 A_i^B, A_i^k, A_i^H を基幹産業従業者数，地域産業従業者数，人口から求め，これらの和が地区 i の利用可能土地面積 A_i 以下であるという次の制約，

$$A_i^B + \sum_{k=1}^{m} A_i^k + A_i^H \leq A_i \tag{3.35a}$$

を用いる．この必要面積の計算は，基幹産業従業者 1 人当たり用地面積 h^B，地域産業従業者 1 人当たり用地面積 h^k，人口 1 人当たり宅地面積 h^H から，次のように求める．

$$A_i^B = h^B E_i^B, \quad A_i^k = h^k E_i^k, \quad A_i^H = h^H N_i \tag{3.35b}$$

また，住宅用地 A_i^H に関しては，次のような別の定式化もある．人口が少ない場合には制約条件を課す必要がなく，人口が高密度化し居住環境が劣化したときに新たな居住者の発生がありえなくなるので，(3.35a), (3.35b) 式にかえて，まず，産業用地以外の土地は住宅用地として利用可能と考え，

$$A_i^H = A_i - A_i^B - \sum_{k=1}^{m} A_i^k \tag{3.36a}$$

$$A_i^B = h^B E_i^B, \quad A_i^k = h^k E_i^k \tag{3.36b}$$

とした上で，住宅用地の人口密度が限界値を超えないことを，

$$\frac{N_i}{A_i^H} \leq \theta_i \tag{3.36c}$$

という制約条件で定式化する．ここで限界値を地区ごとに設定しているのは，都心部では高密度化を許容し，郊外部では低密度を保とうとする考え方があるからである．

さらに，地域産業の業種によっては，一定規模以上でなければ成立しない場合がある．極端な例として，たった1人の従業員しかいないスーパーマーケットは考えにくい．こうした場合には，

$$E_i^k \geq \delta^k \tag{3.37a}$$

という制約条件を課し，この条件を満足しえないときには，この地域産業が地区 i に立地不可能だったとして，強制的に，

$$E_i^k = 0 \tag{3.37b}$$

と設定したモデルも用いられることがある．

第4章

施設整備論

　前章までの議論で建築施設の規模をどの程度にしておくべきか明らかとなったが，その施設をどのような手順で整備すべきかという問題が残る．限られた財源のもとで効率のよい整備をするとき何を価値判断の目安とすべきなのか．サービス水準向上優先，住民からの需要対応優先，計画目標の早期達成優先と計画組織内の部局によって意見が異なる．つまり計画組織内でも様々な価値意識があり，整備手順の評価指標も異なる．どのような評価指標を用いるかによって整備過程は異なってしまうようにみえる．本章ではこの問題を理論的に検討し，最適整備は計画組織内の部局の価値意識に依存しないという興味ある結果を明らかにする．

4.1	施設整備問題
4.2	地域施設の整備過程
4.3	地域施設整備過程の最適化
4.4	最適整備過程の性質と計画可能性

4.1 施設整備問題

　公立病院，保育所，図書館などいわゆる地域施設の整備にあたっては，総合的・長期的視点に立って計画されるべきことはいうまでもない．また，地域施設の大半を計画し，建設し，サービスする地方公共団体にとっては，厳しい予算制約のなかで大きな負担となっており，合理的かつ効率的な施設整備が求められている．

　しかし，現行財政制度上，単年度予算を前提とするなかで，長期的展望に立った計画の実施には多くの困難が存在している[38],[43]～[45]．また，施設整備が求められる地域であればあるほど，いわゆる新住民の増加も顕著であることが多く，そのニーズも固定的に把握することが難しい．加えて，たとえ一施設の計画であっても，地方公共団体内の関連部局をはじめとして，多くの個人，団体がその計画過程に参与し，かつ立場や価値意識を異にしていることを考えると，総合的整備ということは具体的な計画の場では難しい[39],[40]．

　本章では，上記の視点に立ち，異なる立場や価値意識を持った複数の計画参画者や組織のもとでの地域施設整備の長期的に望ましい過程とは何かについて理論的に考察することを試みる．

　この研究課題に関して，線形モデルという特殊なケースにおいて，最適な整備過程は各計画参画者の価値意識に依存していないという，一般通念とは逆な結果を，青木[41]が報告している．その当時は，この一見奇妙な結果は，線形モデルという特殊なケースだけのことと考えられていた．しかし，それから約20年後に，青木と納富[42]により，この結果はより一般的に成立していることが示された．本章では，この計画参画者の価値意識の非依存性は，一般化したケースで成立していることを示す．

4.2 地域施設の整備過程

以下では,地方自治体における計画策定過程の調査研究[43], [44]などをもとに,地域施設整備過程をおおまかに記述し,施設整備過程の基本モデルを定式化しておく.

4.2.1 単年度型予算方式と長期的展望

地域施設の整備にあたってその必要費用の負担形態は,それぞれの施設,計画団体 (地方自治体など) によって異なり,単に自己団体のなかだけにとどまらず,国からの補助金などに依存することもあるが,いずれにしても,その年度 t において確保し得る財源 $\bar{z}(t)$ のうちから当該施設への支出 $y(t)$ を行い,施設整備に充当することにかわらない.一方,施設の整備水準 $x(t)$ は,この支出の結果,一般的には上昇すると思われる.この事実は,支出による整備水準増加量を表す関数 $g(y(t))$ を用いて以下のように記述することができる.

$$y(t) \leq \bar{z}(t) \tag{4.1a}$$

$$\dot{x}(t) = g(y(t)) \tag{4.2a}$$

$$g \geq 0, \quad \frac{\partial g}{\partial y} > 0 \tag{4.2b}$$

また,整備のための支出 $y(t)$ は,明らかに負になり得ない値である.また,施設を維持していくなどの制約から支出額の下限が決まり,これを $\underline{z}$ と記せば,以下の条件が付加されることとなる(予算下限が時間の関数と考えた場合でも以下の議論は同様なので,ここでは以下のような単純な形で定式化しておく).

$$0 \leq \underline{z} \leq y(t) \tag{4.1b}$$

以下では,略して $\bar{z}$, $\underline{z}$ を単に予算上限,下限と呼ぶこともある.さらに $y(t)$ を建設量,$x(t)$ を施設量と呼ぶことも,y, x と略記することもある.

計画団体における各年度の予算・支出を上述したが長期的展望に立った整備目標年次 t^*,および達成すべき施設の整備水準 x^* は,別のプロセスで決定されることが多い.つまり,長期計画,長期構想などの名称で別途策定されるのが実態である.以下では,整備目標年次 t^*,現状の施設整備水準 $x_0 (= x(0))$,達成目標整備水準 x^* はすでに決定されているものとして分析をすすめ,各年度の建設量 $y(t)$ をどのようにすれば,長期的に望ましいかを検討し,その結果

から望ましい目標年次，達成目標整備水準の値を吟味する．

4.2.2 計画過程における多様な価値意識

地域施設の整備過程にかかわる個人，団体は異なる立場や価値意識を持っているのが通常であり，それぞれの立場や価値意識に基づき整備計画過程へ参画し影響を与えている．彼らの価値意識を整備計画に対してなされる要請（要望）という視点から整理すると，以下のようなものがある．

(1) サービス水準 (地域施設の効用，地域施設から住民が得る利便) を上昇させたい．
(2) 地域施設への住民からの需要に応じてほしい．
(3) 達成目標整備水準を一日も早く達成したい．

これらのほかにも種々様々な要請があり，特に計画団体の特殊性，地域および施設の固有の性質にかかわるものもある．実際の整備過程は，このような多様な価値意識が同時に存在しており，それゆえに，総合的計画への期待があるともいえよう．

ここでは，上記 (1)～(3) の要請を以下のように定式化しておきたい．

(1) サービス水準最大化

地域施設のサービス水準の向上を第一に望み，これを要望する立場の価値意識を「サービス水準最大化」の価値意識と呼び，以下，この価値意識を定式化する．

地域施設が整備されているからといって住民に対するサービスがよいと結論することには問題がある．施設が完備していても，施設へ至る交通機関の有無，施設の運営形態などによって，住民へのサービスの水準は変化すると考えられる．また，同一の施設であっても住民の施設に対する評価は年を追うごとに厳しくなり相対的にサービス水準は低下しているようにとられることもある．このような状況を考えるとサービス水準最大化の価値意識は，数学的に以下のように記述できよう．すなわち，

$$s(t) = f_s(x(t), t) \tag{4.3a}$$

で表されるサービス水準 $s(t)$ を最大化することであり，関数 f_s は一般に以下の条件を満たしている．

$$\frac{\partial f_s}{\partial x} > 0 \tag{4.3b}$$

$$\frac{\partial f_s}{\partial t} \leq 0 \tag{4.3c}$$

(2) 需要対応化

前述のサービス水準最大化の考え方は，常に施設水準の上昇を期待し，とどまるところがない．これに対し，住民のニーズに応じた適切な水準まで整備されればよいという考え方もあり，これを「需要対応化」の価値意識と呼ぶ．この場合，適切な水準に対する現状での不足感 $n(t)$ を最小化したいということもできる．一方，適切な水準ということは，本来ならば長期計画によって達成目標整備水準 x^* となっていなければならない．したがって，不足感 $n(t)$ は，以下のように記述できる．

$$n(t) = f_n(u(t), t) \tag{4.4a}$$

$$u(t) = x^* - x(t) \tag{4.4b}$$

また，不足量 $u(t)$ が大きいほど不足感は大きいと考えられるので

$$\frac{\partial f_n}{\partial u} > 0 \tag{4.4c}$$

と表せる．上記 (4.4a) 式で不足感 $n(t)$ が時間の関数になっているのは，時間とともに，地区人口の変動などがあり，一定の施設量であっても，不足感が変動することを考慮したものである．施設整備が特に問題となるのが人口増加地域であることを想定して，以下のように仮定しておく．

$$\frac{\partial f_n}{\partial t} \geq 0 \tag{4.4d}$$

これらの条件のもとで需要に応じた整備をすべきであるとする価値感は，不足感 $n(t)$ を最小化することと定式化できる．

(3) 早期達成化

一日も早く目標整備水準に達成したいという考え方を「早期達成化」の価値意識と呼び，達成されていない不満 $p(t)$ を最小化することと考えると，これは不足量 $u(t)$ を用いて以下のように表すことができる．

$$p(t) = f_p(u(t)) \tag{4.5a}$$
$$\frac{\partial f_p}{\partial u} > 0 \tag{4.5b}$$

以上で,先の価値意識を数学的に定式化したが,このほかの様々な価値意識を除外しておいたままでは,非現実的である.そこで,以後の理論展開においては,そのほかの価値意識を表現するものとして,非顕在的価値意識を数学的に定式化しておく.

(4) 非顕在的価値感

文字通り顕在的に記述できないような多くの価値意識を表現するため,ある変量 $v(t)$ を考え,この値が大きいほど望ましいとする上述の (1)～(3) 以外の価値意識が存在していると想定する.これは経済学では,(1)～(3) 以外の価値感を持つ人々の社会的効用関数に対応するものである.ところでこの変量の性質についての知識が全くない現状では,次のような仮定を導入せざるを得ない.すなわち,変量 $v(t)$ は施設量 $x(t)$,建設量 $y(t)$ に完全に独立であるとする.

4.2.3 総合的計画

前項で整理された4種の価値意識のいずれにウェイトをおくべきかは,まさに価値感の問題であり,工学的に決定できる範囲の外にあると考えるべきであろう.したがって,ここでは,地域施設整備過程の良し悪しを計る尺度 J は,上述のサービス水準 $s(t)$,不足感 $n(t)$,非達成不満 $p(t)$ および非顕在的価値感を表す変量 $v(t)$ の関数で表されるということのみを基本前提とする.

ところで,整備過程が時刻 0 から達成年次 t^* までを考えているので整備過程の良し悪しを表す尺度は,一般的に以下のように表現できる.

$$J = \int_0^{t^*} f_T(s(t), n(t), p(t), v(t)) dt \tag{4.6}$$

すなわち,この尺度 J を最大化することが地域施設の整備過程の最適化である.

ところで,サービス水準 $s(t)$ および非顕在的価値感を表す変量 $v(t)$ は最大化すべき量であり,需要に対する不足感 $n(t)$ および早期達成に対する不満 $p(t)$ は最小化すべき量として各価値感で前提とされていた点と,総合的尺度 J が各価値感を包括しかつ最大化すべき量であるとすることから,次の条件が成立し

ている.

$$\frac{\partial f_T}{\partial s} > 0, \quad \frac{\partial f_T}{\partial n} < 0, \quad \frac{\partial f_T}{\partial p} < 0, \quad \frac{\partial f_T}{\partial v} > 0 \qquad (4.7a)$$

さらに尺度 J は (4.3a), (4.4a), (4.4b), (4.5a) 式を (4.6) 式に代入することによって次のように表すこともできる.

$$J = \int_0^{t^*} \hat{f}_T(x(t), t) dt \qquad (4.8a)$$

この式の右辺積分内に,変数は時刻 t と施設量 x のみしか含まれていないことに注意しておこう.

■ 例題 4.1

これまでに議論してきた条件を満足する具体例として以下の線形関数モデルがある.この場合の $\hat{f}_T(x(t), t)$ を求めよ.

$$\dot{x} = g_0 + g_1 y(t) \quad (g_1 > 0) \qquad (4.2c)$$
$$s(t) = s_0 + s_1 x(t) - s_2 t \quad (s_1 > 0, \quad s_2 > 0) \qquad (4.3d)$$
$$n(t) = n_0 + n_1(x^* - x(t)) + n_2 t \quad (n_1 > 0, \quad n_2 > 0) \qquad (4.4e)$$
$$p(t) = p_0 + p_1(x^* - x(t)) \quad (p_1 > 0) \qquad (4.5c)$$
$$f_T(s(t), n(t), p(t), v(t))$$
$$= r_0 + r_1 s(t) - r_2 n(t) - r_3 p(t) + r_4 v(t) \qquad (4.7b)$$
$$(r_i > 0, \quad i = 0, 1, 2, 3, 4)$$

【解答】(4.3d), (4.4e), (4.5c) 式を (4.7b) 式に代入すると,$x(t), t, v(t)$ の関数

$$\hat{f}_T(x(t), t) = D_0 + D_1 x(t) + D_2 t + r_4 v(t) \quad (D_1 > 0, \quad D_2 < 0) \qquad (4.8b)$$

ただし

$$D_0 = r_0 + r_1 s_0 - r_2(n_0 + n_1 x^*) - r_3(p_0 + p_1 x^*)$$
$$D_1 = r_1 s_1 + r_2 n_1 + r_3 p_1$$
$$D_2 = -r_1 s_2 - r_2 n_2$$

が得られる.

4.3 地域施設整備過程の最適化

前節で記述された地域施設の整備過程では，どんな場合でも成立していると思われる性質だけを定式化したものであって，定式化された関係式のなかに現れる関数の形も特定化していない．この意味で，(4.1) 式から (4.8) 式で与えられた関係式は，より基本的なものであり，これらを地域施設整備過程の基礎モデルと呼ぶ．より具体的情報を引き出すために，青木[41] は，この基礎モデル中の関数形を線形であるという特殊ケースでの検討をした．ここでは，線形モデルで得られたとほぼ同等な結論が一般的に基礎モデルで成立することを示す．

基礎モデルでは，(4.8) 式で与えられる尺度 J の値を最大化することであり，この場合，ポントリヤーギンによる最大値原理[46],[47] を利用し得る．

(4.8) 式を最大化するような各年度の地域施設整備への支出 $\hat{y}(t)$ の時刻 0 から目標年次 t^* までの変化を最適な地域施設整備あるいは，最適整備と呼ぶ．このとき最大値原理によれば，最適整備 $\hat{y}(t)$ は次の条件を満足する必要がある．

$$H(\phi(t), x(t), y(t)) = \hat{f}_T(x(t), t) + \phi(t) \cdot g(y(t)) \tag{4.9}$$

$$\frac{\partial \phi}{\partial t} = -\frac{\partial H}{\partial x} \tag{4.10}$$

上記で定義されるハミルトニアン H が最適整備 $\hat{y}(t)$ で最大となっていることが必要である．すなわち，整備 $\hat{y}(t)$ での施設量を $\hat{x}(t)$ とするとき，

$$H(\phi(t), \hat{x}(t), \hat{y}(t)) = \underset{y}{\text{Max}}\, H(\phi(t), x(t), y(t)) \tag{4.11}$$

が成立している．

■ 例題 4.2

例題 4.1 で示した線形モデルの場合について，最大値原理を用いて最適整備 $\hat{y}(t)$ を求めよ．

【解答】 例題 4.1 で求めた関数 $\hat{f}_T(x(t), t)$ を用いて，ハミルトニアン H を求める．

$$H = D_0 + D_1 x + D_2 t + r_4 v(t) + \phi(t) \cdot (g_0 + g_1 y(t))$$

これを変数 x で偏微分すると，第 2 項以外では変数 x が関与しないので，

4.3 地域施設整備過程の最適化

$$\frac{\partial H}{\partial x} = D_1$$

となる．この結果を (4.10) 式に代入して，以下の結果を得る．

$$\frac{\partial \phi}{\partial t} = -D_1$$

これを時間 t で積分すると，

$$\phi(t) = -D_1 t + c \quad (D_1 > 0)$$

となる．したがってハミルトニアン H は結局以下のようになる．

$$H = D_0 + D_1 x + D_2 t + r_4 v(t) + (-D_1 t + c) \cdot (g_0 + g_1 y(t))$$

したがって，$y(t)$ の係数 $(-D_1 t + c)g_0$ が正ならば $\hat{y}(t)$ は上限値 $\overline{z}(t)$，負ならば下限値 $\underline{z}(t)$ をとればよいことになる．しかし，この正負を判断するためにはパラメータ c の値を知る必要がある．これは D_1 が正なので，係数 $(-D_1 t + c)g_0$ が時間の増加とともに正から負にかわるので，ある時刻 $\hat{t}$ まで $\hat{y}(t)$ は上限値，それ以降は下限値となることがわかる．この切り替え時刻 $\hat{t}$ は初期状態 x_0 から目標年次に目標施設量 x^* になっているという条件

$$\int_0^{\hat{t}} (g_0 + g_1 \overline{z}(t)) dt + \int_{\hat{t}}^{t^*} (g_0 + g_1 \underline{z}(t)) dt = x^* - x_0$$

を満足するよう決定される． ∎

さて，(4.9)～(4.11) 式および前節での関係式から，最適な地域施設整備 $\hat{y}(t)$ の決定手続きを示す次の補題 4.1 が得られる．

補題 4.1

最適な地域施設整備 $\hat{y}(t)$ は，以下に示す θ の値の正負により，それぞれ予算制約の上限 $\overline{z}$，下限 $\underline{z}$ になる．

$$\theta = -\int \frac{\partial \hat{f}_T}{\partial x} dt + c \tag{4.12}$$

ただし，c は次の条件を満たす．

$$\int_A g(\overline{z}(t)) dt + \int_B g(\underline{z}(t)) dt = x^* - x_0 \tag{4.13}$$

ここに A は θ が正となるとき，B は負となるときを表す時刻の集合である．

例題 4.3

補題 4.1 が成立することを示せ．

【証明】 (4.10) 式を時間で積分することで，

$$\phi(t) = -\int \frac{\partial H}{\partial x} dt + c$$

であるが，(4.9) 式右辺において $\phi(t) \cdot g(y(t))$ には変数 x が含まれていないことから，

$$\phi(t) = -\int \frac{\partial \hat{f}_T}{\partial x} dt + c \tag{4.14}$$

となる．

一方，(4.8a) 式より，$\hat{f}_T$ は y の関数でないこと，また ϕ が t のみの関数であるので，(4.9) 式を y で偏微分すれば，

$$\frac{\partial H}{\partial y} = \frac{\partial \hat{f}_T}{\partial y} + \frac{\partial \phi}{\partial y} g(y) + \phi(t) \frac{\partial g}{\partial y} = \phi(t) \frac{\partial g}{\partial y}$$

となり，(4.14) 式を代入すると，以下の結果を得る．

$$\frac{\partial H}{\partial y} = \left[-\int \frac{\partial \hat{f}_T}{\partial x} dt + c \right] \cdot \frac{\partial g}{\partial y} = \theta \frac{\partial g}{\partial y} \tag{4.15}$$

したがって，H を最大化するような y を決定することは，(4.2b) 式の条件を考えれば (4.12) 式で与えられる θ の正負に応じて，y の上限または下限をとるようにすることとなる．■

この補題中の (4.13) 式は，最適整備の結果，現状 x_0 から達成目標整備水準 x^* に至ることを保証するためのものである．

さらに (4.12) 式で与えられる θ の正負の変化する時刻は 1 回だけであることを示す次の補題を得ることができる．

補題 4.2

(4.12) 式で与えられる θ が，時刻 0 から時刻 $\hat{t}$ までは正，時刻 $\hat{t}$ から時刻 t^* までは負とする時刻 $\hat{t}$ (ただし $0 \leq \hat{t} \leq t^*$) がただ 1 つ存在する．

例題 4.4

補題 4.2 を証明せよ．

【証明】 (4.12) 式の被積分関数は，

$$\frac{\partial}{\partial x}\hat{f}_T(x(t),t) = \frac{\partial}{\partial x}f_T(s(t),n(t),p(t),v(t))$$
$$= \frac{\partial f_T}{\partial s}\frac{\partial s}{\partial x} + \frac{\partial f_T}{\partial n}\frac{\partial n}{\partial x} + \frac{\partial f_T}{\partial p}\frac{\partial p}{\partial x} + \frac{\partial f_T}{\partial v}\frac{\partial v}{\partial x} \quad (4.16)$$

であり，(4.7a) 式の第 1 式および (4.3b) 式より，

$$\frac{\partial f_T}{\partial s}\frac{\partial s}{\partial x} > 0 \quad (4.17\text{a})$$

(4.7a) 式の第 2 式および (4.4b), (4.4c) 式より，

$$\frac{\partial f_T}{\partial n}\frac{\partial n}{\partial x} > 0 \quad (4.17\text{b})$$

(4.7a) 式の第 3 式および (4.5b), (4.4c) 式より，

$$\frac{\partial f_T}{\partial p}\frac{\partial p}{\partial x} > 0 \quad (4.17\text{c})$$

変量 v が変量 x に独立であるという前提より，

$$\frac{\partial s}{\partial x} = 0 \quad (4.17\text{d})$$

これら (4.17) 式の結果から，

$$\frac{\partial}{\partial x}\hat{f}_T(x(t),t) > 0 \quad (4.18)$$

したがって，正の関数を時間について積分した値に負符号を付したものである θ は時間に関して単調減少関数となる．このことから，θ の符号の変化は正から負に高々 1 回しか起こらないことがわかる． ∎

最適整備の方法を示す次の定理が，上記の 2 つの補題から直ちに得られる．

定理 4.1

$0 \leq \hat{t} \leq t^*$ を満足する時刻 $\hat{t}$ が唯一存在し，最適な地域施設整備 $\hat{y}(t)$ は，時間範囲 $0 \leq t < \hat{t}$ では予算制約の上限 $\bar{z}$ に，時間範囲 $\hat{t} \leq t \leq t^*$ では予算制約の下限 $\underline{z}$ になる．

4.4 最適整備過程の性質と計画可能性

定理 4.1 から，最適整備過程は，ある時刻までは予算制約の上限をとり，それ以降，整備完了までは下限をとることが結論され，具体的な施設整備の望ましい方法が与えられた．

しかし，この定理は，具体的な最適整備の方法を与えるだけでなく，より重要な意味を持っている．それは，次の事実を含意しているからである．

命題 4.1

切り替え時刻 $\hat{t}$ が，各計画参画者の価値意識や要請と独立に決まり，結局，最適整備過程はこれら参画者の価値意識の如何によらず同一のものとなる．

命題 4.2

実現可能な最適整備計画が存在するためには，次の条件が満足されていなければならない．

$$\int_0^{t^*} g(\underline{z}(t))dt \leq x^* - x_0 \leq \int_0^{t^*} g(\overline{z}(t))dt \tag{4.19}$$

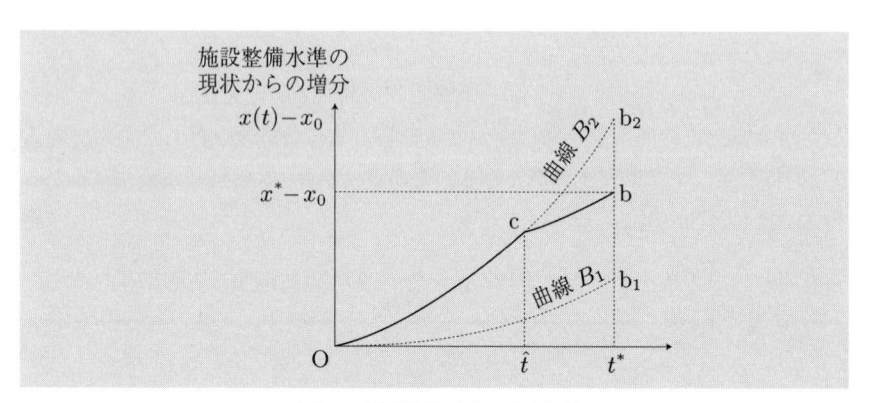

図 4.1 最適経路と計画可能性

この事実を確認するために，まず，図 4.1 のように整備過程を図示しておくことにする．横軸が時刻で，縦軸に各時刻での施設量と現在の施設量との差を

4.4 最適整備過程の性質と計画可能性

とる．図中の太線が最適整備過程で，曲線 B_1 は，最初から最後まで予算の下限値を用いて整備していった場合を表し，曲線 B_2 は，最初から最後まで予算の上限値を用いて整備していった場合を表している．

最適整備過程では，当然，時刻 0 で施設量は x_0 であり，時刻 t^* で施設量は達成すべき施設の整備水準 x^* になっていなければならない (b 点で示される)．また，定理 4.1 より，切り替え時刻までは予算上限で，切り替え時刻以降は予算下限で整備することになるので，図のように予算下限の過程でなおかつ b 点を通過する曲線が，切り替え時刻以降の最適整備過程と一致する．したがって，b 点を通過するこの曲線と，図の原点を通過する予算上限の曲線 B_2 との交点 c での時刻が切り替え時刻にほかならない．曲線 B_2 も曲線 cb も，予算制約 $\bar{z}$, $\underline{z}$ と (4.2a) 式の関数だけによって決まる．つまり，参画者の価値意識に依存することなく切り替え点が決まり，命題 4.1 が正しいことがわかる．

命題 4.2 も図から明らかであるが，次のように考えるとわかりやすい．まず，(4.2b) 式および (4.1) 式の条件によれば，

$$0 \leq g(\underline{z}(t)) \leq g(y(t)) \leq g(\bar{z}(t)) \tag{4.20}$$

であるので，

$$0 \leq \int_0^t g(\underline{z}(t))dt \leq \int_0^t g(y(t))dt \leq \int_0^t g(\bar{z}(t))dt \tag{4.21}$$

となる．また，整備完了時点 t^* で整備水準が目標値 x^* になることおよび，現状，すなわち時刻 0 で整備水準が x_0 であることから，微分方程式 (4.2a) の解は，

$$x(t) = \int_0^t g(y(t))dt + x_0 \tag{4.22a}$$

$$x(t^*) = x^* \tag{4.22b}$$

を満たさなければならない．したがって，この両式から (4.21) の条件は (4.19) 式のように書き換えることができる．

命題 4.2 の (4.19) 式は，与えられた条件の範囲で目標の整備水準が達成可能か否かを判別する条件式であり，この意味で命題 4.2 は，施設整備計画の実現可能性の最低必要条件を示すものといえる．

第1部の問題

- **1** 例題 1.2 の条件において，待ち人数の平均 L_q を求めよ．

- **2** 例題 1.2 の条件において，待ち時間の平均 W_q を求めよ．

- **3** 例題 1.2 の条件において，待つ確率 Q を求めよ．

- **4** グラビティモデルにおいて，距離をメートルを単位としてパラメータを推定したところ，$k=1, \beta=2$ であった．距離の単位をキロメートルと変更するときパラメータ k はどのように変更すべきか．

- **5** 制約条件がない場合のウィルソンモデルにおいて，移動コストが距離の対数に比例する場合，グラビティモデルと同一になることを示せ．

- **6** ロジットモデルにおいて，効用の非確率変数項 u_{ij} が $u_{ij}+a$ （ただし a は定数）となった場合の選択確率 P_{ij} がどのようになるか調べよ．

- **7** 世帯構造変化モデルを用いて，様々なケースでの各世帯の変化を計算し，問題点を考察せよ（プログラム言語を用いてプログラムを作成することが望ましいが，EXCEL などの表計算ソフトでも容易に計算できる）．

- **8** ローリーモデルにおいて，様々なケースで基幹産業の従業者数を与え，地域産業や人口への波及効果を考察せよ（プログラム言語を用いてプログラムを作成することが望ましいが，EXCEL などの表計算ソフトでも容易に計算できる）．

- **9** 例題 4.1 で示した線形モデル以外のモデルを想定して最適整備を求めることを試みよ．

第2部
安全計画のための
確率論的現象解析

第5章 火災拡大の確率モデル
第6章 類焼の確率モデル
第7章 地震時出火の
　　　 確率モデル

第5章

火災拡大の確率モデル

建築計画で最も重要な課題として安全の確保がある．なかでも火災安全に対する配慮が特に求められている．しかし，火災現象は出火，拡大現象は決定論的現象ではなく予測しにくい．本章では，建物火災がどのように拡大していくかを，確率論的モデルとして定式化し，実火災の統計データを用いてパラメータ推定することを試みる．得られたモデルにより構造種別による火災拡大傾向の差異を明らかにし，安全性の指標を提案する．

5.1 火災フェイズ
5.2 火災フェイズの状態遷移モデル
5.3 火災進展の確率的尺度
5.4 確率モデルのパラメータ推定
5.5 火災拡大の時間的変化
5.6 各構造タイプによる火災拡大の差
5.7 避難と人命危険度

5.1 火災フェイズ

建築における災害の主要なものとして火災がある．火災の現象そのものは極めて物理・化学的現象であり，防火対策も科学的研究の成果が活用されている．しかし，実際の建築火災では，実験室火災と異なり様々な予見不能な要因が関与し建築火災現象を確定論的に把握することが困難である．例えば，出火場所1つとりあげても，事前に出火場所を予測することは不可能である．しかし，どの場所が出火しやすいか，どの程度の時間で燃え広がるかなどは，ある程度まで推測できる．建築設計・計画では，このような情報は極めて重要である．以下では，火災現象を確定論的に把握するのではなく，確率論的にとらえることで，計画・設計に必要な情報を引き出すことを試みる．

ここで行うのは火災の単一建物内での拡大をいくつかのフェイズに分解し，それらの関係を確率論的な見地から関係づけ，火災の拡大進行を正確に把握しようと試みるものである．

すでに森下ら[49],[55]によって，以下のようなフェイズに分けることが試みられている．

- (a) 火源のみ
- (b) 着火物燃焼 (焼損物件 2 個以内)
- (c) 室内局部 (天井面焼損面積 $= 0$)
- (d) 天井面拡大 (焼損面積 $<$ 出火室床面積 $\times 0.8$)
- (e) 全室内的 (焼損面積 $<$ 出火室床面積 $\times 1.2$)
- (f) 室間拡大 (焼損面積 $\geq$ 出火室床面積 $\times 1.2$)
- (g) 区画全焼

本章では上記のフェイズ分類を前提とし，各フェイズ間の確率遷移を定式化することにしたい．

5.2 火災フェイズの状態遷移モデル

5.2.1 火災フェイズの状態遷移構造

先にあげた (a)～(g) の 7 つのフェイズについて，ここでは簡単に 0 から 6 の番号を与えて記すことにする．加えて，消火された状態を番号 7 によって表すことにする．すると，それぞれのフェイズに関する状態遷移は図 5.1 のように考えることができよう．

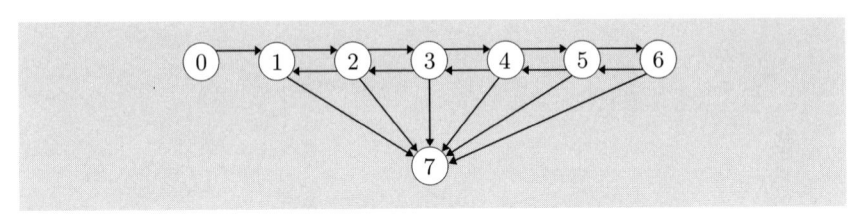

図 5.1 火災拡大の状態遷移

しかし，このように複雑な状態遷移を考えた際，十分なデータを得ることは非常に困難である．

そこで，青木ら[48]は図 5.2 のような構造のモデルを提案した．このモデルではフェイズ 0 は鎮火されている火災のフェイズでもある．先の図 5.1 に示されたモデルが，フェイズの数 n に対して，$3n-1$ の状態遷移（図中に矢印で示されている）に関するパラメータを必要とするのに対して，このモデルでは $2n$ の未知パラメータを必要とする点でデータとの関連を得やすい．しかし，このモデルにおいて必要とされるデータは各時刻における各フェイズの状態に関するものであり，データの入手が非常に困難である．そこで，図 5.1 を図 5.3 のように変形して考える．図 5.1 では，フェイズ n からフェイズ $n-1$ へいったんレベルが下がった火災は再びフェイズ n の状態へと戻ることが可能であったのに対して，図 5.3 のモデルでは，いったん消火の方向に向いた火災はすべて再び

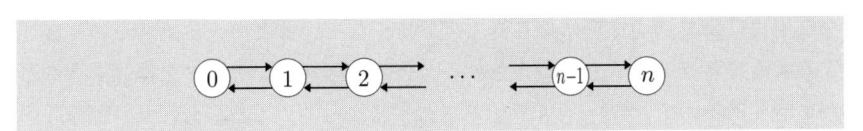

図 5.2 火災拡大の線形接続マルコフモデル

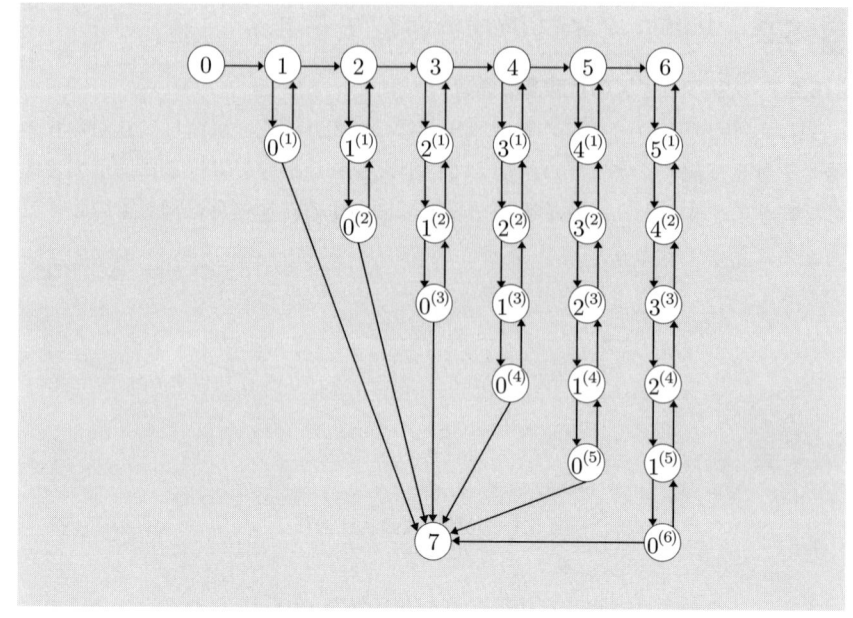

図 5.3 再拡大なしの火災拡大モデル

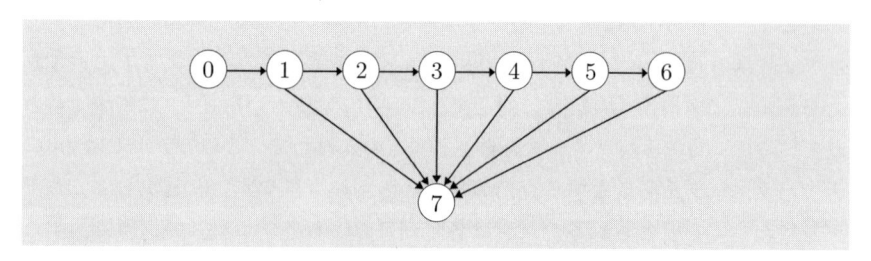

図 5.4 単純化された火災拡大モデル

火災の拡大はなされずに消火へと向かっていくということを意味している．しかし，図 5.3 のモデルは図 5.4 のように簡略化して書けること，ならびにデータをとる際にこのモデルにあった形でデータを分類することによって，現実的な応用にはより適切な形になり得る点ですぐれているといえる．さらに，後述するように各フェイズから消火されるケースを区別してデータを採取することが可能であるので，フェイズ 7 を各フェイズから消火ごとに分類し，図 5.5 のようなモデルを想定しておくことが望ましい．すなわち，各フェイズ i になっ

5.2 火災フェイズの状態遷移モデル

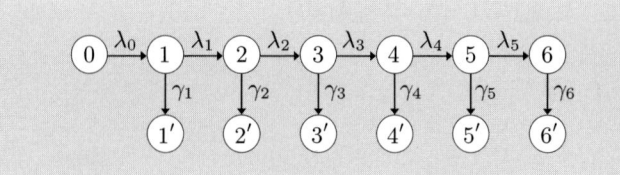

図 5.5 単純化された火災拡大の状態遷移モデル

てから消火された場合，それらは状態 i' の消火状態になると考えるわけである．また，火源のみのフェイズの段階からの観測は，実際の火災については不可能で，少なくともフェイズ 1 すなわち着火物燃焼の状態に至っている火災データのみが入手可能であり，統計的に各パラメータを求める際にはフェイズ 0 を含まないモデル，すなわち火源のみの状態を除いた場合についてのモデルが必要であり，図 5.6 のモデルが分析の対象となる．

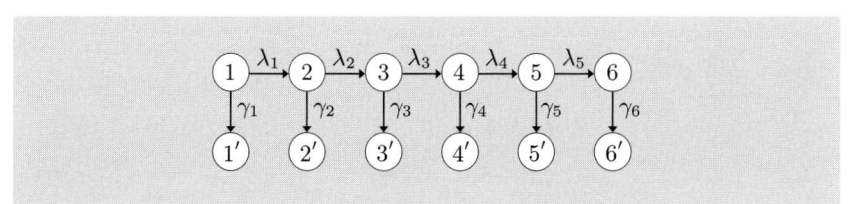

図 5.6 出火以降の単純化された状態遷移モデル

5.2.2 火災フェイズの状態遷移確率の微分方程式

図 5.6 で与えられたモデルについて，次のような確率変数を定義しておこう．

$q_i(t)$：時刻 t において，火災フェイズが i である確率 $(i=1,\cdots,6)$

$p_i(t)$：時刻 t において，フェイズ i から消火されたものの累積確率
$(i=1,\cdots,6)$

λ_i：フェイズ i からフェイズ $i+1$ に至る瞬間遷移率 $(i=1,\cdots,5)$

γ_i：フェイズ i から消火される瞬間消火率 $(i=1,\cdots,6)$

それぞれの確率について，次のように考えることが可能である．

時刻 t から十分小さな時刻 Δt たった場合のそれぞれの確率は，上に定義した諸変量を使って次のように与えることが可能である．

第5章 火災拡大の確率モデル

$$q_1(t + \Delta t) = q_1(t)(1 - \gamma_1 \Delta t - \lambda_1 \Delta t) \tag{5.1}$$

$$q_i(t + \Delta t) = q_i(t)(1 - \gamma_i \Delta t - \lambda_i \Delta t) + q_{i-1}(t)\lambda_{i-1}\Delta t \quad (i = 2, \cdots, 5) \tag{5.2}$$

$$q_6(t + \Delta t) = q_6(t)(1 - \gamma_6 \Delta t) + q_5(t)\lambda_5 \Delta t \tag{5.3}$$

$$p_i(t + \Delta t) = p_i(t) + q_i(t)\gamma_i \Delta t \quad (i = 1, \cdots, 6) \tag{5.4}$$

さらに (5.1)～(5.3) 式はまとめて以下のように表現し得る.

$$q_i(t + \Delta t) = q_i(t)(1 - a_i \Delta t) + q_{i-1}(t)\lambda_{i-1}\Delta t \quad (i = 1, \cdots, 6) \tag{5.5}$$

ただし,

$$a_i = \gamma_i + \lambda_i \quad (i = 1, \cdots, 6) \tag{5.6a}$$

$$\lambda_6 = 0 \tag{5.6b}$$

$$q_0(t)\lambda_0 \equiv 0 \tag{5.6c}$$

さらに,初期状態は,着火物燃焼フェイズであるので,

$$q_1(0) = 1 \tag{5.7a}$$

$$q_i(0) = 0 \quad (i = 2, \cdots, 6) \tag{5.7b}$$

$$p_i(0) = 0 \quad (i = 1, \cdots, 6) \tag{5.7c}$$

(5.5) 式より,

$$\frac{q_i(t + \Delta t) - q_i(t)}{\Delta t} = -a_i q_i(t) + \lambda_{i-1} q_{i-1}(t) \tag{5.8}$$

さらに, $\Delta t \to 0$ とすることにより,

$$\dot{q}_i(t) = -a_i q_i(t) + \lambda_{i-1} q_{i-1}(t) \tag{5.9}$$

この微分方程式を解くことにより,以下の結果を得る.

$$q_i(t) = e^{-a_i t} q_i(0) + e^{-a_i t} \int_0^t e^{a_i \tau} \lambda_{i-1} q_{i-1}(\tau) d\tau \tag{5.10}$$

5.2 火災フェイズの状態遷移モデル

■ 例題 5.1
(5.10) 式で与えられる解が (5.9) 式を満たすことを確認せよ．

【解答】 (5.10) 式を微分し，その部分が (5.10) 式と同一であることに注意して，

$$\begin{aligned}
\dot{q}_i(t) &= -a_i e^{-a_i t} q_i(0) - a_i e^{-a_i t} \cdot \int_0^t e^{a_i \tau} \lambda_{i-1} q_{i-1}(\tau) d\tau \\
&\quad + e^{-a_i t} \cdot e^{a_i t} \lambda_{i-1} q_{i-1}(t) \\
&= -a_i \left(e^{-a_i t} q_i(0) + e^{-a_i t} \int_0^t e^{a_i \tau} \lambda_{i-1} q_{i-1}(\tau) d\tau \right) + \lambda_{i-1} q_{i-1}(t) \\
&= -a_i q_i(t) + \lambda_{i-1} q_{i-1}(t)
\end{aligned}$$

となる．　∎

ここで，初期条件 (5.7) 式を考えると，

$$q_1(t) = e^{-a_1 t} \tag{5.11a}$$

$$q_i(t) = \lambda_{i-1} e^{-a_i t} \int_0^t e^{a_i \tau} q_{i-1}(\tau) d\tau \tag{5.11b}$$

という漸化式が得られる．

■ 例題 5.2
(5.11) 式の漸化式から，次の解が得られることを示せ．

$$q_n(t) = \left(\prod_{i=1}^{n-1} \lambda_i \right) \left\{ \sum_{k=1}^{n} \frac{e^{-a_k t}}{\prod_{i=1, i \neq k}^{n} (a_i - a_k)} \right\} \tag{5.12}$$

【解答】 (5.11) 式を用いて上式を類推することができるが，厳密には数学的帰納法によって証明することがよいであろう．

$n = 1$ で (5.12) 式は (5.11a) 式に一致し，明らかに成立している．

ある n で (5.12) 式が成立しているとき，$n+1$ で成立することを証明する．(5.11b) 式で $i = n+1$ とし，その積分内の $q_n(t)$ に (5.12) 式を代入することで，

$$q_{n+1}(t) = \lambda_n e^{-a_{n+1} t} \int_0^t e^{a_{n+1} \tau} q_n(\tau) d\tau$$

$$= \lambda_n e^{-a_{n+1}t} \int_0^t e^{a_{n+1}\tau} \left(\prod_{i=1}^{n-1} \lambda_i\right) \left\{ \sum_{k=1}^n \frac{e^{-a_k\tau}}{\prod_{i=1,i\neq k}^n (a_i - a_k)} \right\} d\tau$$

となり，さらに積分を実行することで以下のようになる．

$$q_{n+1}(t) = \lambda_n e^{-a_{n+1}t} \left(\prod_{i=1}^{n-1} \lambda_i\right) \left[\sum_{k=1}^n \frac{e^{(a_{n+1}-a_k)\tau}}{(a_{n+1}-a_k)\prod_{i=1,i\neq k}^n (a_i - a_k)} \right]_0^t$$

$$= \left(\prod_{i=1}^n \lambda_i\right) \sum_{k=1}^n \frac{e^{-a_k t} - e^{-a_{n+1}t}}{(a_{n+1}-a_k)\prod_{i=1,i\neq k}^n (a_i - a_k)}$$

$$= \left(\prod_{i=1}^n \lambda_i\right) \left\{ \sum_{k=1}^n \frac{e^{-a_k t}}{\prod_{i=1,i\neq k}^{n+1} (a_i - a_k)} - \sum_{k=1}^n \frac{e^{-a_{n+1}t}}{\prod_{i=1,i\neq k}^{n+1} (a_i - a_k)} \right\}$$

ここで，

$$\sum_{k=1}^n \frac{1}{\prod_{i=1,i\neq k}^{n+1}(a_i-a_k)} + \frac{1}{\prod_{i=1,i\neq n+1}^{n+1}(a_i-a_k)} = \sum_{k=1}^{n+1} \frac{1}{\prod_{i=1,i\neq k}^{n+1}(a_i-a_k)} = 0$$

であることに注意すると，

$$-\sum_{k=1}^n \frac{e^{-a_{n+1}t}}{\prod_{i=1,i\neq k}^{n+1}(a_i-a_k)} = \frac{e^{-a_{n+1}t}}{\prod_{i=1,i\neq n+1}^{n+1}(a_i-a_k)}$$

となる．この関係式を用いると，先の結果は以下のようになる．

$$q_{n+1}(t) = \left(\prod_{i=1}^n \lambda_i\right) \left\{ \sum_{k=1}^n \frac{e^{-a_k t}}{\prod_{i=1,i\neq k}^{n+1}(a_i-a_k)} + \frac{e^{-a_{n+1}t}}{\prod_{i=1,i\neq n+1}^{n+1}(a_i-a_k)} \right\}$$

$$= \left(\prod_{i=1}^{n} \lambda_i\right) \sum_{k=1}^{n+1} \frac{e^{-a_k t}}{\prod_{i=1, i\neq k}^{n+1} (a_i - a_k)}$$

つまり，$i=n+1$ でも (5.12) 式が成立している．以上により，(5.12) 式が数学的帰納法により証明された． ∎

同様な手続きで，(5.4) 式を整理して $\Delta t \to 0$ とすることにより，

$$\dot{p}_i(t) = \gamma_i q_i(t) \tag{5.13}$$

を得る．この微分方程式の解は，初期条件を考えあわせて，

$$p_i(t) = \int_0^t \gamma_i q_i(\tau) d\tau \tag{5.14}$$

となる．(5.12) 式の結果を代入することにより，(5.14) 式は以下のようになる．

$$p_n(t) = \gamma_n \left(\prod_{i=1}^{n-1} \lambda_i\right) \left\{ \sum_{k=1}^{n} \frac{1 - e^{-a_k t}}{a_k \prod_{i=1, i\neq k}^{n} (a_i - a_k)} \right\} \tag{5.15}$$

結局，火災進展の状況は上記 (5.12) 式および (5.15) 式で表されることになる．

以下ではデータとの対応を考慮するための準備として二三の検討を加えておくことにしよう．最終的な各フェイズからの消火の割合は (5.15) 式において $t \to \infty$ とすることにより，次のように得られる．

$$p_n(\infty) = \gamma_n \left(\prod_{i=1}^{n-1} \lambda_i\right) \left\{ \sum_{k=1}^{n} \frac{1}{a_k \prod_{i=1, i\neq k}^{n} (a_i - a_k)} \right\} \tag{5.16}$$

ここで，

$$\sum_{k=1}^{n} \frac{1}{a_k \prod_{i=1, i\neq k}^{n} (a_i - a_k)} = \frac{1}{\prod_{i=1}^{n} a_i} \tag{5.17}$$

であることを考えると，次のように単純化される．

$$p_n(\infty) = \gamma_n \left(\prod_{i=1}^{n-1} \lambda_i\right) \bigg/ \left(\prod_{i=1}^{n} a_i\right) \tag{5.18}$$

さらに，各フェイズについて消火割合の時間的動向をみると，次のようになる.

$$f_n(t) \equiv \frac{p_n(t)}{p_n(\infty)} = \left(\prod_{i=1}^{n} a_i\right) \left\{\sum_{k=1}^{n} \frac{1 - e^{-a_k t}}{a_k \prod_{i=1, i\neq k}^{n} (a_i - a_k)}\right\} \tag{5.19}$$

または，(5.17) 式の結果を使って，

$$f_n(t) = 1 - \left(\prod_{i=1}^{n} a_i\right) \left\{\sum_{k=1}^{n} \frac{e^{-a_k t}}{a_k \prod_{i=1, i\neq k}^{n} (a_i - a_k)}\right\} \tag{5.20}$$

となる．さらに，各フェイズについて，時刻 t の段階で消火されていない確率（文献[49] において，残存確率 $R(t)$ という名称が与えられている）を $g_n(t)$ とすると，(5.20) 式から，

$$g_n(t) = \left(\prod_{i=1}^{n} a_i\right) \left\{\sum_{k=1}^{n} \frac{e^{-a_k t}}{a_k \prod_{i=1, i\neq k}^{n} (a_i - a_k)}\right\} \tag{5.21}$$

を得る．

5.3 火災進展の確率的尺度

5.3.1 平均到達時間

着火すなわちフェイズ 1 からおよそどの程度の時間が経過したときに,火災拡大がどのようなフェイズになっているかということをより単純に理解するために,着火後からの時間,すなわち時刻 0 においてフェイズ 1 にあり,各フェイズ n までの移行に要する時間の平均値 T_n をここで検討する.

時刻 t において,微小時間 dt にフェイズ $n-1$ よりフェイズ n に移る確率を $S_n(t)dt$ とおく.時刻 t において,フェイズ n に移る確率はほぼこの $S_n(t)dt$ のみによって決まり,そのほかの項目(例えばフェイズ $n-2$ からの dt 時間内における移行の確率など)は消去可能な微小項目として考えられる.したがって,次の平均時間に関する関係式を得る.

$$\int_0^\infty t S_n(t)dt = \int_0^\infty T_n S_n(t)dt \tag{5.22a}$$

または,

$$T_n = \frac{\int_0^\infty t S_n(t)dt}{\int_0^\infty S_n(t)dt} \tag{5.22b}$$

一方,$n-1$ のフェイズからの時間間隔 dt 内でのフェイズ n への遷移確率は,

$$S_n(t)dt = \lambda_{n-1} q_{n-1}(t)dt \tag{5.23}$$

したがって,

$$T_n = \frac{\int_0^\infty t q_{n-1}(t)dt}{\int_0^\infty q_{n-1}(t)dt} \tag{5.24}$$

となる.(5.12) 式はパラメータ λ_i, a_i によって決まる新たなパラメータ $A_{n,i}$ を用いて,以下の式のように書き表すことができる.

$$q_n(t) = \sum_{i=1}^n A_{n,i} e^{-a_i t} \tag{5.25}$$

この表現を用いると,(5.24) 式の分母は以下のようになる.

$$\int_0^\infty q_{n-1}(t)dt = \sum_{i=1}^{n-1} A_{n-1,i} \int_0^\infty e^{-a_i t} dt = \sum_{i=1}^{n-1} A_{n-1,i}/a_i \qquad (5.26)$$

また，分子は，

$$\int_0^\infty t q_{n-1}(t)dt = \sum_{i=1}^{n-1} A_{n-1,i} \int_0^\infty t e^{-a_i t} dt = \sum_{i=1}^{n-1} A_{n-1,i}/a_i^2 \qquad (5.27)$$

となる．したがって，フェイズ n への平均到達時間は次式で与えられる．

$$T_n = \left(\sum_{i=1}^{n-1} A_{n-1,i}/a_i^2\right) \bigg/ \left(\sum_{i=1}^{n-1} A_{n-1,i}/a_i\right) \qquad (5.28)$$

この式は計算が複雑になるので，以下のような単純化が必要である．まず，$A_{n,i}$ の定義にさかのぼってみると，(5.12) 式と (5.25) 式を比べることによって，

$$A_{n,i} = \left(\prod_{k=1}^{n-1} \lambda_k\right) \bigg/ \prod_{k=1, i \neq k}^{n} (a_k - a_i) \qquad (5.29)$$

を得る．この式から直ちに，

$$A_{n,i} = A_{n-1,i} \frac{\lambda_{n-1}}{a_n - a_i} \quad (i=1,\cdots,n+1) \qquad (5.30\text{a})$$

または，

$$A_{n-1,i} = \frac{a_n - a_i}{\lambda_{n-1}} A_{n,i} \quad (i=1,\cdots,n+1) \qquad (5.30\text{b})$$

一方，第 2 フェイズから第 6 フェイズの存在確率は，時刻 0 において 0 であるから，明らかに以下の関係式が得られる．

$$q_n(0) = \sum_{i=1}^{n} A_{n,i} e^{-a_i \cdot 0} = \sum_{i=1}^{n} A_{n,i} = 0 \qquad (5.31)$$

以上の (5.30) 式および (5.31) 式を用いて，次のような変形が可能である（ただし，$n \geq 2$，第 2 部の問題 1 参照）．

$$T_n + \frac{1}{a_n} = \frac{\displaystyle\sum_{i=1}^{n-1} \frac{a_n - a_i}{\lambda_{n-1}} A_{n,i} \frac{1}{a_i^2}}{\displaystyle\sum_{i=1}^{n-1} \frac{a_n - a_i}{\lambda_{n-1}} A_{n,i} \frac{1}{a_i}} + \frac{1}{a_n} = \frac{\displaystyle\sum_{i=1}^{n} A_{n,i}/a_i^2}{\displaystyle\sum_{i=1}^{n} A_{n,i}/a_i} = T_{n+1} \qquad (5.32)$$

また，(5.28) 式より明らかに，
$$T_2 = \frac{1}{a_1} \tag{5.33}$$
(5.32) 式および (5.33) 式より，一般に，

$$T_n = \sum_{i=1}^{n-1} \frac{1}{a_i} \quad (n = 2, \cdots, 6) \tag{5.34}$$

を得る．

5.3.2 平均消火時間

消火までの時間の平均をフェイズごとの消火に分類して考えてみると，上と同様の結果を得ることができる．まず，次のように記号を定めておく．

$\overline{T}_n$：n フェイズからの消火についての着火から消火までの平均時間
$U_n(t)dt$：時刻 t における n フェイズからの消火確率

以上の定義のもとで，次のような平均時間に関する等式が得られる．

$$\int_0^\infty t U_n(t) dt = \int_0^\infty \overline{T}_n U_n(t) dt \quad (n = 1, \cdots, 6) \tag{5.35}$$

または，

$$\overline{T}_n = \frac{\int_0^\infty t U_n(t) dt}{\int_0^\infty U_n(t) dt} \quad (n = 1, \cdots, 6) \tag{5.36}$$

一方，消火確率は次の関係式を有している．

$$U_n(t) dt = \gamma_n q_n(t) dt \quad (n = 1, \cdots, 6) \tag{5.37}$$

(5.37) 式を (5.36) 式に代入することにより，次の結果を得る．

$$\overline{T}_n = \frac{\int_0^\infty t q_n(t) dt}{\int_0^\infty q_n(t) dt} \quad (n = 1, \cdots, 6) \tag{5.38}$$

(5.24) 式と比較することにより，

$$\overline{T}_n = T_{n+1} \quad (n = 1, \cdots, 5) \tag{5.39}$$

また，(5.34) 式から，一般に，次を得る．

$$\overline{T}_n = \sum_{i=1}^{n} \frac{1}{a_i} \quad (n = 1, \cdots, 6) \tag{5.40}$$

5.4 確率モデルのパラメータ推定

5.4.1 未知パラメータ推定のためのデータ

着火後,各フェイズからの鎮火されるケースについてのデータをもとに,前述のモデルの未知パラメータを推定することを試みる.データは,建設省総合技術開発プロジェクト「住宅性能総合評価システム」[55]の研究の際に集められたものであり,昭和 50 年度および昭和 51 年度の東京消防庁火災調査書,消防対策資料からランダムサンプリングされた計 335 件の火災事例である.このデータから森下[49]によって時間単位を 1 分とした時刻ごとに各フェイズから鎮火されてくる度数が計量され,先に定義した各フェイズについて時刻 t の段階で消火されていない確率が求められており,この結果よりフェイズごとの平均消火時間 $\overline{T}_i$ を求めることができる.さらに,前述の関係式 (5.39) より各フェイズの平均到達時間 T_i も求められ,それらの結果が表 5.1 に示されている.

表 5.1 平均到達時間と平均消火時間

フェイズ	平均到達時間 (分)	平均消火時間 (分)
1	—	7.27
2	7.27	11.08
3	11.08	14.13
4	14.13	31.89
5	31.89	39.75
6	39.75	46.15

この結果をみると,通常考えられている時間よりもかなり長い時間を要しているように思われる.例えばフラッシュオーバーに相当する第 3 フェイズから第 4 フェイズへの遷移の行われる時間,すなわち第 4 フェイズ到達時間の平均は 14.13 分となっているが,通常火災実験などで得られるフラッシュオーバーの値は建物の種別,開口条件,可燃物量に依存しており,またフラッシュオーバー時間に関する明確な定義は十分でない点があるとはいえ,5~10 分前後でフラッシュオーバーになる場合が多く,さらに,火災データのものは消火活動が介入していることを考慮すると火災データにより推定されるものよりも小さな値となっていると考えられる.実際に火災に遭遇した住宅の鎮火後に調べら

れたデータであるために，以下のような誤差が火災データに介入していると考えられる．

(1) 着火（出火）時刻は厳密に測定できない．通常，覚知者の証言によるが，覚知者自身が正確な出火時刻を知り得ることはまれである．また，出火時刻が覚知者によって明確にされえないときには覚知通報時刻（これは通報を受けた側，例えば消防署で記録される）から逆算して推定されることもある．

(2) 消火時刻については，厳密な定義が一般化しているとはいいがたく，現場の消火作業にたずさわるものによって記録され，その際，再燃の恐れがある場合は消火とみなされず，火災実験などで考えられている消火時間よりも，長い時間として測定される可能性がある．

以上の2つの時刻測定に関する誤差要因は消火時間の測定に大きく影響を与えていると考えられ，そこで次項ではこの誤差要因を数理的に除去するデータ補正の問題を検討する．

5.4.2 時刻データに介入する誤差の補正

前項で述べたように消火時間の計測には2つのタイプの観測誤差が考えられた．すなわち，着火時刻と消火時刻の2つの時刻計測の際に介入する誤差があり，その2つの誤差要因の影響をできうるかぎり除去し，より真実に近い，あるいは，安全側の消火時間データを求めることが望ましい．

まず着火時刻を t_0 とおく．また各フェイズからの消火時刻を t_i $(i=1,\cdots,6)$ とする．これらの観測値を $\hat{t}_i$ $(i=0,\cdots,6)$ とする．このとき，次の関係が成立している．

$$\hat{t}_i = t_i + \varepsilon_i \quad (i=0,\cdots,6) \tag{5.41}$$

ただし，ε_i：観測誤差．

また着火から消火までに要する時間，すなわち，各フェイズの消火時間を τ_i $(i=1,\cdots,6)$ とし，その観測値を $\hat{\tau}_i$ $(i=1,\cdots,6)$ と記すと，先の定義から以下のように表すことができる．

$$\tau_i = t_i - t_0 \quad (i=1,\cdots,6) \tag{5.42}$$

$$\hat{\tau}_i = \hat{t}_i - \hat{t}_0 \quad (i=1,\cdots,6) \tag{5.43}$$

したがって，(5.41), (5.42), (5.43) 式より

$$\hat{\tau}_i - \tau_i = \varepsilon_i - \varepsilon_0 \tag{5.44}$$

ところで，消火時間 τ_i の絶対誤差 $|\varepsilon_i - \varepsilon_0|$ は τ_i の小さいときは誤差も小さくなることが考えられるので，相対誤差（正確には相対差）

$$\varepsilon'_i = \frac{\varepsilon_i - \varepsilon_0}{\tau_i} \tag{5.45}$$

を用いることにより，

$$\frac{\hat{\tau}_i - \tau_i}{\tau_i} = \varepsilon'_i \tag{5.46}$$

と表記することができる．ここで，ε'_i は本来観測者の着火，消火についての判断形式に大きく依存する量であるが，以下の解析を単純化するために，この値を一定と仮定する．すなわち，

$$\varepsilon'_i = \alpha \quad (\text{一定}) \tag{5.47}$$

この仮定の重要な意味は，各フェイズとも観測誤差（相対誤差）は同一であると考えた点にある．厳密に考えれば各フェイズによって観測誤差の介入のしかたも異なると考えることもできるが，異なるとしてもそれらの程度にどのような差が生じるかということを示すデータが得られない段階では，前式のように仮定しておくことが全体的な視点からはより多くの情報を得ることになると思われる．また後に示すように，この誤差 α の値はそのまま現場で消火活動にあたっている人々の鎮火時刻の判断における安全率として関連してくる．

(5.46), (5.47) 式より

$$\tau_i = \frac{1}{1+\alpha} \hat{\tau}_i \tag{5.48}$$

さらに変数 x の平均を $m(x)$ と記すとすれば，

$$m(\tau_i) = \frac{1}{1+\alpha} m(\hat{\tau}_i) \tag{5.49}$$

で成立している．

一方，第4フェイズへの遷移はフェイズの定義からフラッシュオーバー時点に拡大すると考えられる．また前項で述べたように第4フェイズへの平均到達時間は，第3フェイズからの平均消火時間に等しいことが (5.39) 式によって証明されているので，フラッシュオーバー時間 τ_f に関して次の関係式が成立して

5.4 確率モデルのパラメータ推定

いる．

$$m(\tau_f) = T_4 \tag{5.50}$$

$$T_4 = \overline{T}_3 = m(\tau_3) \tag{5.51}$$

したがって，α の値は次のように求めることができる．

$$\alpha = \frac{m(\hat{\tau}_3)}{m(\tau_3)} - 1 = \frac{m(\hat{\tau}_3)}{m(\tau_f)} - 1 \tag{5.52}$$

そこで，実際にこの α の値を決定するために，前項で得られたデータから第3フェイズからの平均消火時間を求めておく．この結果は表5.2のようになる．フラッシュオーバーの平均時間は，多くの実大実験あるいは内装材料における立体試験において試験されているが，実際の家屋と直接に比較することはできない．また実大火災実験の場合にしても着火方法，火災荷重，開口条件によってばらつくことが指摘されており，実際の住宅のフラッシュオーバー時刻がどのようになるかは厳密に与えることは困難であるが，7分前後，5分から10分の間と考えて，標準な場合にあてはまるのではないかと思われる．したがって，フラッシュオーバー時間の平均値が5分から10分の場合について表5.2のデータより (5.52) 式を使って α を求めてみると表5.3のようになる．

表 5.2 フェイズ4への平均到達時間

構造種別	平均到達時間（分）
全体	14.13
木造	13.59
防火造	17.13
耐火造	13.09

表 5.3 相対観測誤差の値 α

| 構造種別 | 平均フラッシュオーバー時間 (分) ||||||
	5	6	7	8	9	10
全体	1.83	1.36	1.02	0.77	0.57	0.41
木造	1.72	1.27	0.94	0.70	0.51	0.36
防火造	2.43	1.85	1.45	1.14	0.90	0.71
耐火造	1.62	1.18	0.87	0.64	0.45	0.31

以上のことから α の値は,

$$0.31 < \alpha < 2.43 \tag{5.53}$$

の範囲にあり, 現実的にはフラッシュオーバーの平均時間は木造 7 分, 耐火造 9 分前後と考えて, α の標準的な値として,

$$\alpha_0 = 1.0 \tag{5.54}$$

を用い, 以後の分析に用いることにしたい.

以上の結果得られた α の値の意味について二三検討しておこう. (5.49) 式より観測時間 $\hat{\tau}_i$ は真の時間に比べて $1/(1+\alpha)$ となっていることがわかる. したがって, このような状況下では観測誤差 α というものは時間軸を $1/(1+\alpha)$ に短縮したことを意味しており, 観測値の値を直接用いて得られる瞬間遷移率, 瞬間消火率などに比べて $1+\alpha$ 倍されて得られることになる. したがって, この観測誤差 α はそのままこの確率的システム全体の性状の時間に関する尺度を補正する安全率の役割を与えていることが可能である.

すなわち,

$$\beta = 1 + \alpha \tag{5.55}$$

とおくと, この β の値をもし仮に 2 とすれば, 2 倍の速さで系が進行することを意味し, 避難の面からするとより危険に系が進展すると考えるわけであるから, そのような系で得られた結果を用いることは時間の進行に関して 2 倍の安全性を考えたことになるといえよう. 先に, 標準値 α_0 を 1 としたので, このとき安全率は,

$$\beta_0 = 2.0 \tag{5.56}$$

となり, 以後, この値を標準安全率として用いることにする.

5.4.3 推定の考え方および推定アルゴリズム

上述のデータを用いて未知パラメータを推定する方法としては, 2 通りの考え方がある. ひとつは, 先に求めた平均消火時間 $\overline{T}_n$ と未知パラメータ a_i の関係 (5.40) より表 5.1 の値を補正して直接的に求めるものである. もうひとつの方法は, 以下の (5.57) 式で与えられる理論値と先のデータの各時刻における残存確率 $\hat{g}_n$ とが一致するように未知パラメータを決定する方法である.

5.4 確率モデルのパラメータ推定

$$g_n(t) = \left(\prod_{i=1}^{n} a_i\right) \left\{\sum_{k=1}^{n} \frac{e^{-a_k t}}{a_k \prod_{i=1, i \neq k}^{n}(a_i - a_k)}\right\} \quad (5.57)$$

前者は消火時間の平均値を求めるという意味で，後者の方法に比べ，データの情報量を少ししか用いていないといえ，またデータでは，

$$\overline{T}_i < \overline{T}_{i+1}$$

が成立していない場合が生じる可能性があり，このときは a_i を求めることはできない．したがって，以下では後者による方法を用いて未知パラメータの推定を行う．また前者によって求めた値と後者によって求めた値とを比較することにより，前者の方法でもある程度の信頼のおける推定が可能であることが後に示される．

まず，データから得られる残存確率 $\hat{g}_n(t)$ と，(5.57) 式で与えられる $g_n(t)$ がより一致するようにするということを，次のように定式化する．

$$\min_{a_i, i=1,\cdots,6} Q, \quad Q = \sum_{t=1}^{t_m} \sum_{n=1}^{6} (\hat{g}_n(t) - g_n(t))^2 \quad (5.58)$$

この定式化は，いわゆる最小自乗法と呼ばれているものであり，具体的には

$$\frac{\partial Q}{\partial a_i} = 0 \quad (i = 1, \cdots, 6) \quad (5.59)$$

を解くことによって未知パラメータ a_i $(i = 1, \cdots, 6)$ を求めることができる．しかしながら，(5.59) 式の展開は非常に複雑であり，直接これらの連立方程式を解くことは容易でない．

ここでは，(5.58) 式で与えられる最小化問題を，座標方向逐次探索法と呼ばれる最小化アルゴリズムの考え方を導入し，Q を最小化する未知パラメータ a_i $(i = 1, \cdots, 6)$ を探索によって求めるということを試みる．ここで使われる探索アルゴリズムの骨子は，Hooke と Jeeves によって与えられたアルゴリズムを変形したものである[56],[57]．アルゴリズムのフローチャート詳細は文献 [51] に示されている．

5.4.4 パラメータ推定結果

以上のアルゴリズムを用いて (5.58) 式で与えられる問題を解くと表 5.4 の結果を得る．この結果を使って推定した $g_n(t)$ とデータ $\hat{g}_n(t)$ を図示したものが，図 5.7 である．データの数の少ない第 4 フェイズについては，データ $\hat{g}_n(t)$ 自身がばらついており，フィッティングが悪いが，ほかのフェイズについては，ほぼ一致した結果を得ている．

表 5.4 パラメータの推定値

パラメータ	推定値
a_1	0.2978
a_2	0.6062
a_3	0.3670
a_4	0.1298
a_5	0.2150
a_6	0.2600

表 5.5 平均消火時間

フェイズ	データから直接計算	推定値 (分)
1	3.64	3.36
2	5.54	5.01
3	7.07	7.73
4	15.94	15.28
5	19.88	20.09
6	23.07	23.93

さらに，推定したパラメータ a_i より (5.40) 式を用いて平均消火時間を計算することができる．データから直接求めたものと比較してみると，表 5.5 となる．この結果，データから直接得られるものと，推定によるものとがほぼ一致しており，推定方法としては，特に大きな問題はないと思われる．

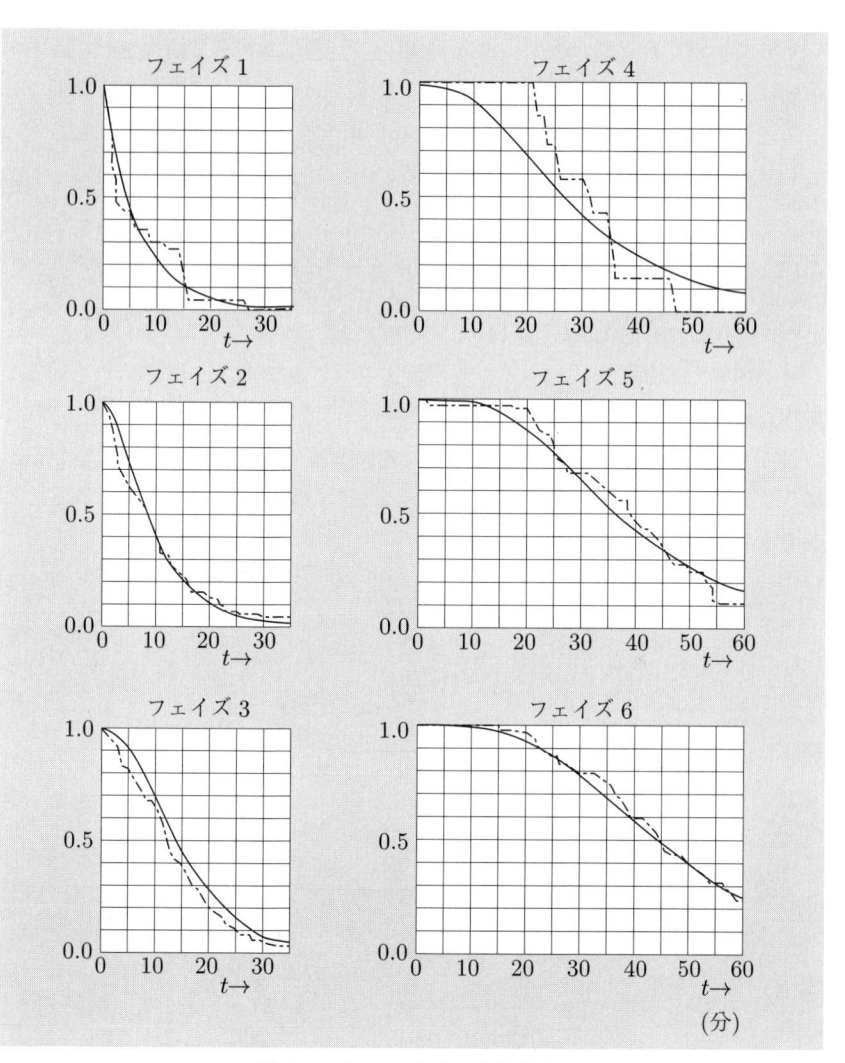

図 5.7 各フェイズの残存確率

5.5 火災拡大の時間的変化

5.5.1 瞬間消火率および瞬間遷移率の推定

すでに推定した未知パラメータ a_i を用いて，各フェイズで消火される確率の挙動は前節で分析することができたが，本来の未知パラメータである瞬間フェイズ遷移率 λ_i および各フェイズからの瞬間消火率 γ_i は未定である．もちろん a_i の定義から次の関係式が得られている．

$$\lambda_i + \gamma_i = a_i \quad (i = 1, \cdots, 5) \tag{5.60a}$$

$$\gamma_6 = a_6 \tag{5.60b}$$

上の式は6個の方程式があり，11個の未知数（$\lambda_i, i = 1, \cdots, 5, \gamma_i, i = 1, \cdots, 6$）があるので，未知数を決定するためには，さらに5個の λ_i, γ_i に関する独立な方程式が必要である．

ところで時間を無限大にとったときの各フェイズからの累積消火確率 $p_i(\infty)$ は5.2節の (5.18) 式で与えられており，これらの関係式から次の式を導くことができる．

$$\frac{\sum_{k=i+1}^{6} p_k(\infty)}{p_i(\infty)} = \frac{\lambda_i}{\gamma_i} \quad (i = 1, \cdots, 5) \tag{5.61a}$$

すなわち，

$$\gamma_i = \frac{p_i(\infty)}{\sum_{k=i+1}^{6} p_k(\infty)} \lambda_i \quad (i = 1, \cdots, 5) \tag{5.61b}$$

この式を (5.60a) 式に代入して，次式を得る．

$$\lambda_i = \frac{\sum_{k=i+1}^{6} p_k(\infty)}{\sum_{k=i}^{6} p_k(\infty)} a_i \quad (i = 1, \cdots, 5) \tag{5.62}$$

同様にして，

5.5 火災拡大の時間的変化

$$\gamma_i = \frac{p_i(\infty)}{\sum_{k=i}^{6} p_k(\infty)} a_i \quad (i = 1, \cdots, 5) \tag{5.63}$$

を得る．一方，$p_i(\infty)$ はフェイズ i で消火された火災数の全火災数に対する割合であるので，これらの値をサンプルにおける割合から求めることにより，すでに求めてあるパラメータ a_i の値を代入し λ_i, γ_i の値を求めることができる．推定結果は表 5.6 に示され，フェイズ 1 からフェイズ 3 においては，それぞれの瞬間遷移率は比較的大きく，早いスピードでフェイズ 4 に至るのに対して，フェイズ 4 以降はその移行がゆっくりとしていることがわかる．これは 1, 2, 3 のフェイズが室内の段階で燃焼物が比較的少量であるのに比べ，4 以降のフェイズでは燃焼物の量も増大し，室間拡大に時間を要するためと考えられる．また瞬間消火率に関して 1 から 3 のフェイズについては比較的大きな値を示し，消しやすく，フェイズ 4 以降では消しにくいことを示している．特にフェイズ 2 からの瞬間消火率が高い．より詳細な点については構造種別によって異なると思われるので，後に再検討する．

表 5.6 パラメータの推定結果

フェイズ	λ_i	γ_i
1	0.2778	0.0204
2	0.3730	0.2332
3	0.2140	0.1530
4	0.1216	0.0082
5	0.1188	0.0962
6	—	0.1300

以上のパラメータの値の意味する性質は，フェイズ 3 からフェイズ 4 への移行が，いわゆるフラッシュオーバーといわれる火災拡大上大きな変化点となっていることと対応している．

5.5.2 各フェイズの存在確率の挙動

先に求めた未知パラメータを (5.12) 式に代入することにより時刻 t においてフェイズ i に存在する確率 $q_i(t)$ を数値的に求めることができる．代入した結果

は，以下のようになる．

$$q_n(t) = \sum_{i=1}^{n} A_{n,i} e^{-a_i t} \qquad (5.64)$$

これらの結果は図示すると図 5.8 となる．この図からわかるように，2～3 分経過の段階でフェイズ 2 の存在確率が最大となり，約 5 分経過のときフェイズ 3 の存在確率がピークとなる．ほぼ 10 分間経過のときに，フェイズ 4 の存在確率が続いてピークとなる．これらの結果は初期火災の拡大を確率的に示しているものである．

各フェイズへの火災拡大の進行を単純に把握するために平均到達時間を (5.34) 式に従って求めてみると，表 5.7 のようになる．図 5.9 の結果とこの平均到達時間とを比較してみると，フェイズ 2 については平均到達時間が存在確率のピークよりうしろにあり，フェイズ 3 は平均到達時間とピークがほぼ一致し，フェ

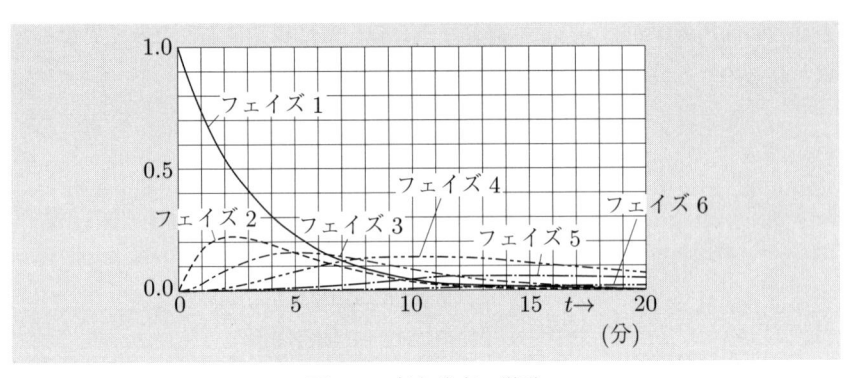

図 5.8 存在確率の挙動

表 5.7 平均到達時間推定値

フェイズ	推定値 (分)
2	3.36
3	5.01
4	7.73
5	15.43
6	20.09

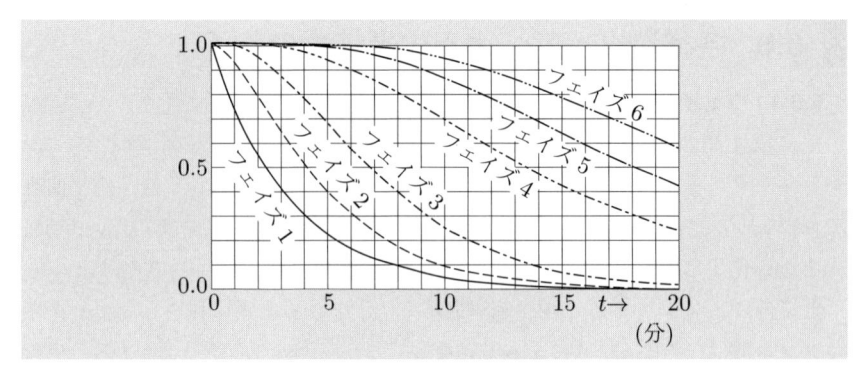

5.5　火災拡大の時間的変化　　　　　　　　　　　　125

図 5.9　残存確率の挙動

イズ 4 についてはピークよりも平均値のほうが前にある．したがって，より細かい火災の挙動を検討する際には，平均時間を用いる場合よりも存在確率を用いて検討した場合のほうが，より確実な結果を得ることになる．

　また，存在確率のピーク時間に関し，第 3 フェイズまでと第 4 フェイズ以降がその性格を異にしていることが図 5.8 からわかる．すなわちフェイズ 4 以降の存在確率のピークは明確でなく，その時間も 10 分以降になっている．こうしたフェイズ 4 以降の違いは，先の瞬間消火率，瞬間遷移率においてもその傾向の差がみられた．また，図 5.9 には推定による各フェイズの残存確率曲線が示されているが，第 1 フェイズから第 3 フェイズの残存確率曲線と第 4 フェイズ以降のそれとは離れた位置に示されていることがわかる．こうしたことからフラッシュオーバー以前と以後の質的な差が，確率論的に把握されたといえよう．

5.6 各構造タイプによる火災拡大の差

5.6.1 ウェイト付け推定

先に第4節の「5.4.3 推定の考え方および推定アルゴリズム」のところで,パラメータの推定方法として,各フェイズのデータより得られる残存確率曲線 $\hat{g}_n(t)$ により一致するようにパラメータを決定する方法を試みた.その際,(5.58)式を最小化する問題として推定アルゴリズムを構成した.

ところが,各フェイズの残存確率曲線 $g_n(t)$ を求める際に利用したデータのサンプル数は,各フェイズによって異なっており,データの多いフェイズと少ないフェイズとが同じウェイトで推定されてしまうために,データの少ないフェイズのバラツキが,全体のフェイズのパラメータ推定結果に好ましくない影響を与える.このことは,次項で分析するように構造種別ごとに分析を試みる際に,各フェイズのデータ数が小さくなり,その結果として上記の小サンプルのフェイズのバラツキの影響が,全体のパラメータ推定に強く影響してしまうことになってくるので注意せねばならない問題といえる.

以上の難点をさけるために,各フェイズのデータから直接得られた残存確率曲線 $\hat{g}_n(t)$ と推定する $g_n(t)$ との誤差について,各フェイズのデータ数によるウェイトをつけることを考える.すなわち,(5.58)式で与えられる最小化問題のかわりに次のように定式化する.

$$\underset{a_i, i=1,\cdots,6}{\text{Min}} Q_{\text{w}}, \quad Q_{\text{w}} = \sum_{t=1}^{t_m} \sum_{n=1}^{6} \left[\{g_n(t) - \hat{g}_n(t)\}^2 d_n \right] \quad (5.65)$$

(d_n：n フェイズのデータ数)

推定アルゴリズムについては前に述べた方法と同じであり,最小化すべき Q のかわりに Q_{w} を用いるだけである.

5.6.2 各構造タイプによる火災拡大の差

前節までの分析はデータにおける標本の性質,この場合でいうと木造の火災におけるデータなのか,耐火造における火災のデータなのかといった点が区別せずに行われてきた.しかしながら,火災進展の傾向はこうした構造種別による要因の差に大きく起因しており,ここでは構造種別ごとにパラメータ推定を行い,火災進展の確率的挙動の構造種別による差について検討したい.

5.6 各構造タイプによる火災拡大の差

データを構造種別に分けることによりデータ数が小さくなるので，前項で検討したウェイト付け方法による推定を行う．構造種別としては木造，耐火造，防火造として推定を行った．

推定結果は，表 5.8 に示されている．まず，平均到達時間を検討してみると図 5.10 となる．この結果，木造は早い時間に第 2 フェイズに到達し，やや時間をかけて第 3 フェイズに到達する．しかし，フラッシュオーバーに相当する第 4 フェイズへの到達はほかの構造種別よりも早い．

表 5.8 構造種別パラメータ推定

フェイズ	木造 λ_i	木造 γ_i	防火造 λ_i	防火造 γ_i	耐火造 λ_i	耐火造 γ_i
1	0.4074	0.0248	0.1957	0.0243	0.2729	0.0179
2	0.1842	0.0628	49.4481	116.2031	2.0346	1.5114
3	1.2388	0.9332	0.1385	0.0923	0.1834	0.1222
4	0.1564	0.0042	0.1211	0.0110	0.0994	0.0234
5	0.0837	0.0047	0.0000	0.2824	0.1755	0.1975
6	—	0.2634	—	0.3120	—	0.2236

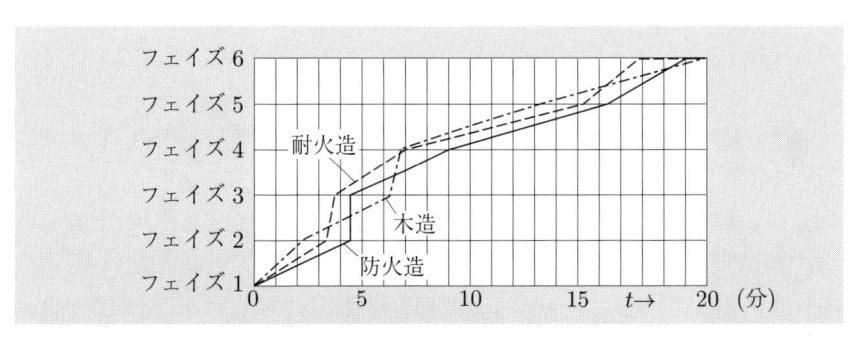

図 5.10 構造種別平均到達時間（推定）

耐火造は，第 2 フェイズへの到達が遅いが，第 3 フェイズへの到達は早い．しかし，フラッシュオーバーに相当する第 4 フェイズへの到達時間は長く，安全上有利であることが示されている．

防火造は耐火造と木造の中間的性質を持っているということが，この図からもみてとることができる．第 2 フェイズと第 3 フェイズの到達時間の差が耐火

造，防火造については小さいので，推定方法による影響が考えられるが，図5.11に示されているように直接平均到達時間をデータから計算した場合についてもこの傾向を持っており，これは推定方法による影響ではないといえる．

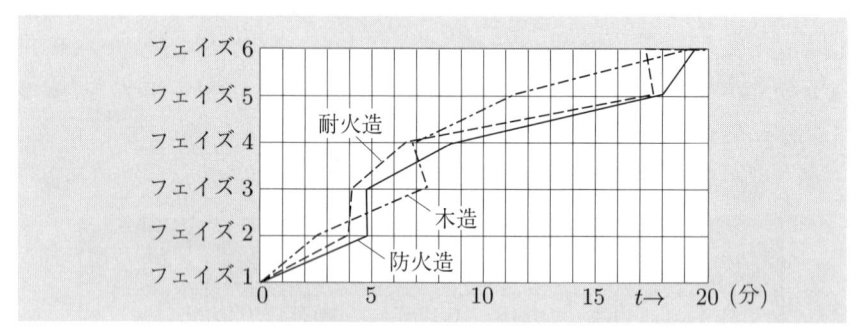

図 5.11 構造種別平均到達時間（データから直接計算）

存在確率の挙動が，構造種別ごとに図5.12に示されている．この結果，構造種別により火災進展の状況が異なることがわかる．木造については，第2フェイズにおける存在確率が大きく，ゆっくり第3フェイズに至るが，耐火造においては第2フェイズにとどまっている確率は非常に小さく，第3フェイズにすぐに移行するか，もしくは消火されてしまう．防火造においても第2フェイズにとどまっている確率は小さい．

木造において第3フェイズに滞留する確率は小さい．逆に耐火造，防火造においては第3フェイズにとどまっている確率が大きくなっている．このことは第3フェイズから第4フェイズへの移行すなわちフラッシュオーバーに至る場合，木造はたやすくフラッシュオーバーになるのに反して，防火造，耐火造の場合はフラッシュオーバーになるとしても時間が要するということがわかる．

構造種別における残存確率曲線が，図5.13に示されている．残存確率曲線においても同上の傾向が示されている．木造においては，第2フェイズから第3フェイズへの移行に時間を要するため，第2フェイズの残存確率と第3フェイズの残存確率曲線がほぼ一致している．これとは逆に，耐火造，防火造においては，第1フェイズと第2フェイズの残存確率曲線がほぼ一致してくる．また第4フェイズの残存確率について木造と耐火造，防火造を比較してみると，木造，防火造，耐火造の順に減衰が早い．このことはフラッシュオーバーまでの

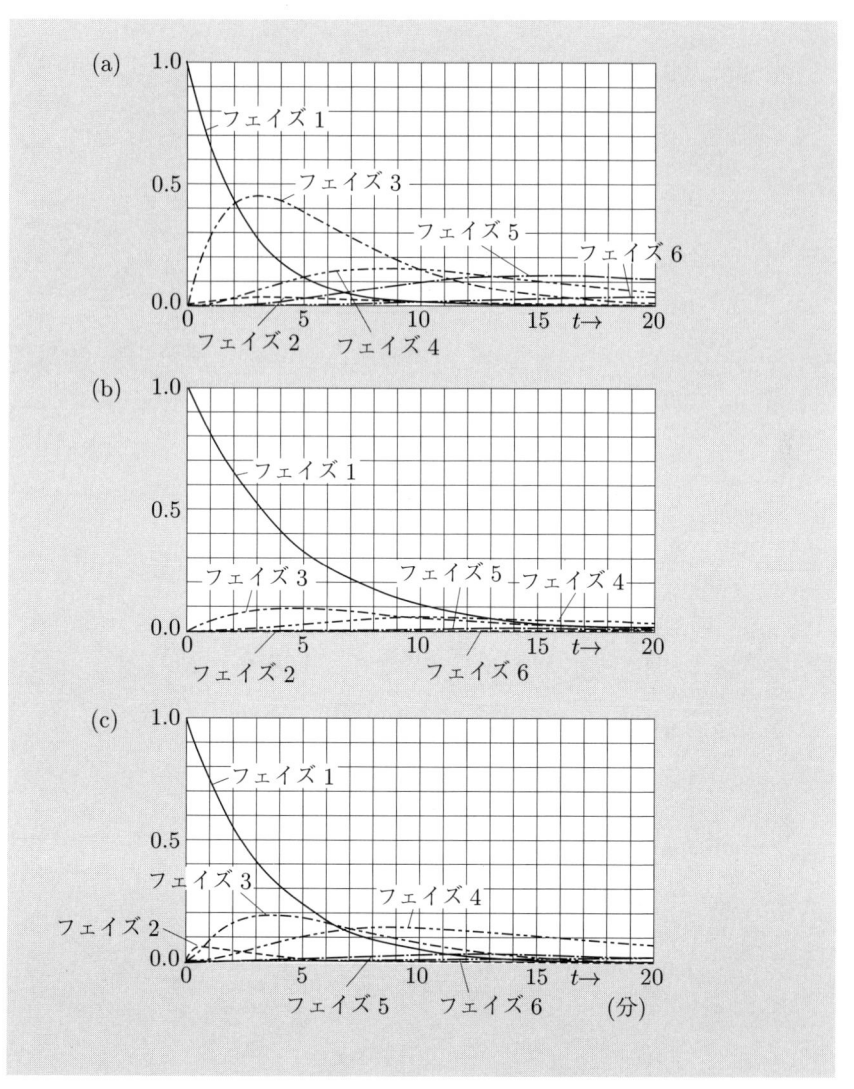

5.6 各構造タイプによる火災拡大の差

図 5.12 (a) 存在確率の挙動(木造), (b) 存在確率の挙動(防火造), (c) 存在確率の挙動(耐火造)

確率的な火災拡大の傾向をみた場合,木造がより早く拡大し,次に防火造,耐火造の順になっていることがわかる.その差は残存確率0.5付近でそれぞれ約1.5分の差がある.こうした初期火災拡大状況の時間進行に関する確率的な挙

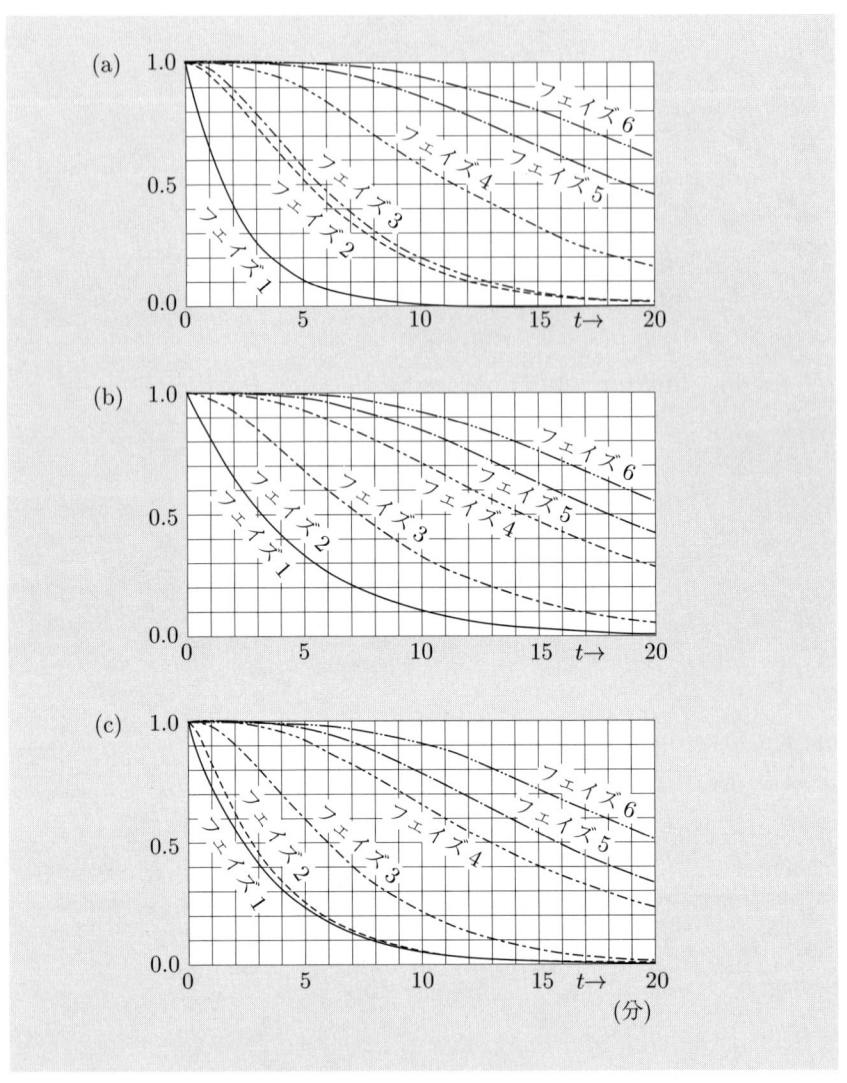

図 5.13 (a) 残存確率の挙動（木造），(b) 残存確率の挙動（防火造），(c) 残存確率の挙動（耐火造）

動の差異は，人間の避難により大きく影響をしており，人命の問題を考える場合のより重要な要因になってくる．次節ではこれらの結果を用いて人命の安全性の問題を考える．

5.7 避難と人命危険度

5.7.1 避難の確率モデル

先に分析したフェイズの遷移に関連して，人命に関する危険度の分析を行うことにする．火災の進行に伴って生じる人命に対する損傷は，覚知および避難という2つの人間側のフェイズと対応している．したがって，覚知および避難が，どのような確率を持って達成し得るかという問題が生じる．この際，厳密に覚知時間に関するデータを得ることは困難であり，また，覚知から避難までの時間に関する統計的データを得ることも難しい．したがって，図5.14(a)にみられるような本来のシステムは，図5.14(b)のように単純化して考えざるをえないのが現状であろう．

図 5.14 (a) 火災避難のモデル，(b) 単純化された火災避難モデル

ところで，出火の状態は先にあげた火災フェイズ1に対応させることができる．したがって，避難までの時刻は，前節でとりあげたモデルにおける時刻と原点は一致しているので，そのまま採用できる．

したがって，時刻 t で避難が完了していない確率を求めることが必要となる．これは，次のような関係式によって定義されうる．

$$P_e(t) = \text{Prob}[時刻 t で避難が完了していない]$$
$$P_e(t + \Delta t) = P_e(t)(1 - \delta \Delta t) \tag{5.66}$$

ここで，δ は瞬間避難確率（単位時間当たり避難確率），Δt を十分小さくとることによって，

$$\dot{P}_e(t) = -\delta P_e(t) \tag{5.67}$$

を得る．この微分方程式は容易に解くことができて，次のようになる．

$$P_e(t) = e^{-\delta t} P_e(0) \tag{5.68}$$

さらに，先に述べたように，時刻 0 以後覚知および避難がなされるので，この時点では当然避難はなされていないから，

$$P_e(0) = 1 \tag{5.69}$$

と，初期条件を設定できる．したがって，時刻 t で避難が完了していない確率は以下の式で与えられることになる．

$$P_e(t) = e^{-\delta t} \tag{5.70}$$

5.7.2 平均避難時間

前項で求めた避難未完了確率（(5.70) 式）の意味をより明確にするため，ならびにそこで使われたパラメータ瞬間避難率 δ の意味を明確にするため，平均避難時間とこれらの関係について検討する．

まず，時刻 t と $t + \Delta t$ の間に避難する確率 $P(t|\Delta t)$ は前項の時刻 t で避難が完了していない確率 $P_e(t)$ を用いて，次のように表すことができる．

$$P(t|\Delta t) = P_e(t) - P_e(t + \Delta t) \tag{5.71}$$

すなわち，時刻 t で避難していない確率から時刻 $t + \Delta t$ で避難していない確率を差し引いたものが，時刻 t から時刻 $t + \Delta t$ までの間に避難した確率にほかならないことを意味する．したがって，$\Delta t \to 0$ とすることにより時刻 t での避難確率密度関数 $f_e(t)$ は次のようになる．

$$f_e(t) = \lim_{\Delta t \to 0} \frac{P(t|\Delta t)}{\Delta t} \tag{5.72}$$

(5.71) 式を (5.72) 式に代入すると以下のようになる．

$$f_e(t) = \lim_{\Delta t \to 0} \frac{P_e(t) - P_e(t + \Delta t)}{\Delta t} = -\frac{d}{dt} P_e(t) \tag{5.73}$$

さらに (5.70) 式の結果を上式に代入すれば，

$$f_e(t) = -\frac{d}{dt} e^{-\delta t} = \delta e^{-\delta t} \tag{5.74}$$

となる．

5.7 避難と人命危険度

■ 例題 5.3

(5.74) 式の避難確率密度関数を用いて，平均避難時間

$$m(t_e) = \int_0^\infty t f_e(t) dt \tag{5.75}$$

を求めよ．

【解答】 上式に (5.74) 式を代入し，積分を実行すれば以下の結果を得る．

$$m(t_e) = \int_0^\infty t\delta e^{-\delta t} dt = \frac{1}{\delta} \tag{5.76} \blacksquare$$

以上の結果からパラメータ δ，すなわち瞬間避難率は，平均避難時間の逆数として求めることができる．

5.7.3 避難失敗確率

火災の各フェイズで避難が完了していないとしたら，はたして，いかなる人命の損傷が生じるであろうか．文献[55]にあげられた研究で集められたデータについてみると，フェイズ 0 からフェイズ 3 に至る過程での人命の損傷のケースは非常に少ないという結果が得られている．また，フェイズ 3 からフェイズ 4 への移行はいわゆるフラッシュオーバーという状況に対応しており，人命の損傷もこのフェイズ以降で生じるものと考えられる（特殊なケース，例えばガス爆発などの場合ではフェイズ分け自体が対応しないこともあり，初期段階で人命の損傷がなされることもある）．したがって，この分析では第 4 フェイズ以降に火災が拡大しているにもかかわらず，避難が完了していないという事態が起こる確率（以後，避難失敗確率と呼ぶ）をもって人命の危険度を測る尺度とする．すなわちフラッシュオーバー後において避難が完了しない場合に人命の損傷が生じるものと考え，その確率を人命の危険度とするものである．したがって，人命危険度 P_z は次の関係式で与えられることになる．

$$P_z = \int_0^\infty P_e(t) P_*(t) dt \tag{5.77}$$

(P_*：時刻 t においてフェイズ 3 からフェイズ 4 へ拡大する確率)

一方，上で必要とされる $P_*(t)$ は図 5.15 のようにフェイズ 4 以降をひとまとめにして考えればよいので，次の関係式を得る．

$$P_*(t) \Delta t = q_3(t) \cdot \lambda_3 \Delta t \tag{5.78}$$

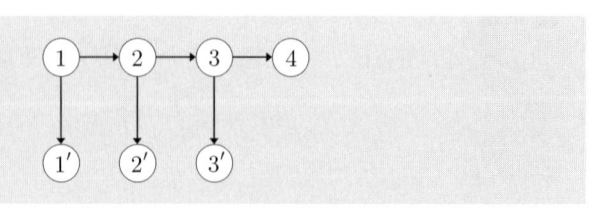

図 5.15 フラッシュオーバーまでの状態遷移モデル

すなわち,

$$P_*(t) = \lambda_3 q_3(t) \tag{5.79}$$

となり, さらに (5.12) 式の結果を上式に代入することによって,

$$P_*(t) = \lambda_1 \lambda_2 \lambda_3 \sum_{k=1}^{3} \frac{e^{-a_k t}}{\prod_{i=1, i \neq k}^{3} (a_i - a_k)} \tag{5.80}$$

を得る. この結果および (5.70) 式を (5.77) 式に代入し, 避難失敗確率は,

$$P_z = \lambda_1 \lambda_2 \lambda_3 \sum_{k=1}^{3} \frac{1}{\prod_{i=1, i \neq k}^{3} (a_i - a_k)} \int_0^\infty e^{-(a_k + \delta)t} dt \tag{5.81}$$

となる. この積分を実行することにより, 以下の結果を得る.

$$P_z = \lambda_1 \lambda_2 \lambda_3 \sum_{k=1}^{3} \frac{1}{(a_k + \delta) \prod_{i=1, i \neq k}^{3} (a_i - a_k)} \tag{5.82a}$$

または,

$$P_z = \lambda_1 \lambda_2 \lambda_3 \left\{ \frac{1}{(a_1 + \delta)(a_2 - a_1)(a_3 - a_1)} + \frac{1}{(a_2 + \delta)(a_1 - a_2)(a_3 - a_2)} \right.$$
$$\left. + \frac{1}{(a_3 + \delta)(a_1 - a_3)(a_2 - a_3)} \right\} \tag{5.82b}$$

ここで, 平均避難時間を厳密に計測することは非常に難しい問題でもあり, 室の形状, 使用状況, 避難者の運動能力などに依存している. したがって, この避難の不確定性によらずに火災固有の特徴というものを考えるために, 1 つの極端な状況を想定して検討しておくことにしたい. 極端な状況とは, 避難に無

5.7 避難と人命危険度

限の時間がかかる，すなわち避難ができない場合であり，病人，幼児などのいわば自力によって避難が可能でないような状況にある人間の安全性確保の可能性を調べるうえでより重要な意味を持つ場合である．この場合は (5.76) 式から直ちに以下の場合に相当する．

$$m(t_\mathrm{e}) \to \infty \Leftrightarrow \delta \to 0 \tag{5.83}$$

したがって，(5.82a) 式より

$$\lim_{\delta \to 0} P_z = \lambda_1 \lambda_2 \lambda_3 \sum_{k=1}^{3} \frac{1}{a_k \prod_{i=1, i \neq k}^{3} (a_i - a_k)} = \frac{\lambda_1 \lambda_2 \lambda_3}{a_1 a_2 a_3} \tag{5.84}$$

なる結果を得る．すなわち，もし避難が不可能である場合には，ある一定の避難失敗確率が伴う．しかしながらこれは完全に失敗するということを意味していない．避難しない場合でも助かる可能性があるということを意味しており，それは以下に示すようにフラッシュオーバー以前に消火される可能性があることに起因している．

(5.84) 式で与えられる避難不可能者における避難失敗確率の意味をより深く検討するために，(5.62) 式で与えられている結果を (5.84) 式に代入してみよう．すると以下のようになる．

$$\lim_{\delta \to 0} P_z = \frac{\dfrac{\sum_{k=2}^{6} p_k(\infty)}{\sum_{k=1}^{6} p_k(\infty)} a_1 \dfrac{\sum_{k=3}^{6} p_k(\infty)}{\sum_{k=2}^{6} p_k(\infty)} a_2 \dfrac{\sum_{k=4}^{6} p_k(\infty)}{\sum_{k=3}^{6} p_k(\infty)} a_3}{a_1 a_2 a_3} = \frac{\sum_{k=4}^{6} p_k(\infty)}{\sum_{k=1}^{6} p_k(\infty)} \tag{5.85}$$

上式における分母は十分時間が経過した場合の第 1 フェイズから第 6 フェイズの鎮火したものの確率であり，分子は同じく第 4 フェイズから第 6 フェイズの鎮火したものの確率である．したがって，(5.85) 式で与えられる値は，全火災データのうちフラッシュオーバー以後まで火災が進展したものの割合を意味することになる．以上のことからフラッシュオーバー以後にまで拡大する火災の

割合というものが，幼児，病人などの生命にとってより重要な意味を持つパラメータであることがわかる．

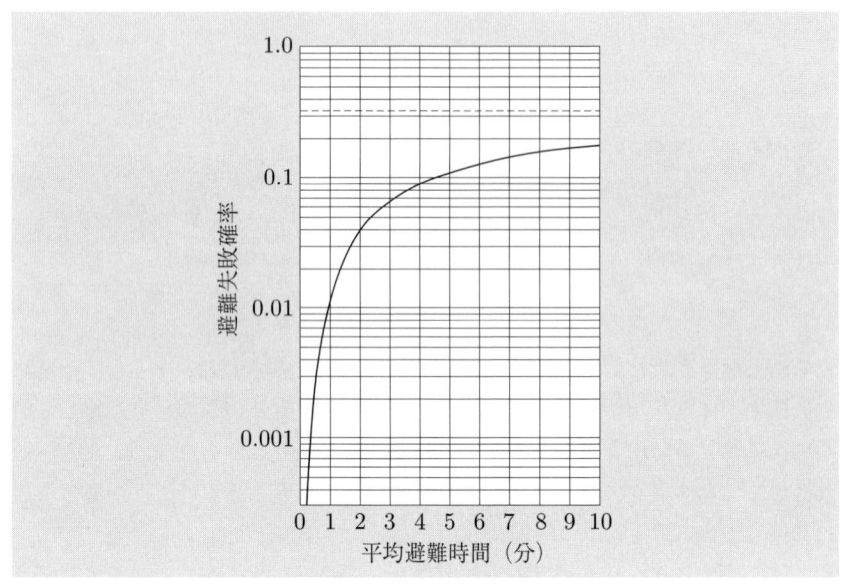

図 5.16 避難失敗確率

以上の考察のもとに，第4節で求められたパラメータ a_i を用いて実際に避難失敗確率を求めてみると図 5.16 のようになる．平均避難時間が2分未満については，平均避難時間の値によって急激に避難失敗確率は変化していく．そして平均避難時間が 10 分を超えると，その値はそれほど変化しないものとなってくる．平均避難時間が 10 分では避難失敗確率は 0.179 であり，約2割の人命の被害が考えられる．避難の平均的な時間は住宅などにおいては5分未満であると考えられるので，避難失敗確率は 1/10 以下であると考えてさしつかえないと思われる．物理的な観点から避難距離を可能平均歩行速度で除した値は，住宅の場合 1 分未満であり，事務所などにおいてもそれほど大きくならない．しかしながら，現実の火災においては，出火から避難までには覚知に要する時間のロス，あるいは消火活動にあたる時間などが加わり，平均避難時間を大きな値としている．さらにいったん避難したものの幼児や病人の救出のために再び火

災室へ入るというようなケースにおいては，避難時間は相当長くなることが予想され，避難失敗確率の計算にはこうした状況を考えあわせて，平均避難時間にして数秒から 10 分程度の範囲を想定しておかなければならないと思われる．

平均避難時間が小さい範囲では，その平均時間の増加とともに避難失敗確率は急激に増加している．

5.7.4 各構造タイプによる避難失敗確率の差

「5.6 各構造タイプによる火災拡大の差」で検討した各構造種別による結果を用いて避難失敗確率を構造別に求めることができる．図 5.17 は平均避難時間ごとの各構造種別避難失敗確率を図示したものである．木造，防火造，耐火造を比較してみると，木造，防火造，耐火造の順に避難失敗確率が小さくなっていくのがわかる．特に耐火造の場合，大きくその値が減少しているのがわかる．しかし，平均避難時間が 1 分前後の場合，構造の種別による違いよりも平均避

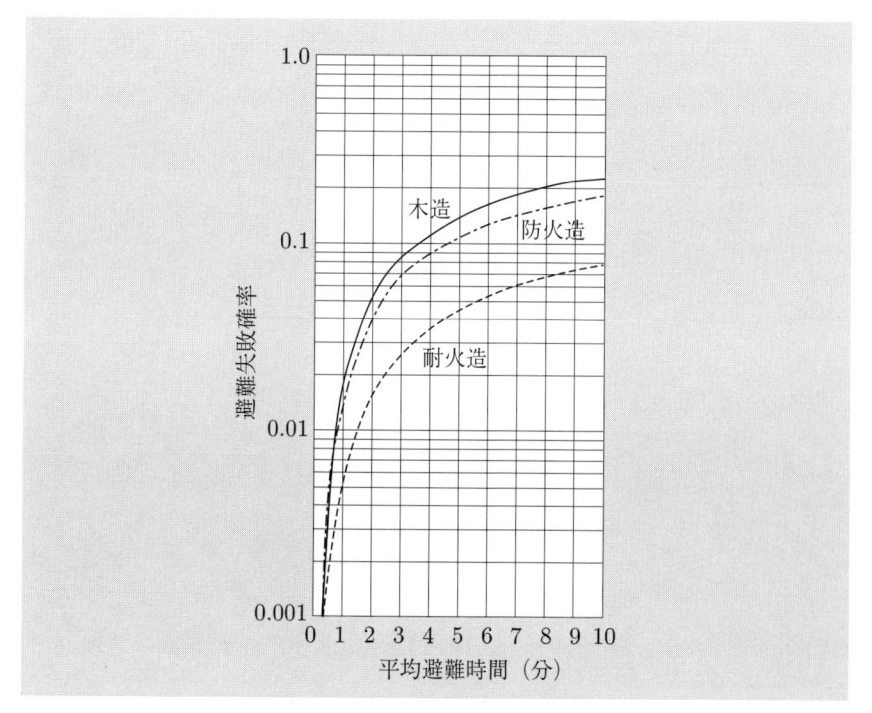

図 5.17 構造種別避難失敗確率

難時間の数十秒の差のほうがより効果的に避難失敗確率を増減させることがわかる．

　以上のことから，平均避難時間が小さい範囲では，避難の能力すなわち平均避難時間が大きく避難失敗確率に影響を与え，平均避難時間が5分を超えるような場合については，構造種別による差が大きく，避難失敗確率を左右するといえる．幼児，病人などの避難能力の著しく低い在館者が想定される建物，例えば病院，保育所などについては，以上のことから耐火造建物が望ましいということがいえよう．また，上記以外のような建物については，平均避難時間の短縮，例えば避難通路の短縮，覚知通報の短縮などによる方法が効果的といえよう．

第6章

類焼の確率モデル

前章では，1つの建物のなかで火災がどのように拡大していくかを，確率論的モデルとして定式化した．本章では，隣接する建物へ延焼する現象を確率論的視点から検討し，類焼確率関数の理論式を導出する．さらに，実火災の統計データを用いてパラメータ推定することを試みる．得られたモデルにより類焼防止に関する対策の効果について考察する．

6.1 類焼過程
6.2 類焼確率関数の数理的導出
6.3 最終類焼確率関数の計測例とその性質

6.1 類焼過程

一つひとつの建物の防火対策を講じることも必要だが，都市にあっては出火建物から隣接建物への類焼によって被害が増大していく可能性があるため，類焼防止も安全上重要な課題である．特に，地震時のように都市内に火災が多数発生した場合，すべての火災現場に消火活動が十分な消防体制をとることが困難となり，広い範囲に火災が拡大し，極めて大きな被害となる．

この類焼現象も確定論的枠組みでは把握しにくい．同一の隣棟距離，同一の建築形態でも類焼することもしないこともある．風向き，湿度など微妙な差で現象に差が現れる．すべての要因を完全に把握することは困難であり，確定できない要因が関与する現象として，類焼現象を確率論的モデルとして定式化する必要がある．

本章では，類焼に関するこれまでの知見を整理し，それらを前提として，類焼確率を表す関数形を理論的に導出することを試みる．さらに，実データを用いてモデルのパラメータを推定する．得られたモデルより，類焼防止効果について検討する．

類焼確率を検討するに先だち，既存研究での成果ならびに火災拡大に影響を与える諸量の取り扱いを明確にし，本研究の位置づけを明らかにしておく必要があるが，ここでは，その概略を確認するにとどめる．

市街地火災の現象については，

> (a) 比較的初期・小規模の市街地火災の段階
> (b) 連担する建物群が比較的広い面積で炎上する段階

に大きく二分してとらえておく必要がある[73]．前者の段階では，火災拡大要因が，主に火災建物より被類焼建物への ① 火炎の接触，② 輻射熱，さらに ③ 火の粉に依存しており，その影響のしかたも後の段階に比べ水平的，個別的であるといえる．これに比べ，後者の段階では，複数の炎上建物群からの高熱気流が上昇し，上昇気流よりの広範囲の熱輻射がみられる．さらに，進展した市街地火災においては，ときに火災気候と呼ばれるような周辺から火災地域への気流の変化など周囲の環境の変化もみられるといわれている．後者の現象につい

ては，多くの未知の部分を持っているといえる．しかし，ここでいう前段階の市街地火災の鎮火に失敗し後者のような段階に至ってしまっては，その鎮火は極めて困難であり，防災計画上は，前段階での鎮火を目標とする必要がある．

以上の点から，この比較的初期の市街地火災を『延焼』という一般概念と区別し，ここでは，『類焼』と呼ぶことにし，以下，類焼過程の確率論的検討を行う．

この類焼段階，すなわち，小規模の市街地火災を規定する建物から建物への火災拡大については，安全隣棟間隔を確保する目的から，等温線の考え方が用いられていることに注意したい．すなわち，図 6.1(a) のように，火元建物外壁面下端を原点として水平距離 d, 高さ h とするとき，

$$h = p \cdot d^2 \quad (p：正のパラメータ) \tag{6.1}$$

なる放物線上 (正確には放物面内) では，すなわち，同一のパラメータ p に対しては，図 6.1(b) で示すような温度曲線 $T(t,p)$ が 1 つ得られる．この温度曲線は，上記のパラメータ p を減少させていくと，図 6.1(b) のように定数率で下側にくる．すなわち，

$$T(t,p) = T_0(t) \times c_p \tag{6.2}$$

$$c_{p_1} > c_{p_2} \quad (p_1 > p_2) \tag{6.3}$$

となっている．これは，多くの実大火災実験により得られた成果であり，また，市街地火災の延焼速度式の導出においても利用され，等温面上では同時に類焼すると考えられている[73]．

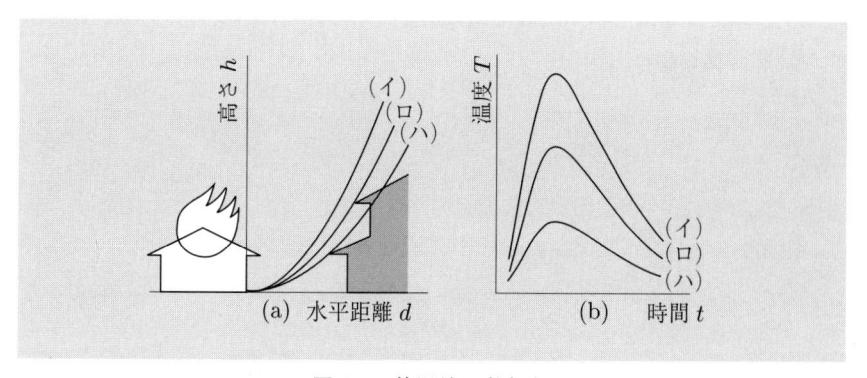

図 6.1 等温線の考え方

一方,建物から建物への火災拡大の確率 P(この確率については延焼確率と呼ばれることが多いが,先に述べた理由で本章においては類焼確率と呼ぶ.また,類焼確率を時間の関数としてとらえる場合と,時間を含まないでとらえる場合があるが,混乱の生じない場合はどちらも類焼確率と呼ぶ)については,素朴に

$$P = -a \cdot d + b \quad (a, b:パラメータ) \tag{6.4}$$

として水平距離の増大とともに類焼確率が一定の率 a で減少するとしたモデルが延焼シミュレーションに用いられたり,

$$P = \exp[-a \cdot d] \tag{6.5}$$

という指数関数型のものを想定し,パラメータを推定した研究[59]〜[63],[68]や,

$$P = 1 - \exp[-a \cdot f] \tag{6.6}$$

　　　(a:パラメータ, f:延焼力, d:水平距離, h:高さ)
とする研究や,この f の部分が,

$$f = h/d^2 \tag{6.7}$$

とする研究[58],[64]〜[67],[70]がある.また,これらをもとに類焼確率を時間 t の関数としてとらえた研究[58],[70]がある.

しかし,上述の類焼確率を与える関数型の妥当性については必ずしも明らかにされてはいない.

以下では,確率論的に類焼確率関数型を特定し,そのパラメータの計測方法について言及したい.

6.2 類焼確率関数の数理的導出

6.2.1 類焼に関する諸量の定義と仮定

本項では前節で述べられた経験法則を一般化するとともに，各概念を明瞭な形で定義することから始めたい．すなわち，類焼の現象についての経験的事実の集積・実験的研究の積み重ねが期待されている現状を考慮し，また，経験的事実と論理的帰結との混同をさけて議論し，新たな経験的事実の追加によっても，結論を容易に修正できるようにするため，類焼確率関数の導出にあたって仮定された経験的事実あるいは類焼確率関数が持つべきものとして経験などからの要請を『仮定』として明示することとしたい．

最初に，前節で述べた (6.1) 式の経験的事実から，類焼が建物間の隣接性に大きく依存していることに注目し，類焼確率をこの隣接性との関係でみていくことにする．まず，この隣接性を定義する．

定義 6.1 (隣接係数)

火元建物外壁面下端を原点として水平距離 d, 高さ h とするとき，この2つの量で次式のように確定し，隣接性を表す量を『隣接係数』と呼ぶ．

$$k = \Omega(d, h) \tag{6.8}$$

この定義においては，関数 $\Omega(d, h)$ の形状に言及していないことに注意されたい．この関数を決めることは，経験に基づく仮定であって，後の仮定 6.1 で示される．

さらに，この隣接性が類焼とどのようにかかわってくるかを明確に表現するためには，最も基本的な着火の可能性に関する用語の定義をしておく必要がある．

定義 6.2 (着火可能性)

微小時間 Δt の間に類焼側建物に着火する確率を Δt で除した値を着火可能性と呼ぶ．着火可能性は，時刻と隣接性によっても変化するので，これらの関数として $R(t, k)$ と表示する．

これら2つの定義のもとで，前節の経験法則は，以下の2つの仮定として表現できる．

> **仮定 6.1**
>
> 隣接係数は，次のように表すことができる．
> $$k = \Omega(d, h) = h/d^2 \tag{6.9}$$

> **仮定 6.2**
>
> 同一の隣接係数 k の場所での着火可能性は同一であり，次のように表現できる．
> $$R(t, k) = r(t) \times c(k) \tag{6.10}$$

仮定 6.1 および 6.2 で述べることは，前節の経験法則と完全に等価であるが，(6.1) 式の仮定については，今後の研究によってより精緻な経験法則が得られる可能性があるともいえる．例えば，図 6.1 に示した等温面の形状が放物線になっていないことが判明した場合については，仮定 6.1 の (6.9) 式の右辺を修正するだけでよいということになるように仮定を述べたのである．

仮定 6.2 の (6.10) 式は先に述べた (6.2) 式に相当するもので，経験法則をそのまま記述したものといってもよい．したがって，関数 $r(t)$ は炎上建物からの熱輻射の強さを記述したものと考えてよい．以下では，この $r(t)$ を『類焼力』と呼ぶことにする．一方，同式で導入されている関数 $c(t)$ は，隣接係数の値によってどれだけ着火可能性が生じるかという効果を表している関数であり，以下では『隣接効果関数』と呼ぶことにする．この隣接効果関数については，前節 (6.3) 式の考え方を踏襲して次の仮定としておく．

> **仮定 6.3**
>
> 隣接効果関数は，以下の性質を持つ．
> $$c(k_1) > c(k_2) \quad (k_1 > k_2) \tag{6.11}$$

さらに，前節の経験法則では，類焼力つまり隣接性以外の着火要因として温度曲線を考えていたが，着火可能性が温度曲線のみで決定されるかどうか，今後の研究で，異なる可能性が発見されることも考えられる．そこで，以下では，類焼力に関して以下の性質を持つことだけを仮定する．

6.2 類焼確率関数の数理的導出

仮定 6.4

類焼力は，以下の性質を持つ．

$$r(0) = 0 \tag{6.12}$$

$$r(t) \geq 0 \quad (ただし, r(t) \neq 0 \text{ なる } t \text{ が存在する}) \tag{6.13}$$

$$\int_0^\infty r(t)dt < Q \tag{6.14}$$

この仮定中の (6.12) 式は，時刻 0 すなわち炎上建物からの熱輻射が開始した瞬間では，類焼側建物の状況は雰囲気温度のままであると考えられ，類焼力は 0 としたものであり，(6.13) および (6.14) 式は，類焼力は正の量であること，常に 0 という全く類焼しないケースや，類焼力が無限大というような極端で無意味なケースを想定しないということを示している．

以上の準備のもとで，時間の関数としての類焼確率関数を定義しておく．

定義 6.3 (類焼確率関数)

時刻 t において被類焼建物が類焼している確率を『類焼確率』と呼ぶ．さらに，時刻 t と隣接係数の関数として表した類焼確率を『類焼確率関数』と呼び，以下のように記述する．

$$\phi = \phi(k, t) \quad (k \geq 0, \quad t \geq 0) \tag{6.15}$$

ここで，類焼確率関数を工学的判断の場で利用する際に必要と思われる数学的な仮定を導入しておきたい．

仮定 6.5

類焼確率関数 ϕ は，変数 k，および t に関して，連続で，かつ 2 階微分可能である．

上記の類焼確率関数は，時間と隣接係数の関数としてとらえた類焼確率であるが，(6.4)〜(6.6) 式のような最終的にどの程度類焼したかを隣接性との関係で表すことも必要なので，次の定義を与えておこう．

> **定義 6.4 (最終類焼確率関数)**
>
> 十分に時間が経過したときの類焼確率を『最終類焼確率』と呼び，隣接係数の関数として，次のように定義する．
>
> $$\Phi(k) = \lim_{t \to \infty} \phi(k, t) \tag{6.16}$$

また，次のように明らかに正しいと思われるものも仮定として整理しておくことにする．まず，被類焼側建物で火炎からの受熱などの類焼の可能性が発生した時点を，上記の時刻の原点と定義すれば，明らかに，この瞬間では類焼はしていないはずなので，以下のことがいえる．

> **仮定 6.6**
>
> $$\phi(k, 0) = 0 \tag{6.17}$$

炎上建物と被類焼建物との距離が十分とられ，炎上の可能性がなくなれば，つまり，隣接係数 k が 0 になれば，類焼確率も 0 であると考えられるので，

> **仮定 6.7**
>
> $$\phi(0, t) = 0 \tag{6.18}$$

である．

6.2.2 類焼確率関数の導出

以上の準備のもとで，時刻 t から微小時間 Δt 経過したときの類焼確率の変化を考えてみる．このとき，

[時刻 $t+\Delta t$ で類焼している確率]

= [時刻 t で類焼している確率]

+ [時刻 t から微小時間 Δt 経過する間に新たに類焼する確率]

なる関係にある．さらに，

[時刻 t から微小時間 Δt 経過する間に新たに類焼する確率]

= [時刻 t で類焼していない確率]

× [類焼していないものが微小時間 Δt に着火する確率]

6.2 類焼確率関数の数理的導出

という関係にある．上式の最後のものは，定義 6.2 によれば時刻 t での着火可能性 $R(t,k)$ と微小時間間隔 Δt の積に比例する．すなわち，上述の関係式は，これまでの記号を用いて表すと，以下のようになる．

$$\phi(k, t+\Delta t) = \phi(k,t) + \{1-\phi(k,t)\} \cdot a \cdot R(t,k) \cdot \Delta t \tag{6.19}$$

上式中の定係数 a は，着火可能性 $R(t,k)$ の単位スケールを調整することで省略してもよいこと，および仮定 6.2 の (6.10) 式によって，上式は以下のように表すことができる．

$$\phi(k, t+\Delta t) = \phi(k,t) + \{1-\phi(k,t)\} \cdot r(t) \cdot c(k) \cdot \Delta t$$

すなわち，

$$\{\phi(k, t+\Delta t) - \phi(k,t)\}/\Delta t = \{1-\phi(k,t)\} \cdot r(t) \cdot c(k) \tag{6.20}$$

ここで，仮定 6.5 の微分可能性の保証のもとでは，微小時間 Δt が 0 に近づく極限を考えることができるので，次の微分方程式を得ることができる．

$$\frac{\partial}{\partial t}\phi(k,t) = \{1-\phi(k,t)\} \cdot r(t) \cdot c(k) \tag{6.21}$$

ここで，以下の展開のために，類焼確率関数のかわりに類焼していない確率を表す非類焼確率関数 $\psi(k,t)$ を次のように定義しておく．

$$\psi(k,t) = 1 - \phi(k,t) \tag{6.22}$$

■ 例題 6.1

非類焼確率関数 $\psi(k,t)$ は，(6.21) 式を用いると，類焼力関数 $r(t)$ と隣接効果関数 $c(k)$ で表されることを示せ．

【解答】 (6.22) 式，つまり，

$$\phi(k,t) = 1 - \psi(k,t)$$

を (6.21) 式に代入すると，次のようになる．

$$\frac{\partial}{\partial t}\psi(k,t) \bigg/ \psi(k,t) = -r(t) \cdot c(k) \tag{6.23}$$

すなわち，

$$\frac{\partial}{\partial t}\log\psi(k,t) = -r(t)\cdot c(k) \tag{6.24}$$

さらに，上式を積分することで，最終的に求める次式を得る．

$$\log\psi(k,t) = -c(k)\int_0^t r(t)dt + C \quad (C：定数) \tag{6.25}$$ ■

上式で時刻 0 の場合を想定すると，仮定 6.6 の (6.17) 式から，類焼確率が 0，すなわち非類焼確率が 1 であり，このことから上式左辺が 0 となり，右辺の積分範囲も 0 から 0 となり積分値も 0 であるので，定数項 C は 0 であることがわかる．すなわち上式は，

$$\psi(k,t) = \exp\left[-c(k)\int_0^t r(t)dt\right] \tag{6.26}$$

となる．すなわち，以下の結果を得る．

命題 6.1

（仮定 6.2, 6.5 および 6.6 のもとで）類焼確率関数 $\phi(k,t)$ は次の関数型をしている．

$$\phi(k,t) = 1 - \exp\left[-c(k)\int_0^t r(t)dt\right] \tag{6.27}$$

さらに，隣接係数が放物面上で等しいとする仮定 6.1 のもとでは，以下の結果も成立する．

命題 6.2

（仮定 6.1, 6.2, 6.5 および 6.6 のもとで）類焼確率関数 $\phi(d,h,t)$ は，次の関数型をしている．

$$\phi(d,h,t) = 1 - \exp\left[-c(h/d^2)\int_0^t r(t)dt\right] \tag{6.28}$$

以上までに検討した類焼確率は時刻 t の時点での類焼されている確率であった．以下では，最終的な，すなわち，時刻が十分経過した場合の類焼確率を，隣接係数のみの関数として求める．

まず，仮定 6.4 の (6.13) 式の類焼力を表す関数 $r(t)$ の非負性の条件より，(6.27) 式中の積分項は，時間に関して非減少であることに注意し，さらに，仮

定 6.4 の (6.14) 式により上に有界であるという条件から，この積分項はある値に収束する．すなわち，

$$Q_* = \lim_{t \to \infty} \int_0^t r(t)dt \qquad (6.29)$$

となる．したがって，次の極限値が得られる．

$$\lim_{t \to \infty} \phi(k,t) = 1 - \exp[-c(k) \cdot Q_*] \qquad (6.30)$$

すなわち，定義 6.4 の最終類焼確率関数に関して以下の命題が成立する．

---**命題 6.3**---

（仮定 6.2, 6.4〜6.6 のもとで）最終類焼確率関数 $\Phi(k)$ は，次のようになる．

$$\Phi(k) = 1 - \exp[-c(k) \cdot Q_*] \qquad (6.31)$$

さらに，仮定 6.1 のもとで，以下の結果を得る．

---**命題 6.4**---

（仮定 6.1, 6.2, 6.4〜6.6 のもとで）最終類焼確率関数 $\Phi(d,h)$ は，次のようになる．

$$\Phi(d,h) = 1 - \exp[-c(h/d^2) \cdot Q_*] \qquad (6.32)$$

6.2.3 隣接効果関数の性質と既往の類焼確率関数

上記の命題 6.1〜6.4 のように類焼確率関数を導出したが，この段階では，未知な関数である隣接効果関数 $c(k)$ を含んでおり，その性質も未知である．以下では，この隣接効果関数の性質を特定することを試みる．

まず，隣接係数 $k=0$ のときを想定し，(6.27) 式に代入し，仮定 6.7 の (6.18) 式を考慮すれば，

$$\exp\left[-c(0)\int_0^t r(t)dt\right] = 1 \qquad (6.33)$$

が，任意の時刻 t で成立している．一方，仮定 6.4 の (6.13) 式より，上式積分項は常に正であるので，

$$c(0) = 0 \qquad (6.34)$$

が得られる．

次に，仮定 6.5 より関数 $c(k)$ も微分可能であり，仮定 6.3 の (6.11) 式は，次のように表すこともできる．

$$\frac{\partial}{\partial k}c(k) > 0 \tag{6.35}$$

さらに，(6.34) 式を考慮すれば，

$$c(k) > 0 \quad (k \neq 0) \tag{6.36}$$

が得られる．

以上の結果をまとめると次のようになる．

命題 6.5

（仮定 6.2〜6.7 のもとで）隣接効果関数 $c(k)$ は，原点を通る単調増加関数である．

この命題を満足する関数 $c(k)$ の型は無限に存在するが，最も単純なものとしては，$c(k) = k$ である．実は，以下に示すように，この最も単純な関数型を仮定すると，前節で紹介した (6.6)，(6.7) 式の形をした最終類焼確率関数が導出できる．すなわち，

仮定 6.8

隣接効果関数 $c(k)$ は以下の関数である．

$$c(k) = a \cdot k \quad (\text{ただし，}a \text{ はパラメータ}) \tag{6.37}$$

とするとき，命題 6.4 に (6.37) 式を代入することで以下の結果を得る．

命題 6.6

（仮定 6.1〜6.8 のもとで）最終類焼確率関数 $\Phi(d, h)$ は，次のようになる．

$$\Phi(d, h) = 1 - \exp[-(ah/d^2) \cdot Q_*] \tag{6.38}$$

以上の類焼確率関数の導出にあたって，経験的事実に対して慎重に吟味しながら，経験法則を仮定 6.1〜仮定 6.7 として明文化しながら進めてきたが，仮定 6.8 については，その仮定の妥当性を支える経験的事実は定かではない．すなわち，仮定 6.8 は，「可能ななかで，最も単純である」という便宜的な要請に答えるだけの意味しか有していないことに注意すべきである．

6.3 最終類焼確率関数の計測例とその性質

6.3.1 最終類焼確率関数の計測例

前節の命題 6.6 に基づき，実際の火災事例より統計的に最終類焼確率関数の未知パラメータを推定し，具体的に最終類焼確率関数を決定することを試みる．すなわち，命題 6.6 の (6.38) 式は，未知パラメータ a および Q_* を有しているが，これらをまとめることで，

$$\Phi(d,h) = 1 - \exp\left[-c\frac{h}{d^2}\right] \tag{6.39}$$

となり，求めるべきパラメータは c のみとなる．

使用したデータ（消防研究所・神忠久氏（当時）の好意により利用できたものである）は，東京都 23 区および東京消防庁受託地域を対象とする 1971 年 12 月より 1972 年 2 月までの，風速 7 m 以下の状況で発生した合計 1443 件の火災事例であり，これを火元建物および被類焼建物の構造種別ごとに分類し，パラメータ c を推定[64],[67],[72]した．

推定結果を表 6.1 に，得られた最終類焼確率関数の代表的なものの形状を，高さ $h = 3$ m の場合について，水平距離との関係を，図 6.2 に示す．これらの結果によって，耐火造，防火造，木造の持つ類焼防止性能が計量的に示されたといえる．

表 6.1 構造種別パラメータ推定結果

火元建物	被類焼建物		
	木造	防火造	耐火造
木造	2.016	1.124	0.034
防火造	1.470	0.903	0.053
耐火造	0.527	0.029	0.020

6.3.2 水平距離による類焼防止効果

平屋建物の軒先部への類焼が多いと想定した場合，すなわち高さ $h = 3$ m 付近へ類焼するとした場合は，類焼確率は図 6.2 のようになっているが，この図からわかるように，耐火造から耐火造への類焼の場合，約 1 m の隣棟距離をと

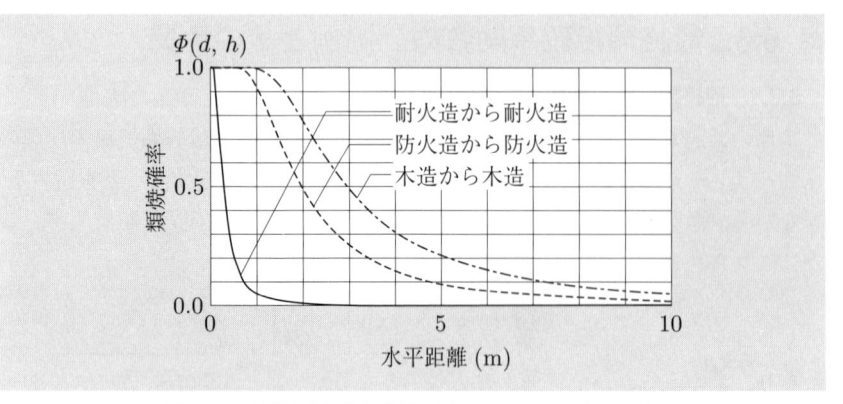

図 6.2 最終類焼確率曲線（高さ $h = 3\,\mathrm{m}$ として）

れば類焼確率は大幅に減少できることがわかる．木造から木造への類焼の場合でも，2～4 m の範囲にあるときは，隣棟距離を少し増加させるだけでも，類焼確率は大きく減少することがわかる．

上述の水平隣棟距離の増加による類焼確率減少の効果を，より明確に把握するため，次の量を定義しておくことにする．

$$\Theta(d,h) = -\frac{\partial}{\partial d}\Phi(d,h) = \frac{2ch}{d^3}\exp\left[-c\frac{h}{d^2}\right] \tag{6.40}$$

この量 $\Theta(d,h)$ は，水平隣棟距離の増加による類焼確率の減少量を表したもので，図示すると図 6.3 のようになる．この値が大きい範囲では，特に水平隣棟距離の増加が効果的な類焼防止手段となり得ることを意味しており，木造建物間の類焼においては 2 m 程度の隣棟距離になっている場合は，隣棟距離のほんのわずかな確保が，極めて効果的であることが示されている．

6.3.3 類焼確率と安全性の目安

ここで得られた（最終）類焼確率関数と既往の防火計画上の目安との関係を，比較しておくことにする．

最初に述べた既往研究による安全隣棟間隔では，木造から木造の場合，$p = 0.04$ となる場合よりも近い場合は確実に類焼するとして，これを安全の 1 つの目安にしている．この値を，すなわち $h/d^2 = 0.04$ として，表 6.1 の木造から木造の場合の推定パラメータとともに (6.39) 式に代入すると，そのときの類焼確率は，

6.3 最終類焼確率関数の計測例とその性質

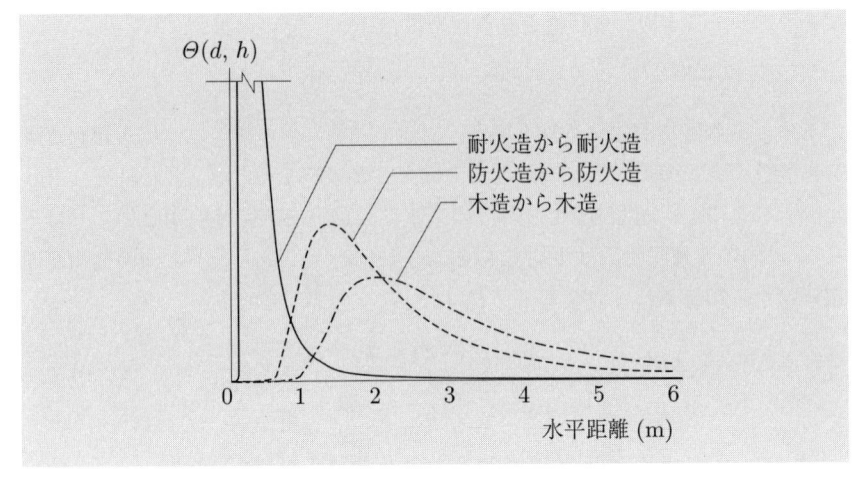

図 6.3 隣棟距離による類焼確率減少曲線

$$\Phi_* = 0.0775$$

となる．すなわち，既存の安全の目安は，類焼確率を約 8% としていたということができる．この値そのものは通常の安全性の判断に用いられる値よりもかなり大きな値となってはいるが，火元建物がすでに類焼可能な状態となっているという想定での確率であって，どの建物も類焼される確率が 8% というわけではないことに注意すべきである．このことをより現実的に理解するために，以下では，ある建物が類焼する確率のおおまかな値を求めておくことにしたい．

上記の類焼確率を推定した時点での出火率（人口 1 万人当たり，1 年間の出火件数）は約 6.8 であり，1 つの建物当たりの人口を 4 人と仮定すると，1 つの建物の出火率は，

$$P \cong 4 \times \frac{6.8}{10000} = 2.72 \times 10^{-3} \cong 1/368$$

である．つまり，約 370 年に 1 回の割合である．

さらに，出火した建物火災が類焼可能となる目安を，フラッシュ・オーバー以降にまで進展した火災と想定すると，既往の研究[51],[58]によれば，この段階までに至る確率は 0.4010 である．1 つの建物が類焼可能な状態にまで火災進展する確率は，

$$P_0 \cong 0.4010 \times 2.72 \times 10^{-3} = 1.09 \times 10^{-3}$$

であり，1つの建物から類焼される確率は，

$$P_1 \cong P_0 \times \Phi_* = 8.40 \times 10^{-5}$$

である．ある建物が類焼される場合，周辺の建物からの類焼は，周辺建物ごとに可能性があるので，仮に周辺建物の数を8と仮定すると（文献[58]でなされた調査によると，昭和51年8月での東京都江東区内調査対象492棟における10m以内の隣棟建物数は平均6.4棟（最大13棟）であった）1つの建物が周辺建物から類焼されない確率 $1 - P_*$ は，

$$1 - P_* = (1 - P_1)^8$$

となる．したがって，1つの建物が類焼される確率は，

$$P_* = 1 - (1 - P_1)^8 \cong 8P_1 \cong 6.72 \times 10^{-4} \cong 1/1488$$

となる．すなわち，安全隣棟間隔の規定は，約1500年に1回の割で類焼されることを想定した安全規準であったと確率論的に評価することができる．このような評価によって，総合的にみた安全性の計画が可能となる[74]．

第7章

地震時出火の確率モデル

　前章まで，1つの建物のなかでの火災拡大と建物から建物への類焼拡大について確率論的な解析を試みた．それら現象のスタートとなるのは出火現象である．出火のなかでも地震時の場合は消防活動に制限があり同時多発となるため被害は大きい．そこで，本章では，地震時出火を確率論的に考察する．これまで経験的に得られた出火率に関する関係式の確率論的根拠が明らかにされる．

7.1	地震時出火の経験法則
7.2	現象の確率論的定式化
7.3	倒壊率–出火率関係式の導出
7.4	河角式の導出
7.5	各出火率–倒壊率関係式の特徴

7.1 地震時出火の経験法則

前章まで，1つの建物のなかでの火災拡大と建物から建物への類焼拡大について確率論的な解析を試みた．それら現象のスタートとなるのは出火現象である．市街地火災における出火点数，出火位置の推定は，被害予測や防災対策立案上，極めて重要である．平常時での出火については，火災統計などで検討されてきており，また，地震時出火においては，これまで，倒壊棟数と出火件数のそれぞれの割合（倒壊率，出火率）の対数が直線の関係となるという河角による次の経験法則（以下，河角式と呼ぶ）が知られている[83]．

$$\ln \phi = a \ln \theta + b \quad (\phi：出火率，\quad \theta：倒壊率，\quad a,b：パラメータ) \quad (7.1)$$

特に，地震時の倒壊棟数と出火件数の関係については，水野・堀内が，関東大震災から1974年伊豆半島沖地震までの13の地震に関して住家被害と出火件数についての広範囲なデータを整理し，これを用いて，河角式に季節・時刻を考慮した関係式を推定し，これを基礎に地震時出火件数の予測法を提案している[75],[76]．また，小林は，関東地震における区部のデータを用いて，各モデルの適合度を調べ，薬品火災を除いた出火率を全壊率の対数で説明するモデルが相関係数でみた適合性が一番よいことを確認している[79],[80]．これら並々ならぬ労力を要した水野・堀内および小林の研究成果の一部にみられる差異と共通点については，両者の討論[81]によっても明らかにされているところであり，そこで議論となった問題の一部は，水野も指摘したように，建設省の総合研究プロジェクトで取り組まれ，実用性の観点から一定の成果[84]となって発展している．また，薬品火災の出火件数にみられるそのほかの出火との違いという観点，物理的な出火機構のみならず消火にあたる人間の行動を取り入れるべきだという小林の展望は，完全には解決されていないものの熊谷ら[78]によって建物用途の違いという視点として取り入れられ，建物用途別出火件数の推定という方法へと発展してきている．

これらの優れた研究成果を概観するとき，緊急性の高い，かつ安全にかかわる重要な課題であったこともあって，実用的な視点からデータとの適合性が重視されてきたといえる．このこと自体については，これらの問題の性質上極めて健全な研究アプローチであることに論を待たない．しかし，同じ理由で，推

7.1 地震時出火の経験法則

定されたモデルがなぜ適合性がよいのか，それらのモデルが意味する出火現象の特質は何かといった問を発することにやや希薄であったことは，考えてみるべき余地があるように思える．

通常，複雑な現象から一定の法則を発見し，それを利用して役立てることは，工学における標準的な手続きとも考えられるが，一方，その法則が現象のいかなる性質に依存しているのかを解明することも，応用に際して，どのような状況下でその法則が適用可能かを知るという意味で極めて重要な研究課題であるといえる．その性質の解明を怠っては，不適切な場合に誤って利用される可能性すらある．このような観点に立つとき，出火率に関するモデルが，なぜ成立し，どのような状況で適用可能であり，どのような状況で適用すべきでないかという問題は解明すべき課題として浮かびあがってくる．

本章では，上記の観点から，地震時の出火過程と建物被害の過程を確率論的に考察することで，既存の出火率のモデルが，どのような根拠で成立し得るのかを解明したい．

7.2 現象の確率論的定式化

まず，構造物の信頼性解析で用いられてきた基礎的な定式化を踏襲し，地震時出火の問題を定式化することを試みる．

最初に，ある地域に地震が発生した場合の現象を考察する．地震が発生したとしても，その規模が小さければ被害がなく，規模が大きくなったときに被害は顕著になるという事実と，ある規模の地震に襲われても，頑強な建物であれば被害がなく，弱い建物であれば被害がでるという事実に注目する．つまり，地震による建物への影響（以下では，地震外力または単に外力と呼ぶことにしたい）S と建物の強さ（以下では，耐力と呼ぶことにする）R の大小関係で被害がでるかでないかが決まるといえる．すなわち，

> $S > R$ ならば被害が発生し，
> $S \leq R$ ならば被害は発生しない

と考えてよい．このような構造工学の考え方を地域レベルでとらえるため，ここでいう地域を「外力 S という物理量が，地域内では同一とみなせる小地域」と考えておく．すなわち，この地域内では，どの建物に加わる外力 S も同じであり，非確率量であるとして扱う．

以上の構造工学的な定式化を，倒壊，出火という現象に結びつけて確率論的に検討するため，上述の被害がでるかでないかを決定づけた耐力という概念を，より明確に，個々の建物の「耐力」という物理量として以下のように定義しておく．

定義 7.1 (耐力 R)

ある建物に外力 S が加わり，$S > R$ ならばこの建物は倒壊し，$S \leq R$ ならば倒壊しないとき，R の値をこの建物の（倒壊）耐力と呼ぶ．

この考え方は，力や振動などの外力を受けた場合，その強度 S が建物耐力 R を超えるときに建物が倒壊するとしたもので，構造物の挙動を極めて単純化した考え方であるといえる．また，対象地域内の建物が同一の耐力を持つとは考えにくく，むしろバラツキがあると考えてよい．すなわち，耐力 R は，確率的に

変動する量で，その確率密度関数 $f(x)$ を用いると，耐力 R が x と $x+dx$ の間になる割合は，以下のように表すことができる．

$$\text{Prob}[x \leq R < x+dx] = f(x)dx \tag{7.2}$$

このことから，外力 S における倒壊の確率 θ (以下，倒壊率と呼ぶ) は，以下の式で与えられる．

$$\theta = \text{Prob}[S > R] = \int_{-\infty}^{S} f(x)dx \tag{7.3}$$

出火現象についても，同様に以下の定義をしておく．

定義 7.2 (出火耐力 R_f)

ある建物に外力 S が加わり，$S > R_f$ ならばこの建物は出火し，$S \leq R_f$ ならば出火しないとき，R_f の値をこの建物の出火耐力と呼ぶ．

先の耐力と同様に建物ごとに出火耐力も異なる量であり，確率変量であると考え，その確率密度関数 $g(x)$ を用いることにより，出火の確率 ϕ (以下，出火率と呼ぶ) は以下の式で得られる．

$$\phi = \text{Prob}[S > R_f] = \int_{-\infty}^{S} g(x)dx \tag{7.4}$$

上記の (7.3) および (7.4) 式を用いて，変量 S を消去し，θ と ϕ に関する関係式を導出することができれば，それは，確率論的に得られた倒壊率–出火率関係式といえる．以下では，確率密度関数 $f(x)$, $g(x)$ について，工学的に考え得る形状を仮定し，この倒壊率–出火率関係式を導出することを試みる．

7.3 倒壊率–出火率関係式の導出

耐力 R および出火耐力 R_f の確率密度関数を実際に計測し確定することは極めて困難である．そこで，以下では，種々の工学的判断から蓋然性の高いと思われる確率密度関数型を想定し，倒壊率–出火率関係式を導くことを最初に行っておく．

個々の建物の耐力 R は，その梁や柱などの多数の部材とその接合点の力学的性質によって決まってくる．しかし，倒壊，出火の現象を考えてみると，ある柱が破壊すれば，たとえ小屋組が破壊しなくとも建物は倒壊するという場合がある．また，数個の火源のうち，ただ1つだけからほかのものに燃え移ることでも出火・炎上につながる．このように，系の1つの要素が壊れることで，全体が機能しなくなるような系の持つ特徴を，われわれの議論している耐力 R，出火耐力 R_f も有していると考えることができる．

このような系の場合には，各構成要素がランダムに変動するとき，これらの変量から決まる量（この場合，耐力 R および出火耐力 R_f）の確率分布は，極小値分布になることが知られている．さらに，分布型についても，検討されており，ガンベルの極値分布 I(min) 型および II(min) 型が理論的に導出されている[85]．ちなみに，ガンベルの極値分布 I(min) 型の累積確率分布関数は，

$$F(S) = \text{Prob}[x \leq S] = \int_{-\infty}^{S} f(x)dx$$
$$= 1 - \exp[-\exp[\alpha(S-u)]] \quad (\alpha, u : パラメータ) \quad (7.5)$$

となる．また，ガンベルの極値分布 II(min) 型の累積確率分布関数は，

$$F(S) = 1 - \exp[-\beta S^k] \quad (7.6)$$

となる．この確率分布は，工学においては破壊現象の解析に頻繁に用いられるワイブル分布としても知られているものである．以上の点から，本章では，耐力 R，出火耐力 R_f の確率分布は，次のように極小値分布になると仮定しておく．

極小値分布仮定

各建物の耐力 R および出火耐力 R_f の確率分布は，極小値分布に従う．

7.3 倒壊率–出火率関係式の導出

最初に，確率分布が (7.5) 式の極値分布 I(min) 型となる場合について，倒壊率 θ，出火率 ϕ の関係を分析しておくことにする．このとき，

$$\theta = \int_{-\infty}^{S} f(x)dx = 1 - \exp[-\exp[\alpha(S-u)]] \quad (\alpha, u: パラメータ) \tag{7.7}$$

$$\phi = \int_{-\infty}^{S} g(x)dx = 1 - \exp[-\exp[\alpha_f(S-u_f)]] \quad (\alpha_f, u_f: パラメータ) \tag{7.8}$$

と表すことができる．

この 2 つの式から，変数 S を消去することで，以下の式が得られる．

$$\frac{\ln[-\ln(1-\theta)]}{\alpha} - \frac{\ln[-\ln(1-\phi)]}{\alpha_f} = u_f - u \tag{7.9}$$

この方程式が，耐力，出火耐力の確率分布を極値分布 I(min) 型と仮定した場合の倒壊率 θ と出火率 ϕ の関係式ということになる．

次に，極値分布 II(min) 型の場合について，倒壊率，出火率の関係を調べる．倒壊率 θ，出火率 ϕ を次のように表すことができる．

$$\theta = \int_{-\infty}^{S} f(x)dx = 1 - \exp[-\beta S^k] \quad (\beta, k: パラメータ) \tag{7.10}$$

$$\phi = \int_{-\infty}^{S} g(x)dx = 1 - \exp[-\beta_f S^{k_f}] \quad (\beta_f, k_f: パラメータ) \tag{7.11}$$

この 2 つの式から，変数 S を消去することで，以下の式が得られる．

$$\frac{\ln[-\ln(1-\theta)]}{k} - \frac{\ln[-\ln(1-\phi)]}{k_f} = \frac{\ln \beta}{k} - \frac{\ln \beta_f}{k_f} \tag{7.12}$$

この方程式が，耐力，出火耐力の確率分布を極値分布 II(min) 型と仮定した場合の倒壊率 θ と出火率 ϕ の関係式である．(7.9) および (7.12) 式は，いずれの場合にも，$\ln[-\ln(1-\theta)]$ と $\ln[-\ln(1-\phi)]$ が線形の関係になっており，パラメータを書きあらためることで，どちらも，次のように表すことができる．

$$\ln[-\ln(1-\phi)] = A \cdot \ln[-\ln(1-\theta)] + B \quad (A, B: パラメータ) \tag{7.13}$$

したがって，次の理論的結果を得たことになる．

極小値分布モデル

建物の耐力 R および出火耐力 R_f の確率分布が，極小値分布に従うならば，出火率–倒壊率関係式は，(7.13) 式の形をしている．

7.4 河角式の導出

前節で求められた出火率–倒壊率関係式は，数式上は複雑な形状であるが，出火率，倒壊率を対数で表したグラフ上では，右上がりの (7.1) 式の河角式とほぼ同じ形となる．この傾向を，より明確に把握するため，(7.13) 式の性質を議論し，河角式との関係を調べておきたい．

まず，変数 x が極めて小さい場合には，

$$\ln(1-x) = -x \tag{7.14}$$

と近似できる（第 2 部の問題 4 参照）ことに注意すると，出火率，倒壊率ともに小さい場合，すなわち，

$$\phi \ll 1, \quad \theta \ll 1 \tag{7.15}$$

の場合 (7.14) 式より，

$$\ln(1-\phi) = -\phi \tag{7.16}$$

$$\ln(1-\theta) = -\theta \tag{7.17}$$

となる．この関係式を，(7.13) 式に代入することで，

$$\ln \phi = A \ln \theta + B \tag{7.18}$$

なる関係式を得ることができる．この関係式は，(7.1) 式で示した河角式にほかならない．

以上の議論をまとめると以下のようになる．

極小値分布モデルの近似式

建物の耐力 R および出火耐力 R_f の確率分布が，極小値分布に従うとき，出火率，倒壊率が小さい値の範囲では，(7.1) 式で示した河角式が成立する．

7.5 各出火率−倒壊率関係式の特徴

7.5.1 ほかの分布型のもとでの出火率−倒壊率関係式

上述の出火率−倒壊率関係式の導出にあたって，倒壊，出火の現象は，その建物としての系の1箇所で破壊や出火が起きれば，建物は倒壊，出火するという性質があるとして，極小値確率分布を仮定して分析した．これ以外の可能性は，極めて少ないと考えられるものの完全にないわけではない．そこで，この項では，若干の可能性があるとみられる確率分布を仮定した場合の出火率−倒壊率関係式を導出しておきたい．

最初に，上述の極小値分布の仮定と正反対の考え方である極大値分布を仮定した場合について検討する．この仮定では，構成要素のすべてが破壊されたときに全体の倒壊が起こるという考え方をとる．この仮定のもとでは，確率分布はガンベルの極値分布 I(max) 型と同 II(max) 型となることが知られている．

■ 例題 7.1

ガンベルの極値分布 I(max) 型のとき，倒壊率，出火率はそれぞれ

$$\theta = \exp[-\exp[\delta(S-v)]] \quad (\delta, v：パラメータ)$$

$$\phi = \exp[-\exp[\delta_f(S-v_f)]] \quad (\delta_f, v_f：パラメータ)$$

で与えられる．このときの出火率−倒壊率関係式を導け．

【解答】 上記の2式から変数 S を消去することで，

$$\ln[-\ln\theta]/\delta - \ln[-\ln\phi]/\delta_f = v - v_f$$

となる．この式は次のように表すこともできる．

$$\ln[-\ln\phi] = A \cdot \ln[-\ln\theta] + B \quad (A, B：パラメータ) \tag{7.19}$$ ■

同様に，ガンベルの極値分布 II(max) 型のときの出火率−倒壊率関係式を求めてみると，(7.19) 式となる（第2部の問題5参照）．これらの結果から次のことが成り立つ．

> **極大値分布モデル**
>
> 建物の耐力 R および出火耐力 R_f の確率分布が,極大値分布に従うならば,出火率–倒壊率関係式は,(7.19) 式の形となる.

次に,極大値分布,極小値分布の中間的な性質の場合について検討しておこう.多数の構成要素のどれか1つの現象で決まるのではなく,各構成要素の関数として全体の現象が決定されるという場合を考える.この場合,個々の要素がランダムに変動したとき,関数値は正規分布に従うことが経験的にも多いことが知られている.特に,関数型が個々の要素(ランダム変数)の和として表現できる場合については,数学的にも,中心極限定理として,ランダム変量の和は,正規分布に従うことが知られている.

> **■ 例題 7.2**
>
> 建物の耐力 R および出火耐力 R_f の確率分布が,それぞれ平均 $\overline{R}, \overline{R}_\mathrm{f}$,標準偏差 $\sigma, \sigma_\mathrm{f}$ の正規分布をなす確率変量となる場合について,出火率–倒壊率関係式を求めよ.

【解答】 与えられた条件のもとで,倒壊率,出火率は以下のようになる.

$$\theta = \int_{-\infty}^{S} \frac{1}{\sqrt{2\pi}\sigma} \exp\left[-\frac{(x-\overline{R})^2}{2\sigma^2}\right] dx$$

$$\phi = \int_{-\infty}^{S} \frac{1}{\sqrt{2\pi}\sigma_\mathrm{f}} \exp\left[-\frac{(x-\overline{R}_\mathrm{f})^2}{2\sigma_\mathrm{f}^2}\right] dx$$

ここで標準正規分布の累積分布関数

$$\Phi(x) = \int_{-\infty}^{x} \frac{1}{\sqrt{2\pi}} \exp\left[-\frac{x^2}{2}\right] dx$$

を用いると,上の2式は次のように表現できる.

$$\theta = \Phi\left(\frac{\overline{R}-S}{\sigma}\right)$$

$$\phi = \Phi\left(\frac{\overline{R}_\mathrm{f}-S}{\sigma_\mathrm{f}}\right)$$

ここで,関数 Φ の逆関数 Φ^{-1} を用いると,上の2式より変数 S を消去して,次の式が得られる.

$$\sigma \Phi^{-1}(\theta) - \sigma_\mathrm{f} \Phi^{-1}(\phi) = \overline{R} - \overline{R}_\mathrm{f}$$

すなわち，適当なパラメータ A, B を用いて以下の出火率–倒壊率関係式を得る．

$$\Phi^{-1}(\phi) = A \cdot \Phi^{-1}(\theta) + B$$

■

例題の結果を整理することで以下を得る．

正規分布モデル

建物の耐力 R および出火耐力 R_f の確率分布が，正規分布に従うならば，出火率–倒壊率関係式は，以下の形となる．

$$\Phi^{-1}(\phi) = A \cdot \Phi^{-1}(\theta) + B \tag{7.20}$$

ただし，A, B はパラメータ，Φ^{-1} は標準正規分布累積関数 Φ の逆関数．

以上の 2 つの出火率–倒壊率関係式は，すでに求めたものに比べ，導出の前提となった仮定の成立の可能性が低いといわざるを得ないものの，全くあり得ないと断言することも，この段階ではできないものといえる．

7.5.2 各モデルの理論的特徴

本章で，確率論的に導出した極小値モデルによる出火率–倒壊率関係式 ((7.13) 式)，さらに，その近似式にもなっている河角式 ((7.1) 式，(7.18) 式)，前提の根拠がやや不確かな極大値モデル，正規分布モデルから得られた関係式 ((7.19) 式と (7.20) 式)，さらに，関東地震区部のデータに適合性が高いと小林によって報告されている，

$$\phi = A \cdot \theta + B \tag{7.21}$$

と，

$$\phi = A \cdot \ln \theta + B \tag{7.22}$$

の 2 つの関係式（文献[79] の (1) および (2) 式であり，小林による回帰分析ではパラメータの推定値はすべて正である）について，その性質を吟味しておきたい．

最初に，倒壊率 θ の変化に対する出火率 ϕ の変化について検討しておく．常識的には，倒壊率が高くなれば，出火率も増大すると考えられる．簡単な考察より，上述のすべてのモデルにおいて，パラメータ A の値が正であれば，0 から 1 の範囲にある倒壊率 θ について常にこのことが成立している．したがって，

すべてのモデルにおいて，

$$A > 0 \tag{7.23}$$

が成立することが必要であるといえる．河角式においては，河角，堀内・水野によって，このパラメータ A が正であることが立証されており，さらに小林によって推定された (7.21) および (7.22) 式についても，パラメータ A は正になっている．

次に，倒壊率 θ が非常に小さい場合での上記の各式の振る舞いについて検討しておく．すなわち，倒壊率 θ が 0 に近づく場合の出火率 ϕ の値の変化を調べる．

上記のパラメータ A が正であるという性質を前提とすると，簡単な考察から，以下のことがわかる．

極小値モデル，河角式，極大値モデル，正規分布モデルの場合，倒壊率 θ が 0 に近づくに従って出火率 ϕ も 0 に近づく．しかし，(7.21) 式の場合には，出火率 ϕ は B に近づく．すなわち，出火率 ϕ は B の値よりも小さくなることはない．小林の推定結果によると，B は 0.0163% という値であり，ある限定されたデータの範囲では，このような下限を持ち得るにしても，一般的に，出火率がこのような下限を有しているか否かは，検討の余地がある．すなわち，(7.21) 式の利用に当たっては，下限値存在の妥当性を示す必要と，下限値を下回らないという制約を満足していることを確認する必要がある．また，(7.22) 式の場合については，倒壊率 θ が 0 に近づくに従って出火率 ϕ は $-\infty$ に近づく．このことは，ある倒壊率 θ_0 以下の倒壊率においては，出火率は負の値となることを意味する．すなわち，(7.22) 式においては，ある一定値 θ_0 以上の倒壊率においてしか適用可能でない．

次に，倒壊率 θ が非常に大きく 1 に近い場合についての出火率の振る舞いについて検討する．

このときも，同様にして，パラメータ A が正であるという前提で，簡単な計算によって，次のことがわかる．

極小値モデル，極大値モデル，正規分布モデルの場合，倒壊率 θ が 1 に近づくに従って出火率 ϕ も 1 に近づく．しかし，河角式，(7.21) および (7.22) 式においては，それぞれ，$e^B, A+B, B$ に近づく．すべての建物が倒壊するような

7.5 各出火率–倒壊率関係式の特徴

表 7.1 各出火率–倒壊率関係式の性質

モデル	根拠	関係式の性質と適用範囲
極小値分布モデル $\ln[-\ln(1-\phi)]$ $= A\ln[-\ln(1-\theta)] + B$	極小値分布を仮定, 蓋然性高い	$\theta \to 0$ のとき $\phi \to 0$, $\theta \to 1$ のとき $\phi \to 1$ $0 \sim 1$ の θ, ϕ に適用可能
河角式 $\ln\phi = A\ln\theta + B$	不明 極小値分布の近似式 になっている	$\theta \to 0$ のとき $\phi \to 0$, $\theta \to 1$ のとき $\phi \to e^B$ ϕ は e^B 以下
極大値分布モデル $\ln[-\ln\phi] = A\ln[-\ln\theta] + B$	極大値分布を仮定, 蓋然性低い	$\theta \to 0$ のとき $\phi \to 0$, $\theta \to 1$ のとき $\phi \to 1$ $0 \sim 1$ の θ, ϕ に適用可能
正規分布モデル $\Phi^{-1}(\phi) = A\Phi^{-1}(\theta) + B$	正規分布を仮定, 蓋然性低い	$\theta \to 0$ のとき $\phi \to 0$, $\theta \to 1$ のとき $\phi \to 1$ $0 \sim 1$ の θ, ϕ に適用可能
小林式 (1) 本文 (7.21) 式 $\phi = A\theta + B$	不明 関東地震区部データ で適合度がよい	$\theta \to 0$ のとき $\phi \to B$, $\theta \to 1$ のとき $\phi \to A+B$ ϕ は B から $A+B$ の範囲
小林式 (2) 本文 (7.22) 式 $\phi = A\ln\theta + B$	不明 関東地震区部データ で適合度がよい	$\theta \to 0$ のとき $\phi \to -\infty$, $\theta \to 1$ のとき $\phi \to B$ ϕ が負になる可能性がある

場合でも,出火率がある一定値を超えないということの真偽に関しては,この段階で理論的に言及することはできないが,これらの上限値を持つという性質を有している以上,推定に用いた出火率,倒壊率のデータと,推定されたパラメータから決まる上限値との比較を行い,もしも,データよりも上限値が小さいというような矛盾した結果が生じた場合には,そのモデル自体を棄却すべきであるという制約があるといえる.

以上の理論的な考察の結果をまとめたものが,表 7.1 である.

7.5.3 数値例での各関係式の性質

前項の理論的考察に加えて,確率論的に導出した極小値モデルによる出火率–倒壊率関係式 ((7.13) 式),その近似式にもなっている河角式 ((7.1) 式, (7.18) 式),極小値モデル,正規分布モデルから得られた関係式 ((7.19) 式と (7.20) 式),関東地震区部のデータに適合性が高いとされていた (7.21) 式および (7.22)

式の性質を，データを当てはめて，より具体的に検討しておきたい．ここでの分析は，実用的にも都市防災計画で使用可能な関係式を求めることに直接的な目的があるのではなく，各関係式の性質を際立たせるための分析なので，推定の精度，安全性についての実用面での配慮については，十分なものではない．

以上の観点から，ここでは2組のデータを利用することとした．ひとつは，河角式が提案されたときのデータであり（以下，河角データと呼ぶことにする），もうひとつは，小林によって整理され公表されたデータである（以下，小林データと呼ぶことにする）．前者のデータ（文献[83]の8.27図のデータである）は，関東地震におけるものであるが，原データの確認が不可能であり，文献に提示されたグラフ上から読みとったもので，精度の点では，推定パラメータは2桁程度しか信用できないといってよい．後者のデータ（文献[79]の表-1，表-3のうち出火率が0となる日本橋区のデータを除いたデータである）は，関東地震における東京区部のものである．

河角データによる推定結果を表7.2に，小林データによる推定結果を表7.3に

表7.2 各出火率–倒壊率関係式の推定結果（河角データによる）

モデル	推定式	相関係数
極小値分布	$\ln[-\ln(1-\phi)] = 0.606\ln[-\ln(1-\theta)] - 6.149$	0.882
河角式	$\ln\phi = 0.684\ln\theta - 5.807$	0.885
極大値分布	$\ln[-\ln\phi] = 0.127\ln[-\ln\theta] + 1.961$	0.805
正規分布	$\Phi^{-1}(\phi) = 0.280\Phi^{-1}(\theta) - 2.972$	0.855
小林式 (1)	$\phi = 0.00356\theta + 0.00031$	0.756
小林式 (2)	$\phi = 0.00056\ln\theta + 0.00275$	0.751

表7.3 各出火率–倒壊率関係式の推定結果（小林データによる）

モデル	推定式	相関係数
極小値分布	$\ln[-\ln(1-\phi)] = 0.358\ln[-\ln(1-\theta)] - 6.906$	0.620
河角式	$\ln\phi = 0.363\ln\theta - 6.880$	0.619
極大値分布	$\ln[-\ln\phi] = 0.165\ln[-\ln\theta] + 1.896$	0.654
正規分布	$\Phi^{-1}(\phi) = 0.233\Phi^{-1}(\theta) - 3.011$	0.641
小林式 (1)	$\phi = 0.00318\theta + 0.00018$	0.721
小林式 (2)	$\phi = 0.00010\ln\theta + 0.00070$	0.696

7.5 各出火率-倒壊率関係式の特徴

示す.また,データと推定式のグラフを倒壊率,出火率の両対数空間に示したものが,図 7.1 および図 7.2 である.

これらの結果を,単に相関係数の大小で判断することは危険である.河角データにおけるデータの信頼性の問題(データのもととなった資料の問題,文献から筆者が読み取ったときの精度の問題がある)を考えれば,わずかな相関係数

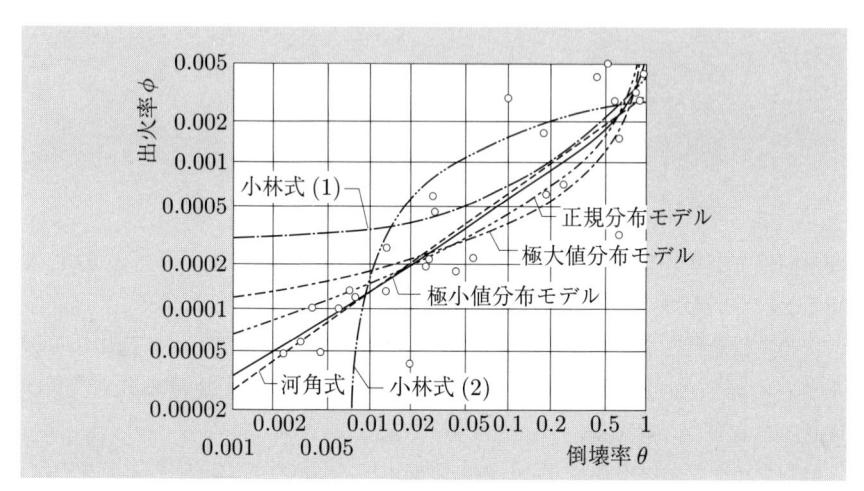

図 7.1 各モデルでの推定結果(河角データによる)

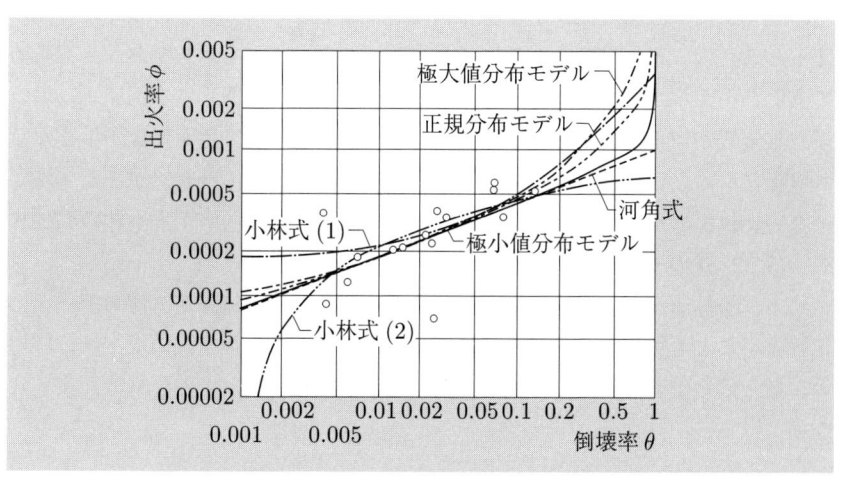

図 7.2 各モデルでの推定結果(小林データによる)

の差で議論することは,問題があろう.また,河角データと小林データとを比較すれば,データの範囲も異なっており,その結果として,推定値も表7.2と表7.3のように異なってきており,わずかな差でモデルの良し悪しを決めつけることは危険である.もとより,ここで行った推定は,各モデルの特徴を理解するためのものであり,この観点から評価すべきといえる.

推定には,回帰分析を行っているわけであるが,回帰分析の基礎に戻って考えれば,

$$Y = A \cdot X + B + \varepsilon$$

(Y:被説明変数, X:説明変数, A, B:推定すべきパラメータ,

ε:変数 X, Y に独立な正規誤差)

なる回帰モデルを想定し,自乗誤差 $\sum \varepsilon^2$ を最小化するパラメータ A, B を求めるといういわゆる最小自乗法を用いていたはずである.したがって,回帰モデルの基礎条件を満足しない結果は,相関係数の値が高くとも,不適切なモデルといえよう.以上の視点から,「回帰誤差 ε の変数 X, Y に対する独立性」は確認すべき事項といえる.

河角データにおける推定では,極大値モデル,小林の (7.21) 式のモデルでは,小さな倒壊率において,推定式がデータよりも大きくなってきている.すなわち,誤差 ε は,説明変数が小さくなれば負になるという性質を持っているといえる.これは,誤差が説明変数に対して独立でないことを示しており,不適切であるといえる.同様に,小林の (7.22) 式のモデルでは,小さな倒壊率において,推定式がデータよりも小さくなっており,誤差 ε は,説明変数が小さくなれば正になるという性質を持ち,誤差の説明変数に対する独立性が満たされていない.以上の点から,河角データの範囲では,極大値モデル,小林の (7.21) 式,(7.22) 式のモデルは不適切であるといえる.

一方,小林データにおける推定では,倒壊率データの範囲が,河角データに比べ狭いこともあって,データの範囲内では,データは推定式の上下にほぼ均等に散らばっており,誤差の説明変数に対する独立性に反する証拠は観察されない.

7.5 各出火率–倒壊率関係式の特徴

　以上，本節の議論の結果を総合的にみれば，次のように述べることができる．
　(7.22) 式のモデルは，データの範囲に強く依存し，推定モデルを使用して，小さな値の倒壊率に対応する出火率を予想するときに，出火率が負になるという不都合が生じる恐れがあり，極大値モデル，(7.21) 式のモデルも，小さな倒壊率の場合に，データとの乖離を起こす可能性があるといえる．
　正規分布モデルは，根拠となった仮定の成立する可能性がやや低いが，データとの対応上は，大きな問題はないように思われる．
　極小値分布モデルと河角式とは，理論的にも，推定結果でも，極めて近似している．また，データとの対応上も，大きな問題はないように思われる．
　以上の結果から，これまで使われてきた河角式は，極小値分布モデルとみなすことができ，倒壊と出火の現象の基礎には，極小値分布モデルで仮定した構造が成立していると考えられる．
　このことは，同時に，極小値分布モデルの仮定（ある最弱箇所の破損などが建物の倒壊，出火につながるという仮定）とあいいれないような地震時出火現象（地震時の人々の行動，誤動作による出火，放火など）は極小値分布モデル，河角式で把握できるとはかぎらないことを意味している．

第2部の問題

- **1** (5.32) 式が成立することを示せ．

- **2** 経験的知識に基づく仮定 1 のかわりに別の仮定をして，類焼確率関数型を導き，その数理的性質を調べよ．

- **3** 6章の最後に検討した周囲の建物からの類焼確率では，周囲の建物数を 8 として計算した．この確率は周辺建物数にほぼ比例することを確認し，周辺建物数が都市防災上重要であることを論じよ．

- **4** 近似式 (7.14) が成立することを示せ．

- **5** ガンベルの極大値分布 II(max) の場合，倒壊率，出火率は次式で与えられる．

$$\theta = \exp[-(aS)^{-b}] \quad (a, b：パラメータ)$$
$$\phi = \exp[-(a_\mathrm{f} S)^{-b_\mathrm{f}}] \quad (a_\mathrm{f}, b_\mathrm{f}：パラメータ)$$

このときの出火率–倒壊率関係式を導き，(7.19) 式で表されることを示せ．

第3部
建築・都市安全計画の最適化

第8章　重要度係数の最適化
第9章　都市防災の最適化

第8章

重要度係数の最適化

　どの建物も同じ安全性であるべきなのだろうか．多くの在館者がいて壊れると多く人命が失われる建築や原子炉建屋のように被害が拡大してしまうものなど普通の建物より安全率を高く設定すべきだという考え方がある．施設用途によって安全の割り増しを行うとき，この割り増し率を重要度係数という．本章では，重要度係数をどのように設定すべきかを検討する．

8.1	重要度係数の概念枠組み
8.2	総効用最大化原理
8.3	効用に関する具体的な値
8.4	総効用最大化原理の展開
8.5	費用に関する具体的な値
8.6	重要度係数の最適解
8.7	総効用最大化原理の意味と限界

8.1 重要度係数の概念枠組み

重要度係数は用途係数とも呼ばれ，社会的理由によって通常の建物に比べて強度を高いレベルに設定するために使用される補正値のことであり，これまで各種の提案のなかで異なる形で定義されている[88]．各提案のなかで安全度の尺度自身が若干異なっているために，そこに与えられる補正パラメータとしての重要度係数はそれぞれの意味を持っており，各提案間の重要度係数を比較するということにも難点がみられる．

そこで，ここでは，建物を統一的なシステムとみなし，そのシステムを意味づける各変量は確定的な値と確率的な値とによって構成されており，重要度係数をこうして定義される建築システム間の関係を示すパラメータとして定義することから始めたい．

建築空間はそれ自体非常に複雑な，かつ非常に多くの要因から成り立つ1つの総合システムであり，それらの部分を個別的に分解してとらえるのでは不十分なところがある．また，建築空間全体を直接測定可能な量で表現することは困難なばかりでなく，非現実的ともいえる．そこで，まず建築空間をとらえる視点から整理することによってサブシステムへと分解することを考える．第1の視点は，建築空間は物理的な1つの対象であるとし，そこへ加わる力学的な外力と内力によって決定される物理的な挙動をとらえる視点である．第2の視点は，建物の建築経済的視点，特に，この生産に要する建設コストのレベルを決定するという視点，間接的には建築空間の良し悪しもある程度このコストによって制約を受けるという視点である．この2つの視点は，物理的視点より安全度を上昇させると建設コストが増加し，経済的に不利になるという関連（トレード・オフ）を持っている．もうひとつの視点は，この建築空間が果たす社会的役割についての視点である．特に重要度係数を必要とすると思われる病院，放送局などのいわば公的な建築空間は，社会的な意味を持つがゆえに一般構造物に比べて重要度という形での安全レベルの修正が必要なのである．以上の3点を整理すると，以下のようになる．

(1) 物理的，力学的側面
(2) 建築経済的側面
(3) 社会的側面

8.1 重要度係数の概念枠組み

次に，各側面において建築空間をとらえる変量について検討しておきたい．ここでは建築空間を決定するのは2次部材などの要素もあるが，基本的には構造物あるいは構造と呼ばれる力学的対象物であり，外力がこの構造物に各点で作用しており，また外力から引き起こされる変形を関係づける各部材の物性的諸量がある．これらの各変量はスカラー量であったり，ベクトル量であったり，あるいはテンソル量であったり，また時間的な関数として変動する値であったりするが，これらのすべてを取り扱うことは重要度係数の決定にとっては困難であるため，これらの諸量から決定される2つの統計量（各変量が確定的にとらえることができないので，結局，この量は1つのランダム変量である）として構造物の最大外力，構造物の耐力を定義する．これらの2つの量はスカラー量であり，かつ多数の母数によって決定される確率分布を持っている．まず構造物への最大外力を，$S[s_1, s_2, \cdots, s_n]$ とする．ここで，s_i は確率変量 S の確率分布を決定する量で，母数と呼ぶ．このとき，外力の出現値はその測定範囲を長くとればそれだけ最大外力の出現の割合は高くなるので，この統計量はある単位一定期間にそこで発生される外力から決定される最大外力の統計量にほかならない．そこで，その単位期間を一応1年として議論を進める．母数 s_i は最大外力の平均値，標準偏差などの値として与えられるのが通常である．

同様に構造物の耐力を考えると，施工上のバラツキなどからランダム変量として，$R[r_1, r_2, \cdots, r_m]$ を構造物耐力と考える．さらに重要度係数 θ を与えて設計された構造物の耐力 R_2 は，$R_2[r'_1, r'_2, \cdots, r'_m, \theta]$ なる統計量として表される．また構造物への外力，構造物の耐力なる意味づけから，それらの関係 $R < S$ が成立しているとき，「構造物が壊れる」といい，$R \geq S$ のとき，「構造物は安全である」と呼ぶ．

さらに R, R_2, S の確率密度関数をそれぞれ，

$$f_R(R, r_1, r_2 \cdots, r_m)$$
$$f_{R_2}(R_2, r'_1, r'_2, \cdots, r'_m, \theta)$$
$$f_S(S, s_1, s_2, \cdots, s_n)$$

と表記しておく．したがって，通常の建物が壊れる確率を p, 重要度係数 θ を与えて設計した建物の壊れる確率 p_2 は次の式で与えられる．

$$p = \text{Prob}[R < S] \tag{8.1a}$$
$$p_2 = \text{Prob}[R_2 < S] \tag{8.1b}$$

さらに，R と S，R_2 と S が統計的に独立であれば，以下のようになる．

$$p = \int_{-\infty}^{\infty} f_R(R, r_1, r_2, \cdots, r_m) \int_{R}^{\infty} f_S(S, s_1, s_2, \cdots, s_n) dS dR \tag{8.2a}$$

$$p_2 = \int_{-\infty}^{\infty} f_{R_2}(R_2, r'_1, r'_2, \cdots, r'_m, \theta) \int_{R_2}^{\infty} f_S(S, s_1, s_2, \cdots, s_n) dS dR_2 \tag{8.2b}$$

建築経済的な視点からは，この建築空間の建設のための建設費 C_0 が 1 つの量として考えられる．また建設コストは重要度係数 θ を変化させた場合に変動すると思われるが，このとき，一般的には θ の非常に複雑な関数で表示されることが考えられる．そうした関数のなかで共通に持っている重要な特徴は非減少関数であるということである．すなわち，

$$\frac{\partial C_0}{\partial \theta} = \omega \geq 0 \tag{8.3}$$

建築空間の価値というものは各状況によって異なる．つまり，日常時における建築空間の価値と災害時における建築空間の価値ではその意味が異なっているのである．そこで，重要度係数 θ を与える建物を施設と呼び，重要度係数を与えない，すなわち，重要度係数 $\theta = 1$ とした建築空間を普通建物と呼ぶことにし，普通建物が壊れたときを異常時，それ以外を日常時と呼ぶと，日常時と異常時では施設の価値は異なっており，またこの施設も壊れることが考えられるので，結局，日常時と異常時，この施設の正常機能時と破壊された場合の組合せによる表 8.1 のような 4 ケースが考えられる．ケースごとに，そこで得られる効用が考えられる．単位期間として年を採用しているので，ケースごとに各状況下で 1 年間に得られる社会的価値の和がこの効用とされるわけである．つまり，効用 U_1 は日常時におけるこの施設が 1 年間サービスするときに得られる社会的価値であり，U_2 は異常時にこの施設が 1 年間機能したときに得られる社会的価値であり，U_3 は日常時にこの施設が壊れてしまうことによって失われる 1 年間の損失 L_3 に負符号をつけたものである．同様に，U_4 は通常建物も

8.1 重要度係数の概念枠組み

表 8.1 状況の組合せと効用

通常建物の状況	施設の状況	
	施設が正常に機能	施設は破壊され機能せず
日常時： 通常建物は壊れない	ケース 1 効用 U_1	ケース 3 効用 U_3
異常時： 通常建物は壊れる	ケース 2 効用 U_2	ケース 4 効用 U_4

この施設も破壊されたときに失われる 1 年間の損失 L_4 に負符号をつけたものである．

以上のことから，ビルディング・システム B は，物理的側面からとらえたシステム BP，経済的側面からとらえたシステム BE，社会的側面からとらえたシステム BS から構成され，さらに重要度係数という関係パラメータ θ が介在するシステム

$$B = \langle BP, BE, BS, \theta \rangle \tag{8.4}$$

として表され，さらに物理的諸量は最大外力および耐力というスカラー量としてまとめられているので，

$$BP = \langle S, R, \theta \rangle \tag{8.5}$$

という 3 変数で表示される．また経済的側面については建設コストのみを考えているので，

$$BE = \langle C_0, \theta \rangle \tag{8.6}$$

となり，社会的側面としては各状況下での効用によって示されるので，

$$BS = \langle U_1, U_2, U_3, U_4, \theta \rangle \tag{8.7}$$

となり，これらをまとめると，

$$B = \langle S, R, C_0, U_1, U_2, U_3, U_4, \theta \rangle \tag{8.8}$$

となる．これが今後検討される施設のシステム表示である．

8.2 総効用最大化原理

効用は単位期間ごとに計量されるので，この施設の有効使用年限 T がくるまでは，この施設が壊れるまでの効用を加えた値が社会的効用の総和となる．そこで，1年目の社会的効用の期待値は，

$$U^{(1)} = (1-p)(1-p_2)U_1 + p(1-p_2)U_2 + (1-p)p_2 U_3 + pp_2 U_4 \quad (8.9)$$

で与えられる．

■ 例題 8.1

利子率が r のとき，1年後の価値 U は現在価値に換算すると $U/(1+r)$ となる．このことを考慮して，2年目の社会的効用の期待値の1年目換算 $U^{(2)}$ が，1年目の社会的効用の期待値 $U^{(1)}$ の何倍になるか計算せよ．ただし，1年目に壊れてしまうと2年目には一切の効用は得られない．

【解答】 2年目の社会的効用の期待値 U は，1年目に壊れていないという条件（この条件が成立する確率は $1-p_2$）のもとでの2年目の効用期待値なので

$$U = (1-p_2)\{(1-p)(1-p_2)U_1 + p(1-p_2)U_2 + (1-p)p_2 U_3 + pp_2 U_4\}$$

つまり，

$$U = (1-p_2)U^{(1)}$$

となる．これを1年目に換算することで，以下の結果を得る．

$$U^{(2)} = \frac{1-p_2}{1+r} U^{(1)} \quad (8.10)$$ ■

上の論法を繰り返すと，一般的な次の漸化式を得る．

$$U^{(i)} = \frac{1-p_2}{1+r} U^{(i-1)} \quad (i=2,\cdots,T) \quad (8.11)$$

社会的効用のこの施設の使用年限内の総和 U_s は，明らかに，

$$U_s = \sum_{i=1}^{T} U^{(i)} \quad (8.12)$$

であり，(8.11) 式を利用して，

$$U_s = \sum_{i=1}^{T} \left(\frac{1-p_2}{1+r}\right)^{i-1} U^{(1)} = U^{(1)} \sum_{i=0}^{T-1} \left(\frac{1-p_2}{1+r}\right)^{i} \tag{8.13}$$

となる.

一方,総効用は社会的効用の総和 U_s から建設に必要な費用を除いた値であり,また建設時期(正確には建設費用支払い時期)がこの施設の利用の T_0 年前とすると,利用開始時を基準とした効用は,

$$U = U_s - C \tag{8.14}$$
$$C = C_0(1+r)^{T_0} \tag{8.15}$$

であり,重要度係数はほかの諸条件が与えられているときには (8.14) 式で与えられる総効用を最大化するように決められなければならない.このことは,総効用 U が θ に関しての微分可能性を前提として次の命題と同値である.

$$\frac{\partial U}{\partial \theta} = 0 \tag{8.16}$$

(8.14) 式の結果を使えば,

$$\frac{\partial U}{\partial \theta} = \frac{\partial U_s}{\partial \theta} - \frac{\partial C}{\partial \theta} \tag{8.17}$$

であり,さらに,

$$\frac{\partial U}{\partial \theta} = \left(-\frac{\partial p_2}{\partial \theta}\right)\left(-\frac{\partial U_s}{\partial p_2}\right) - \frac{\partial C}{\partial \theta} \tag{8.18}$$

と表現できる.(8.18) 式の形に変形する理由は効用に関する社会的要因と重要度係数と複雑な力学的諸要因を切り離し,1つの破壊確率 p_2 のみによって結ぶことにより社会的問題と力学的問題の錯綜化を防ぎ,より見通しのよい形にするためにすぎない.(8.18) 式の結果を (8.16) 式に代入することによって総効用最大化原理から要請される1つの均衡式が得られる.

$$-\frac{\partial p_2}{\partial \theta} = \left(\frac{\partial C}{\partial \theta}\right) \bigg/ \left(-\frac{\partial U_s}{\partial p_2}\right) \tag{8.19}$$

(p_2:施設の破壊確率(1年当たり),θ:施設の重要度,
C:施設の建設コストの利用時点換算値,
U_s:施設の社会的効用(便益)(1年当たり))

左辺は重要度係数と壊れる確率の関係を表す力学的側面から決定されるものである．右辺の分子は強度を増加させることによって生じる建設コストの増加の割合を示すもので，純粋に建築経済的に把握できるものである．右辺の分母は壊れる確率と社会的利益と損益の問題であり，広い意味での厚生経済学，ないしは公共投資の問題としてとりあげられるべきものである．重要度の決定ということがこうした力学的側面，経済的（コスト）側面，社会経済的側面と深くかかわって決定されるという学際的側面を持っていることは問題の性質をうきぼりにしているといえる．

以後の分析の簡便化のために2, 3の概念を導入しておくことが望ましい．(8.19)式の右辺分子の項は，次のように(8.3)式の表示を用いて表しておくことが便利である．

$$\frac{\partial C}{\partial \theta} = (1+r)^{T_0}\frac{\partial C_0}{\partial \theta} = (1+r)^{T_0}\omega \qquad (8.20)$$

この変数 ω を「(重要度の) コスト増加率」と呼ぶことにしよう．また分母の項については，

$$\tau = \left(-\frac{\partial U_s}{\partial p_2}\right)\frac{1}{(1+r)^{T_0}} \qquad (8.21)$$

としてこの変数 τ を「(破壊確率の) 効用変動率」と呼ぶことにする．以上の2つの定義のもとで，(8.19)式は

$$-\frac{\partial p_2}{\partial \theta} = \frac{\omega}{\tau} \qquad (8.22)$$

となる．さらに次の「重要度のコスト・パフォーマンス・センシビリティ（費用便益感度）」という概念を以下のように定義すると，

$$k = \frac{\omega}{\tau} \qquad (8.23)$$

(8.19)式は，

$$-\frac{\partial p_2}{\partial \theta} = k \quad (k：重要度のコスト・パフォーマンス・センシビリティ) \qquad (8.24)$$

となる．結局，総効用最大化原理は社会的経済的条件から決まってくるコスト・パフォーマンス・センシビリティ k と，力学的に決まってくる破壊確率の減少率 $-\partial p_2/\partial \theta$ との均衡条件として表されることになる．

8.3 効用に関する具体的な値

8.3.1 効用変動率

前節で定義された効用変動率 τ について検討してみよう．(8.13) 式を p_2 で偏微分することによって，

$$\frac{\partial U_s}{\partial p_2} = \frac{\partial U^{(1)}}{\partial p_2} \sum_{i=0}^{T-1} \left(\frac{1-p_2}{1+r}\right)^i + U^{(1)} \sum_{i=0}^{T-1} \frac{\partial}{\partial p_2} \left(\frac{1-p_2}{1+r}\right)^i$$

$$= \frac{\partial U^{(1)}}{\partial p_2} \sum_{i=0}^{T-1} \left(\frac{1-p_2}{1+r}\right)^i - \frac{U^{(1)}}{1-p_2} \sum_{i=1}^{T-1} i \left(\frac{1-p_2}{1+r}\right)^i \quad (8.25)$$

一方，
$$\frac{\partial U^{(1)}}{\partial p_2} = -\{U_1 - U_3 - p(U_1 - U_2 - U_3 + U_4)\} \quad (8.26)$$

また，
$$q_0 = \sum_{i=0}^{T-1} \left(\frac{1-p_2}{1+r}\right)^i = \frac{(1+r)^T - (1-p_2)^T}{(p_2+r)(1+r)^{T-1}} \quad (8.27)$$

$$q_1 = \frac{1}{1-p_2} \sum_{i=1}^{T-1} i \left(\frac{1-p_2}{1+r}\right)^i$$

$$= \frac{1}{p_2+r} \frac{(1+r)^T - (1-p_2)^T}{(p_2+r)(1+r)^{T-1}} - \frac{(1-p_2)^{T-1} \cdot T}{(p_2+r)(1+r)^{T-1}} \quad (8.28)$$

あるいは，
$$q_1 = \frac{1}{p_2+r} q_0 - \frac{(1-p_2)^{T-1} \cdot T}{(p_2+r)(1+r)^{T-1}} \quad (8.28')$$

となる．ところで，この施設の破壊確率 p_2 はほかの変数に比べて非常に小さいので，上述の p_2 を含んだ高次の項はより単純化することができる．すなわち，q_0, q_1 を p_2 の関数と考え，テーラー展開し，p_2 の自乗以上の高次のところを切り捨てることによって (8.27) 式および (8.28) 式は p_2 に関して以下のごとくより単純な形にできる（第3部の問題1参照）．

$$q_0 \cong \frac{(1+r)^T - 1}{r(1+r)^{T-1}} - p_2 \frac{(1+r)^T - rT - 1}{r^2(1+r)^{T-1}} \quad (8.29)$$

$$q_1 \cong \frac{(1+r)^T - 1 - rT}{r^2(1+r)^{T-1}}$$

$$-p_2 \left\{ \frac{(1+r)^T - rT}{r^2(1+r)^{T-1}} + \frac{(1+r)^T - 1}{r^3(1+r)^{T-1}} - \frac{T(rT-r+1)}{r^2(1+r)^{T-1}} \right\} \quad (8.30)$$

また，

$$q_{01} = \frac{(1+r)^T - 1}{r(1+r)^{T-1}} \tag{8.31a}$$

$$q_{02} = \frac{(1+r)^T - rT - 1}{r^2(1+r)^{T-1}} \tag{8.31b}$$

$$q_{11} = \frac{(1+r)^T - 1 - rT}{r^2(1+r)^{T-1}} \tag{8.31c}$$

$$q_{12} = \frac{2\{(1+r)^T - 1 - rT\} - r^2 T(T-1)}{r^3(1+r)^{T-1}} \tag{8.31d}$$

とおくことによって，

$$q_0 = q_{01} - p_2 q_{02} \tag{8.29'}$$

$$q_1 = q_{11} - p_2 q_{12} \tag{8.30'}$$

となる．以上のことから，

$$-\frac{\partial U_s}{\partial p_2} = \{U_1 - U_3 - p(U_1 - U_2 - U_3 + U_4)\}(q_{01} - p_2 q_{02})$$
$$+ \{U_1(1-p) + pU_2 + p_2 U_3\}(q_{11} - p_2 q_{12}) \tag{8.32}$$

となる．ただし，$p \cdot p_2$ の 2 次の項は非常に小さく省略している．さらに，

$$-\frac{\partial U_s}{\partial p_2} = \{q_{01} - pq_{01} - p_2 q_{02} + q_{11} - pq_{11} - p_2 q_{11} - p_2 q_{12}\} U_1$$
$$+ \{pq_{01} + pq_{11}\} U_2$$
$$+ \{-q_{01} + pq_{01} + p_2 q_{02} + p_2 q_{11}\} U_3 - pq_{01} U_4 \tag{8.33}$$

を得る．ここで，現状では建物使用年限 T は 10 年から 100 年程度であり，破壊確率 p, p_2 は中野 (文献[86] の表 16) によれば，0.5×10^{-6} と計算されており，ここでは以下のように仮定しておく．

$$p < 10^{-4}, \quad p_2 < 0.5 \times 10^{-4} \tag{8.34}$$

さらに，通常建物が壊れた場合の施設の価値は壊れなかった場合に比べて相当量増加すると考えられ，その増加の程度も施設の種類，機能によって相当差があると考えられる．病院などの場合を考えると，緊急時といえどもサービス能力は数倍程度までにしか増加し得ないと考えられるが，放送局のような場合，緊急時の情報の価値が何十倍にも増加するような場合には異常時の施設の価値 U_2

8.3 効用に関する具体的な値

は正常時の場合に比べ，大きく増加すると思われる．これらの実際の増加量は今後検討の余地があるが，ここでは大幅に見積り，以下の範囲におさまっていると仮定する．

$$\left|\frac{U_2}{U_1}\right| < 10^3, \quad \left|\frac{U_3}{U_1}\right| < 10^2, \quad \left|\frac{U_4}{U_1}\right| < 10^3 \qquad (8.35)$$

以上の仮定 (8.34), (8.35) のもとで各項のオーダーを比較すると，以下のようになっている．

$$\left|\frac{q_{01}U_1}{q_{11}U_1}\right| < 10^{-1}, \quad \left|\frac{pq_{01}U_1}{q_{11}U_1}\right| < 10^{-5}, \quad \left|\frac{p_2q_{02}U_1}{q_{11}U_1}\right| < 10^{-5}, \quad \left|\frac{q_{11}U_1}{q_{11}U_1}\right| = 1,$$

$$\left|\frac{pq_{11}U_1}{q_{11}U_1}\right| < 10^{-4}, \quad \left|\frac{p_2q_{11}U_1}{q_{11}U_1}\right| < 10^{-4}, \quad \left|\frac{p_2q_{12}U_1}{q_{11}U_1}\right| < 10^{-2},$$

$$\left|\frac{pq_{01}U_2}{q_{11}U_1}\right| < 10^{-2}, \quad \left|\frac{pq_{11}U_2}{q_{11}U_1}\right| < 10^{-1},$$

$$\left|\frac{q_{01}U_3}{q_{11}U_1}\right| < 10, \quad \left|\frac{pq_{01}U_3}{q_{11}U_1}\right| < 10^{-3}, \quad \left|\frac{p_2q_{02}U_3}{q_{11}U_1}\right| < 10^{-3}, \quad \left|\frac{p_2q_{11}U_3}{q_{11}U_1}\right| < 10^{-2},$$

$$\left|\frac{pq_{01}U_4}{q_{11}U_1}\right| < 10^{-2} \qquad (8.36)$$

また，現在提案されている重要度係数に用いられる値は 1.25, 1.00, 0.75（建築基準法同施行令改訂案など）のように，実用上では 1/4 程度のあらさの数値であるので，ここでは q_{11}, U_1 に比べて 10^{-2} 以下のものを省略した式

$$-\frac{\partial U_s}{\partial p_2} = (q_{01} + q_{11})U_1 + pq_{11}U_2 - q_{01}U_3 \qquad (8.37)$$

を以後の分析に用いることにしたい．上の式は (8.21) 式より次のように変形することによって以後の分析に便利になる．すなわち，効用変動率 τ は以下の式で与えられる．

$$\tau = q'_{01}(U_1 - U_3) + q'_{11}(U_1 + pU_2) \qquad (8.38a)$$

ただし，

$$q'_{01} = \frac{(1+r)^T - 1}{r(1+r)^{T-1+T_0}}, \quad q'_{11} = \frac{(1+r)^T - 1 - rT}{r^2(1+r)^{T-1+T_0}} \qquad (8.38b)$$

8.3.2 正常時効用

計画の合目性から直ちに，効用の総和は建設コストを上回っていなければならないといえる．しかし，このとき計画の段階で想定されている効用は，当該施設の機能が使用期間中正常に機能したとしての効用にほかならない．すなわち，通常建物も当該施設も壊れないとしたとき（$p=0, p_2=0$ と考えたとき）の社会的効用の総和が建設コストを上回っていなければならないということが計画段階で要請されているわけであり，以下のように表すことができる．

$$U_{s|p=0,p_2=0} \geq C \tag{8.39}$$

左辺は社会的効用の総和 U_s から直ちに，

$$U_{s|p=0,p_2=0} = \sum_{i=0}^{T-1} \frac{U_1}{(1+r)^i} \tag{8.40}$$

であることがわかる．したがって，(8.39) 式は，

$$U_1 \sum_{i=0}^{T-1} \frac{1}{(1+r)^i} \geq C \tag{8.41}$$

となり，整理すると，

$$U_1 \geq C \frac{1}{\sum_{i=0}^{T-1} \frac{1}{(1+r)^i}} = C \frac{r(1+r)^{T-1}}{(1+r)^T - 1} \tag{8.42}$$

となる．さらに前節で定義した記号 q_{01} を用いると，

$$U_1 \geq \frac{1}{q_{01}} C \tag{8.43}$$

となる．したがって，正常時のこの施設の年間当たり効用 U_1 は建設コストの $1/q_{01}$ よりは大きくなくてはならないといえる．

そこで，この不等式で与えられる条件のなかで正常時の効用 U_1 をどの程度に見積ればよいかということが次の問題となる．まず，次式で定義される回収年数 T_* を検討しよう．

$$C = U_1 \sum_{i=0}^{T_*-1} \frac{1}{(1+r)^i} \tag{8.44}$$

8.3 効用に関する具体的な値

T_* は総便益と総費用が等しくなる年数を表しており，施設の建設が社会的に有益なものでなければならないとすれば，施設の使用期間中に得られる社会的効用は建設コスト C を上回って，

$$T_* \leq T \tag{8.45}$$

という関係式が成立している．正常時の社会的効用 U_1 は (8.44) 式より C および T_* を用いて，

$$U_1 = \frac{C}{\sum_{i=0}^{T_*-1} \frac{1}{(1+r)^i}} \tag{8.46}$$

ないしは，

$$U_1 = C \frac{r(1+r)^{T_*-1}}{(1+r)^{T_*} - 1} \tag{8.47}$$

で与えられる．もちろん，(8.46) 式ないし (8.47) 式で与えられる U_1 は，(8.42) 式ないしは (8.43) 式をみたしていることは明らかである．

利用開始時点での建設コスト C を建設コスト C_0 に書き改めると，(8.15) 式を用いて，

$$U_1 = C_0 \frac{r(1+r)^{T_*-1+T_0}}{(1+r)^{T_*} - 1} \tag{8.48}$$

となる．この (8.48) 式の右辺の C_0 にかかる係数

$$k_\mathrm{r} = \frac{r(1+r)^{T_*-1+T_0}}{(1+r)^{T_*} - 1} \tag{8.49}$$

は通常（資本）回収率と呼ばれるものである．

したがって，病院などの都市施設は，民間ビルなどの例（$T_* = 4, \cdots, 6$ の例がある）から考えて，またその公共性も考えあわせてみると，T_* は 10 未満であると考えてよいであろう．資本回収率の値は 0.1～0.2 程度で，

$$\frac{U_1}{C_0} = k_\mathrm{r} \tag{8.50}$$

であることを考えると，年間当たりの施設の効用（正常時の場合）は，大まかにいえば，建設コストの約 1/10 以上でなければ社会的経済的に成立し得ないといえよう．

8.4 総効用最大化原理の展開

正常時の効用を基準にして各状況での効用を次のように表すことによって、数式の意味をとりやすくすることができる。

$$U_2 = \eta U_1 \tag{8.51a}$$

$$U_3 = -\eta' U_1 \tag{8.51b}$$

この記号を使うと、(8.38a) 式は、

$$\tau = \{q'_{01}(1+\eta') + q'_{11}(1+p\eta)\}U_1 \tag{8.52}$$

と変形できる。さらに (8.48) 式を用いると、

$$\tau = \frac{\{(1+r)^T - 1\}(1+\eta') + \dfrac{1}{r}\{(1+r)^T - 1 - rT\}(1+p\eta)}{(1+r)^{T-T_*}\{(1+r)^{T_*} - 1\}} \cdot C_0 \tag{8.53}$$

となる。ここで、さらに補助変数 u を以下のように導入する。

$$\begin{aligned}u = \frac{\tau}{C_0} &= \frac{(1+r)^T - 1}{(1+r)^{T_*} - 1} \frac{1}{(1+r)^{T-T_*}}(1+\eta') \\ &+ \frac{(1+r)^T - 1 - rT}{(1+r)^{T_*} - 1} \frac{1}{(1+r)^{T-T_*}}(1+p\eta) \end{aligned} \tag{8.54}$$

この変数 u はコスト当たり効用変動率と呼ぶことができる。この変数 u を用いて、

$$k = \frac{\omega}{\tau} = \frac{\omega}{C_0 u} = \frac{\omega}{C_0}\frac{1}{u} \tag{8.55}$$

また、コスト当たりコスト増加率

$$\rho = \frac{\omega}{C_0} \tag{8.56}$$

とすると、

$$k = \frac{\rho}{u} \tag{8.57}$$

となる。以上を整理すると、総効用最大化原理は (8.24) 式より以下のように示される。

$$-\frac{\partial p_2}{\partial \theta} = \frac{\rho}{u} \tag{8.58}$$

8.4 総効用最大化原理の展開

ただし,
$$u = \frac{\tau}{C_0} = \frac{(1+r)^T - 1}{(1+r)^{T_*} - 1} \frac{1}{(1+r)^{T-T_*}} (1+\eta')$$
$$+ \frac{(1+r)^T - 1 - rT}{(1+r)^{T_*} - 1} \frac{1}{(1+r)^{T-T_*}} (1+p\eta)$$
$$\rho = \frac{\partial C_0}{\partial \theta} \bigg/ C_0$$

(C_0：建設コスト, r：社会的利子率, T：当該施設の利用年数
T_*：回収年数 (総利益が総費用を上回る最初の年),
p：通常建物の年当たり破壊確率, p_2：当該施設の年当たり破壊確率,
θ：重要度係数)

8.5 費用に関する具体的な値

8.5.1 コスト当たり効用変動率の値

(8.54) 式で与えられたコスト当たり効用変動率の値が，実際どの程度になるかを検討しておくことにする．(8.54) 式は，2 つの項の和から定義されている．すなわち，第 1 項は，

$$\frac{(1+r)^T - 1}{(1+r)^{T_*} - 1} \frac{1}{(1+r)^{T-T_*}} (1 + \eta')$$

であり，η' は，通常建物は破壊されずに対象施設が破壊された場合の損失を正常時に得られる効用で基準化したものであり，対象施設のみが壊れた場合の効用に関する項であることがわかる．一方，第 2 項

$$\frac{(1+r)^T - 1 - rT}{(1+r)^{T_*} - 1} \frac{1}{r(1+r)^{T-T_*}} (1 + p\eta)$$

は，通常建物が壊れた場合に対象施設が機能することによって得られる効用をまとめたものである．

これらの値を調べるために，まず社会的利率 r，施設の利用年数 T，資本回収年 T_* に関する係数項

$$A = \frac{(1+r)^T - 1}{(1+r)^{T_*} - 1} \frac{1}{(1+r)^{T-T_*}} \tag{8.59a}$$

$$B = \frac{(1+r)^T - 1 - rT}{(1+r)^{T_*} - 1} \frac{1}{r(1+r)^{T-T_*}} \tag{8.59b}$$

の値を，利子率 r，施設使用年限 T，回収年数 T_* の現実的な範囲で計算してみると，A は 1~5，B は 9~80 程度の値であることがわかった．

一方，p の値は前述の通り，通常 10^{-6} 程度の値が採用されているので，前に仮定した (8.34) 式をここでも用いることにする．すなわち，$p < 10^{-4}$ の範囲である．また，η, η' は，(8.51) 式の定義および (8.35) 式の仮定のもとで，$\eta < 10^3, \eta' < 10^2$ であるので，$p\eta$ は 10^{-1} よりも小さい値となっている．そこで，以後の分析内容をわかりやすくする手段として，以下のような標準値（正確には，統計的な意味の標準値ではなく，仮定 (8.35) の範囲の可能な値のうちの 1 つという意味である）を準備しておく．

つまり，(8.54) 式よりコスト当たり効用変動率の標準値を，

8.5 費用に関する具体的な値

$$u_0 = 40$$

としておく.

8.5.2 コスト当たりコスト増加率の値

一方,コスト当たりコスト増加率の値についても概算しておくことにしよう.上部構造のみについてこのコスト増を検討してみると,標準的に用いられている設計用荷重倍率 0.2 を 0.3 に鉄骨造の建物を設計変更させた場合,約 10%のコスト増があったという報告がなされている[88].一方,SRC 造,地上 13 階,地下 1 階の延面積 21,284m^2 の総合病院で,躯体部分(基礎躯体,地下躯体を除く)の費用比率をとると約 30%になっている例がある.したがって,建設コスト当たりのコスト増加率 ρ は,荷重倍率 0.2 を基準設計と考えると,荷重倍率 0.1 当たり増加率が 0.1 であるので,

$$\rho_0 = \frac{0.1}{(0.3-0.2)/0.2} \times 0.3$$

となる.この値を 1 つの目安として採用すると,重要度のコスト・パフォーマンス・センシビリティ k は,

$$k = \frac{\rho}{u}$$

で定義されていたので,標準値として,

$$k_0 = \frac{\rho_0}{u_0} = \frac{0.06}{40} = 0.0015 \cong 0.001$$

となる.また,現実的な範囲で計算してみると,ほぼ

$$0.00005 < k < 0.017$$

の範囲にあるとみてよいだろう.

8.6 重要度係数の最適解

8.6.1 外力および耐力に関する確率分布が正規分布の場合

建物が複雑なシステムであり，建物の外力，建物の耐力といった合成されたスカラーランダム変量は，正規分布に近づく可能性があり得る．そこで，先のランダム変量 R, R_2, S がそれぞれ正規分布 $N[u_r, s_r]$, $N[\theta u_r, s_r]$, $N[u_s, s_s]$（この $N[a, b]$ という表記は平均が a，標準偏差が b となる正規分布という意味で用いる）で与えられる場合を考える．このとき，平均値 0，標準偏差 1 の正規分布の累積確率分布関数 Φ

$$\Phi(x) = \int_{-\infty}^{x} \frac{1}{\sqrt{2\pi}} \exp\left[-\frac{y^2}{2}\right] dy \tag{8.N0}$$

を用いると，各変量が独立に変動すると考えれば，通常の建物が壊れる確率は，

$$p = 1 - \Phi\left(\frac{u_r - u_s}{\sqrt{\sigma_r^2 + \sigma_s^2}}\right) \tag{8.N1}$$

となり，対象施設が壊れる確率は，同様に，

$$p_2 = 1 - \Phi\left(\frac{\theta u_r - u_s}{\sqrt{\sigma_r^2 + \sigma_s^2}}\right) \tag{8.N2}$$

となる．一方，外力，耐力を総合的にとらえた意味での総合変動係数 δ を，

$$\delta = \frac{\sqrt{\sigma_r^2 + \sigma_s^2}}{u_r} \tag{8.N3}$$

と定義し，通常建物の安全率 β（中央安全率とも呼ばれる[91]）を定義しておく．

$$\beta = \frac{u_s}{u_r} \tag{8.N4}$$

■ 例題 8.2

通常建物が壊れる確率 p，対象施設が壊れる確率 p_2 を，総合変動係数 δ と通常建物の安全率 β，対象施設の重要度係数 θ を用いて表せ．

【解答】 (8.N3) および (8.N4) より，

$$\frac{u_r - u_s}{\sqrt{\sigma_r^2 + \sigma_s^2}} = \frac{u_r}{\sqrt{\sigma_r^2 + \sigma_s^2}}\left(1 - \frac{u_s}{u_r}\right) = \frac{1 - \beta}{\delta}$$

$$\frac{\theta u_r - u_s}{\sqrt{\sigma_r^2 + \sigma_s^2}} = \frac{u_r}{\sqrt{\sigma_r^2 + \sigma_s^2}}\left(\theta - \frac{u_s}{u_r}\right) = \frac{\theta - \beta}{\delta}$$

8.6 重要度係数の最適解

となるので,(8.N1) 式,(8.N2) 式は,

$$p = 1 - \Phi\left(\frac{1-\beta}{\delta}\right) \tag{8.N5}$$

$$p_2 = 1 - \Phi\left(\frac{\theta-\beta}{\delta}\right) \tag{8.N6}$$ ■

また,(8.N0) より,

$$-\frac{\partial p_2}{\partial \theta} = \frac{1}{\sqrt{2\pi}\delta}\exp\left[-\frac{1}{2}\left(\frac{\theta-\beta}{\delta}\right)^2\right] \tag{8.N7}$$

となる.(8.57), (8.58) 式および (8.N7) 式より,

$$\frac{1}{\sqrt{2\pi}\delta}\exp\left[-\frac{1}{2}\left(\frac{\theta-\beta}{\delta}\right)^2\right] = k \tag{8.N8}$$

を得る. θ についてこの式を解くと,

$$\theta = \beta \pm \delta\sqrt{2\log\left(\frac{1}{\sqrt{2\pi}k\delta}\right)} \tag{8.N9}$$

を得るが, θ の範囲を考えて,

$$\theta = \beta + \delta\sqrt{2\log\left(\frac{1}{\sqrt{2\pi}k\delta}\right)} \tag{8.N10}$$

を得る.また,根号条件から,

$$k\delta \leq \frac{1}{\sqrt{2\pi}} \quad (\cong 0.399) \tag{8.N11}$$

が総効用最大化原理の成立し得る範囲となる.

(8.N10) 式から求めた重要度係数を図示したものが図 8.1 である.前節の $k_0 \cong 0.001$ を用いれば,総合変動係数が 0.4 のときでおよそ 1.8 になっていることがわかる.さらに総合変動係数 δ が変化するとき, θ はどの程度変化するかを検討しておこう.まず,(8.N10) 式から,

$$\frac{\partial \theta}{\partial \delta} = \sqrt{2\log\left(\frac{1}{\sqrt{2\pi}k\delta}\right)} - \frac{1}{\sqrt{2\log\left(\frac{1}{\sqrt{2\pi}k\delta}\right)}} \tag{8.N12}$$

を得る.したがって, $\delta = 0.4$, $k_0 = 0.001$ のときの上式の値は 3.447 である.

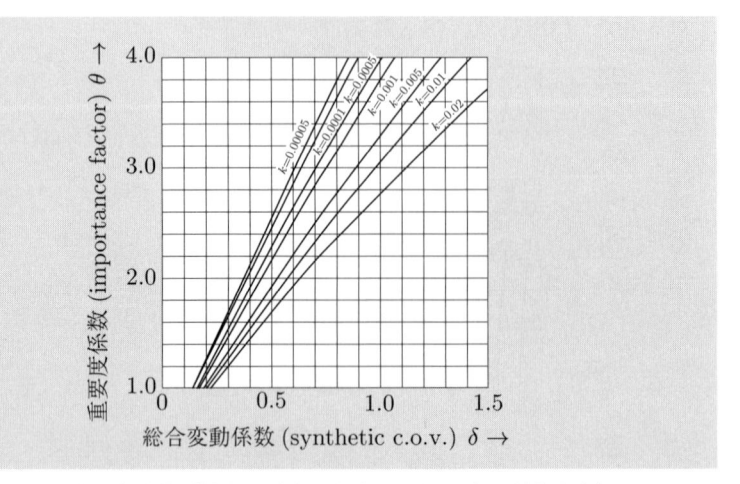

194　第 8 章　重要度係数の最適化

図 8.1　重要度係数（外力，耐力がともに正規分布に従うとき）

すなわち，総合変動係数 δ が 0.1 増加するとき，重要度係数 θ はおよそ 0.35 程度の増加がみられることがわかる．一方，総合変動係数は (8.N3) 式より，

$$\delta = \sqrt{\left(\frac{\sigma_r}{u_r}\right)^2 + \left(\frac{\sigma_s}{u_r}\right)^2} = \sqrt{\left(\frac{\sigma_r}{u_r}\right)^2 + \left(\frac{u_s}{u_r}\right)^2 \left(\frac{\sigma_s}{u_s}\right)^2} \qquad (8.\text{N}13)$$

と表すことができる．また，各変動係数は，

$$\Delta_r = \sigma_r/u_r \qquad (8.\text{N}14)$$

$$\Delta_s = \sigma_s/u_s \qquad (8.\text{N}15)$$

と書けるので，総合変動係数は (8.N4) 式で定義されている安全率 β を用いて，

$$\delta = \sqrt{\Delta_r^2 + \beta^2 \Delta_s^2} \qquad (8.\text{N}16)$$

となる．そこで，変動係数 Δ_r–Δ_s 空間での等重要度曲線はどのようになるかを調べてみよう．(8.N16) 式および (8.N10) 式より，安全率 β，重要度コスト・パフォーマンス・センシビリティ k が一定のもとでは，等重要度曲線は楕円の一部となることがわかる (図 8.2 参照)．

β の 1/3 のもとでの等重要度曲線が図 8.3 に示されている．

8.6.2　外力および耐力に関する確率分布が対数正規分布の場合

耐力および外力は建物の多くの要因によって決定される変数であるので，正規分布に近づくことが予想された．そこで，前項では，耐力および外力を表す

8.6 重要度係数の最適解

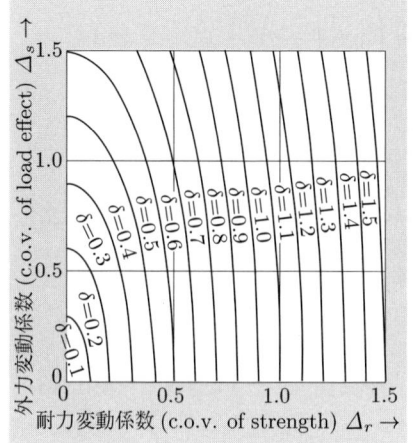

図 8.2 等総合変動係数曲線

図 8.3 重要度係数
（正規分布，$k = 0.001$ の場合）

確率変数 R, S が正規分布である場合を検討した．耐力および外力の物理的意味からしてともに正の範囲で変動するので，これを考慮して確率変数 R, S が対数正規分布の場合について検討する．このことは，$\log R, \log S$ が正規分布 $N[m_r, d_r], N[m_s, d_s]$ となっているケースにほかならない．このとき，確率変数 R, S の平均 u_r, u_s および標準偏差 σ_r, σ_s はそれぞれ以下のように関係づけられることが知られている．

$$u_r = \exp\left[m_r + \frac{1}{2}d_r^2\right] \tag{8.LN1a}$$

$$u_s = \exp\left[m_s + \frac{1}{2}d_s^2\right] \tag{8.LN1b}$$

$$\sigma_r^2 = u_r^2(\exp\left[d_r^2\right] - 1) \tag{8.LN1c}$$

$$\sigma_s^2 = u_s^2(\exp\left[d_s^2\right] - 1) \tag{8.LN1d}$$

また逆に上式から，

$$m_r = \log u_r - \frac{1}{2}\log\left(1 + \left(\frac{\sigma_r}{u_r}\right)^2\right) \tag{8.LN2a}$$

196　第 8 章　重要度係数の最適化

$$m_s = \log u_s - \frac{1}{2}\log\left(1 + \left(\frac{\sigma_s}{u_s}\right)^2\right) \qquad (8.\text{LN2b})$$

$$d_r^2 = \log\left(1 + \left(\frac{\sigma_r}{u_r}\right)^2\right) \qquad (8.\text{LN2c})$$

$$d_s^2 = \log\left(1 + \left(\frac{\sigma_s}{u_s}\right)^2\right) \qquad (8.\text{LN2d})$$

と書くこともできる．一方，通常建物の破壊確率 p および当該施設の破壊の確率 p_2 は以下のように表すことができる．

$$p = \text{Prob}\left[\frac{R}{S} < 1\right] \qquad (8.\text{LN3})$$

$$p_2 = \text{Prob}\left[\frac{\theta R}{S} < 1\right] = \text{Prob}\left[\frac{R}{S} < \frac{1}{\theta}\right] \qquad (8.\text{LN4})$$

ここで，

$$Z = R/S \qquad (8.\text{LN5})$$

なる確率変数を導入すれば，$\log Z\,(=\log R - \log S)$ も正規分布となっており，その平均，標準偏差はそれぞれ，

$$m_z = m_r - m_s \qquad (8.\text{LN6a})$$

$$d_z = \sqrt{d_r^2 + d_s^2} \qquad (8.\text{LN6b})$$

したがって，通常建物および施設の破壊確率 p, p_2 は，

$$p = \frac{1}{\sqrt{2\pi}d_z}\int_0^1 \frac{1}{Z}\exp\left[-\frac{1}{2}\left(\frac{\log Z - m_z}{d_z}\right)^2\right]dZ \qquad (8.\text{LN7})$$

$$p_2 = \frac{1}{\sqrt{2\pi}d_z}\int_0^{1/\theta} \frac{1}{Z}\exp\left[-\frac{1}{2}\left(\frac{\log Z - m_z}{d_z}\right)^2\right]dZ \qquad (8.\text{LN8})$$

で与えられる．

■ 例題 8.3

通常建物および施設の破壊確率 p, p_2 を，上式で適当な変数変換を行うことにより，関数 $\varPhi$ および変数 m_z, d_z, θ を用いて表せ．

【解答】　変数変換 $y = (\log Z - m_z)/d_z$ を用いると，

8.6 重要度係数の最適解

$$dy = \frac{1}{Zd_z}dZ$$

であるので，積分範囲も変更されることに注意して，それぞれの破壊確率は以下のように求められる．

$$p = \frac{1}{\sqrt{2\pi}} \int_{-\infty}^{-\frac{m_z}{d_z}} \exp\left[-\frac{1}{2}y^2\right] dy = 1 - \Phi\left(\frac{m_z}{d_z}\right) \quad (8.\text{LN}9)$$

$$p_2 = \frac{1}{\sqrt{2\pi}} \int_{-\infty}^{\frac{\log(1/\theta)-m_z}{d_z}} \exp\left[-\frac{1}{2}y^2\right] dy$$
$$= 1 - \Phi\left(\frac{m_z + \log\theta}{d_z}\right) \quad (8.\text{LN}10) \blacksquare$$

さらに，上式から，

$$\frac{\partial p_2}{\partial \theta} = -\frac{1}{\theta d_z}\frac{1}{\sqrt{2\pi}} \exp\left[-\frac{1}{2}\left(\frac{m_z + \log\theta}{d_z}\right)^2\right] \quad (8.\text{LN}11)$$

一方，(8.57), (8.58) 式および (8.LN11) 式より以下の関係式を得る．

$$\frac{1}{\theta d_z}\frac{1}{\sqrt{2\pi}} \exp\left[-\frac{1}{2}\left(\frac{m_z + \log\theta}{d_z}\right)^2\right] = k \quad (8.\text{LN}12)$$

この方程式を $\log\theta$ について解くと，

$$\log\theta = -(m_z + d_z^2) \pm d_z\sqrt{2m_z + d_z^2 - \log 2\pi k^2 d_z^2} \quad (8.\text{LN}13)$$

を得る．ここで，$\theta > 1$ を考えているので，

$$\log\theta > 1 \quad (8.\text{LN}14)$$

の範囲で解を求めればよく，方程式 (8.LN12) の解は，

$$\log\theta = -(m_z + d_z^2) + d_z\sqrt{2m_z + d_z^2 - \log 2\pi k^2 d_z^2} \quad (8.\text{LN}15)$$

となり，θ については，

$$\theta = \exp[-(m_z + d_z^2) + d_z\sqrt{2m_z + d_z^2 - \log 2\pi k^2 d_z^2}] \quad (8.\text{LN}16)$$

ただし，根号条件から，

$$2m_z + d_z^2 - \log 2\pi k^2 d_z^2 \geq 0 \quad (8.\text{LN}17)$$

でなければならない．

ここで，(8.LN6a) 式および (8.LN2) 式より，

$$m_z = m_r - m_s = \log u_r - \log u_s$$
$$- \frac{1}{2} \left\{ \log\left(1 + \left(\frac{\sigma_r}{u_r}\right)^2\right) - \log\left(1 + \left(\frac{\sigma_s}{u_s}\right)^2\right) \right\}$$

$$= -\log \frac{u_s}{u_r} - \frac{1}{2} \log \frac{1 + \left(\frac{\sigma_r}{u_r}\right)^2}{1 + \left(\frac{\sigma_s}{u_s}\right)^2} \qquad (8.\text{LN}18\text{a})$$

ここで，

$$\beta = \frac{u_s}{u_r}, \quad \Delta_r = \frac{\sigma_r}{u_r}, \quad \Delta_s = \frac{\sigma_s}{u_s} \qquad (8.\text{LN}18\text{b})$$

とおくと，

$$m_z = -\log \beta - \frac{1}{2} \log \frac{1 + \Delta_r^2}{1 + \Delta_s^2} \qquad (8.\text{LN}19)$$

を得る．一方，(8.LN6b) 式および (8.LN2) 式より，

$$d_z^2 = d_r^2 + d_s^2$$
$$= \log(1 + \Delta_r^2) + \log(1 + \Delta_s^2)$$
$$= \log(1 + \Delta_r^2)(1 + \Delta_s^2) \qquad (8.\text{LN}20)$$

を得る．したがって，以上の結果を整理すれば，効用最大化原理は耐力，外力が対数正規分布をしている場合，以下のように与えられる．

$$\theta = \exp[-(m_z + d_z^2) + d_z\sqrt{2m_z + d_z^2 - \log 2\pi k^2 d_z^2}] \qquad (8.\text{LN}21\text{a})$$

ただし，

$$D = 2m_z + d_z^2 - \log 2\pi k^2 d_z^2 \geq 0 \qquad (8.\text{LN}21\text{b})$$

$$m_z = -\log \beta - \frac{1}{2} \log \frac{1 + \Delta_r^2}{1 + \Delta_s^2} \qquad (8.\text{LN}21\text{c})$$

$$d_z = \sqrt{\log(1 + \Delta_r^2)(1 + \Delta_s^2)} \qquad (8.\text{LN}21\text{d})$$

(Δ_r：耐力の変動係数，Δ_s：外力の変動係数，β：通常建物の安定率，

k：重要度コスト・パフォーマンス・センシビリティ，θ：重要度係数)

ここで，条件 (8.LN17) について検討しておこう．(8.LN19) 式および (8.LN20)

8.6 重要度係数の最適解

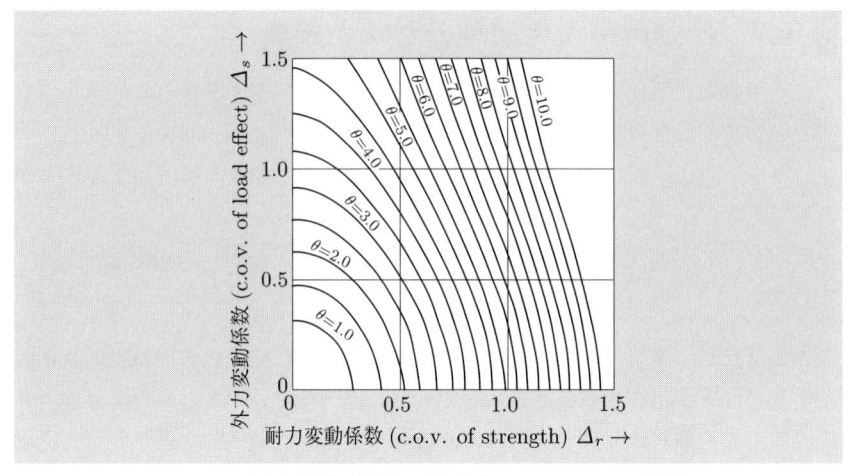

図 8.4 重要度係数（対数正規分布，$k = 0.001$ の場合）

式を (8.LN17) 式に代入して整理すると，

$$\frac{1}{(1+\Delta_s^2)^2}\log(1+\Delta_r^2)(1+\Delta_s^2) \leq \frac{1}{\beta^2 \cdot 2\pi k^2} \quad (8.\text{LN22})$$

となり，この不等式は β は $1/3$ 程度，$k < 0.1$ であることを考えると，通常の変動係数 Δ_r, Δ_s のもとでは常にみたされていることがわかる．ゆえに (8.LN21) 式における不等式条件は通常の場合不用であると考えられる．

Δ_r–Δ_s 空間での等重要度曲線を用いて (8.LN21) 式の値を実際に表したものが図 8.4 である．

$k = 0.001$ の場合，おおよそ図 8.4 から $\Delta_r = 0.35, \Delta_s = 0.6$ のときで重要度係数 2.6 程度となることがわかる．

また，前節の結果と比較すると $0.001 \geq k$ の範囲では対数正規分布の場合の重要度係数の値が大きく $k \geq 0.05$ の範囲では正規分布の場合に求めた重要度係数の値が大きくなっている．

ここでは，正規分布と対数正規分布についてのみ検討を行ったが，ほかの極値分布をはじめとする分布形について今後検討の余地があるが，正規分布，対数正規分布のように，式の展開を簡単に行うことは非常に難しい．

8.7 総効用最大化原理の意味と限界

総効用量大化原理によって重要度係数の最適化を試みたが,その最適化の意味と限界について検討しておくべきであろう.

総効用最大化原理は (8.16) 式, (8.17) 式によって次のように表現することが可能である.

$$\frac{\partial U_s}{\partial \theta} = \frac{\partial C}{\partial \theta} \tag{8.60}$$

この式は社会的効用の重要度係数 θ に関する増加率と建設費の重要度係数 θ に関する増加率が相等しいことを示しており,経済学でいうところの限界効用と限界費用の相等しいという条件にほかならない.したがって,総効用最大化原理自身の持っている意味は明確といえよう.

しかし,社会的効用 U_s については適用限界を明確にしておかねばならない.その1つは社会的効用が (8.13) 式にみられるごとく,1つの期待値としてとられており,確率的変量であるということである.この確率的であるということによって,経済学的には次の2つの問題を生じる.

(1) 不確実性によって最適値を承認する社会的手続きが得にくい(情報不完全性による市場的均衡の失敗).
(2) 期待値ばかりでなくそのバラツキが意味を持ってくることがある(危険回避 risk-aversion の必要).

前者については,重要度係数の決定が自由市場の経済原則に基づいて決定するのではなく,公的部門による決定(あるいは法的措置)が必要であることを示唆している[92]~[94].後者については,社会的効用の分散が大きすぎる場合,総効用最大化原理のみでは不十分であり,ポートフォリオ選択理論などの適用が必要であるといえよう[94]~[97].

次に各状況下での効用 U_1, U_2, U_3, U_4 の計測の問題がある.効用計測は原則的には個人の選択活動観測を通して行われるべきものであるが,異常時(災害時)の価値観に基づく U_2, U_3, U_4 については,こうした観測は不可能であり,環境アセスメントなどにみられる主観的評価手法(デルファイ法など)による

8.7 総効用最大化原理の意味と限界

効用計測が期待される[98].

上記のようないわば経済的社会的問題のほかに構造力学的側面からの総効用最大化原理の意味と限界について簡単に考察しておくことにする．議論の明確化のために耐力および外力が正規分布の場合を考える．(8.N10) 式において（図 8.1 において），重要度係数 θ は通常の変動係数の範囲では総合変動係数 δ の増加に伴いほぼ定率で増加している．このことは施工などのバラツキは重要度係数で補正されることを意味している．しかし，バラツキが極めて大きなものとなると，(8.N10) 式で与えられる重要度係数 θ は総合変動係数 δ の増加にもかかわらず減少し，ある値を δ が超えると根号条件もみたされなくなる．このことは，

$$-\infty < \frac{\partial \theta}{\partial \delta} < 0 \tag{8.61}$$

の範囲，すなわち (8.N12) 式より，

$$\frac{e^{-1/2}}{\sqrt{2\pi k}} < \delta < \frac{1}{\sqrt{2\pi k}} \tag{8.62}$$

の範囲の総合変動係数については，構造耐力を弱くするほうが経済的であるということを主張しており，さらに，

$$\frac{1}{\sqrt{2\pi k}} < \delta \tag{8.63}$$

の範囲の総合変動係数については最適解が得られないことを示している．この事実は次のように解釈すべきであると思われる．すなわち，あまりにもバラツキが大きい場合，むしろ弱い構造物を設計したほうが合理的であるということである．こうした考え方は人命の関与しない特殊な建築物にのみ適用されるべきものであり，通常の建築物，特に公的施設などの建築物の安全性を考える際，非現実的であり，また適用されるべきではないといえる．したがって，現代の建築技術にはこうした異常なバラツキを回避することが要請されているのである．すなわち，総合変動係数を，

$$\delta \leq \frac{e^{-1/2}}{\sqrt{2\pi k}} \tag{8.64}$$

の範囲におさめるような施工精度，設計精度が基本的に要求されているのである．実際，先に示した数値例によれば $k < 0.05$ であり，通常の設計，施工の場

合，文献[88] の調査結果を参照すれば (8.64) 式の条件はみたされていると思われる．

また，総合変動係数 δ を決定する耐力，外力の変動係数の計測も今後の課題として残されているといえよう．

また，現段階で提案されている重要度係数と，ここで求めた値とを比較しておこう．各提案は設計荷重にウエイトをつけるという方法が主であり，原子炉，ダムなどを除けば，1.0～1.6 程度の値が採用されている．本章の数値例では，コスト・パフォーマンス・センシビリティが 0.001 のとき，これらの提案値より大きな値が最適値として求められている．これらの提案値は，本章の結果と対応させると，コスト・パフォーマンス・センシビリティが 0.005，もしくは耐力，外力の変動係数がそれぞれ 0.4，0.4 程度という前提のもとに求められた値であると解せられる．

しかしながら，コスト・パフォーマンス・センシビリティ，変動係数に関する統計的検討は十分なされているとはいえない段階であり，安全側をみこした数値の採用が望まれる．また，現行の各種提案が最適値を規定しているのでなく，下限値を規定しているという認識を計画段階でとる必要があると考えられる．

第9章

都市防災の最適化

　都市防災計画では，もちろん安全性を高めることが目標であるが，限られた財源のもとでの計画なので費用は少ないほうがよい．つまり，安全性と経済性の同時追求が求められる．また，工業製品の安全問題と異なり，防災計画が立案されてから完全な計画完了までには時間がかかり，途中段階でも都市には多くの人が生活しているので，すべての期間にわたっての安全性・経済性の面からの合理性が要請される．本章では，このような都市防災計画の最適化の考え方と方法を検討する．

9.1	都市防災計画の状況
9.2	防災計画の一般的特徴と評価の問題
9.3	2つの集合の比較評価の方法
9.4	防災計画における最適化

9.1 都市防災計画の状況

9.1.1 規制誘導型防災計画の課題

防災計画における最適化といっても，フィジカルな面での因果関係や災害に対する人々の認識のしかたもわからないことが多く，単純に数理的な最適化技法を応用するというわけにいかないことが多い．本章では，むしろ防災計画の置かれた状況を率直に理解し，そのなかでどのような判断が可能かという視点に立ち，問題を定式化し解決する方法を示したい．

議論が抽象的になりやすいので，具体的な防災計画の例をあげ，これを解決することを想定して論を展開したい．以下の例では，数字を単純化して示す．

例 A市では，防火上危険な木造密集市街地があり，その敷地面積合計は，1万m^2である．将来，都市計画的な規制をして，不燃化を進めていく必要に迫られている．つまり，建物が建替わるときに，新設建物は現在の木造建物より燃えにくい建物でなければ建設を許可しないように規制することを考えている．この「燃えにくい建物」としては，法律上「耐火造」もしくは「防火造」といった大まかな分類があるが，このほかにも，建物の開口部の形態や隣棟間隔などによって防火性能は異なってくる．きめの細かい規制をすることで，より安全で効率的な市街地を形成するようにしなければならない．

そこで，一定の防火性能を有する場合には，新設建物の建設を許可し，それ以下では許可しないという規制を考える．問題は，この防火性能の水準としてどのレベルが最適かというものである． □

9.1.2 評価基準

ここで，評価規準としては，その地域で発生する災害から生じる人命損失と，その地域から得られる経済的利益の2つがある．後者については，建築費用のうちの防火性能を確保するためのコストと災害にあった場合の資産（人命を除く）損失額がある．これ以外にも，金銭的利得が考えられるが無視できるものと考えてよい．また，建設コストと損失額は，一定の利子率のもとでまとめて，金銭評価できるので，(マイナスにもなり得るが) 経済的利益は1つの尺度で表すことができる．

一方，人命損失については，後述するように，経済的利益の尺度に還元することはできないと考え，ここでは人命損失の発生確率という尺度を用いる．

すなわち経済的利益（金額）と人命損失の発生確率という2つの尺度で市街地の状態を評価する．つまり，2次元の評価空間で判断することになる．また，今後の議論で考えやすくするため，人命損失の尺度を反転させて，人命安全性の尺度で計ることとすると，評価空間は，人命安全性 L と経済的利益 U の2次元空間となる．さらに，現状での人命安全性 L_0 と経済的利益 U_0 を原点として，市街地の状態を2次元空間の点で表すことができる．以下，現状を $\boldsymbol{n} = (L_0, U_0)$ と表す．

すべての建物が，防火性能の水準 x で作られたときの市街地の状態つまり，人命安全性と経済的利益を $L(x)$ と $U(x)$ とする．この状態 $\boldsymbol{p}(x) = (L(x), U(x))$ を提案状態と呼ぶ．提案状態は，図9.1のように表すことができる．

経済性 U
現状 $\boldsymbol{n} = (L_0, U_0)$：すべて木造の場合
人命安全性 L
提案 $\boldsymbol{p}(x) = (L(x), U(x))$：防火性能水準 x としたときすべてが建替わった場合
提案可能集合 P

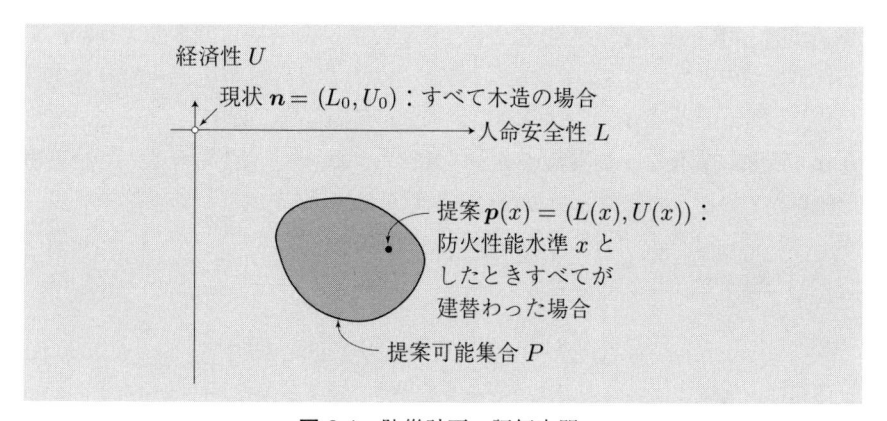

図 9.1 防災計画の評価空間

水準 x が，現状と同じ，つまり木造のままであれば，図9.1の原点にとどまっていることになる．一般的には，木造よりも防火性能を高くするので，人命損失は少なくなり，人命安全性は現状の状態（図9.1の原点）よりも右側にくる．また，経済的利益は，防火性能を高めれば建設費用は大きくなり，被害額のほうは小さくなるものの，全体としては現状に比べてマイナスになる．したがって，原点よりも下側にくる．つまり，提案状態は2次元評価空間で第4象限に位置する．

9.1.3 技術的・制度的制約
提案状態 $\boldsymbol{p}(x)$ は，どんなものでも提案できるわけではなく，技術的・制度

的・経済的制約からある範囲に限定を受けるので，この範囲を提案可能集合 P と呼ぶ．すなわち，

$$\boldsymbol{p}(x) \in P \tag{9.1}$$

である．一般に防災水準 x と評価空間での提案状態 $\boldsymbol{p}(x)$ は，1対1対応と考えてよいので，提案可能集合 P からより望ましい提案状態 $\boldsymbol{p}(x)$ を選択する問題と考えてよい．現状 $\boldsymbol{n}$ と提案可能集合 P は評価空間上で図 9.1 のようになっている．

9.1.4 評価状態の変動性

ほかの最適問題と異なるのは，次のような点である．ある防火水準 x（ある提案状態 $\boldsymbol{p}(x)$）を選択したとしても，すぐに，$\boldsymbol{p}(x)$ という状態が実現されるわけではない．この地域の発展につれ新設建物は徐々に増加し，100%新規建物に建替わったときに $\boldsymbol{p}(x)$ になるが，その途中段階では，図 9.2 のように，現状 $\boldsymbol{n}$ から次第に変化し，提案状態 $\boldsymbol{p}(x)$ に近づいていくと考えられる．新設建物の割合が t のときの状態 $\boldsymbol{a}$ は，ほぼその割合で決まるので，

$$\boldsymbol{a} = t\boldsymbol{p}(x) + (1-t)\boldsymbol{n} \tag{9.2}$$

と仮定できる．つまり，人命安全性と経済的利益が，それぞれ，

$$tL(x) + (1-t)L_0, \quad tU(x) + (1-t)U_0$$

問題は，地域には各時点で人々が生きており，提案状態だけで安全だとわかっても意味がなく，現状から提案状態に至る各状態でも，より望ましいものでなくてはならない．つまり，評価空間での点 $\boldsymbol{p}(x)$ を評価するのだけではなく，提案 x のもとで徐々に変化する未来の状態のすべてについて評価する必要が生じる．提案 x のもとでの未来の状態の集合を実現可能集合 $A(x)$ と呼ぶ．

市街地発展が進んでいくと，高層化が起こり，現在の建物の床面積の合計より新規建物の床面積合計のほうが大きくなることがある．こうした状況を考慮するため，図 9.2 のように $A(x)$ は現状 $\boldsymbol{n}$ から提案状態 $\boldsymbol{p}(x)$ を通り，さらにその先に延長していると仮定する．

いずれにしても，新規建物の建設は，個人の建設行為がほとんどであり，計画側では予測すら難しい．新設建物の割合 t を知ることは困難なのである．また，規制する防火性能の水準によっても新設建物の割合は変化するであろう．この

9.1 都市防災計画の状況

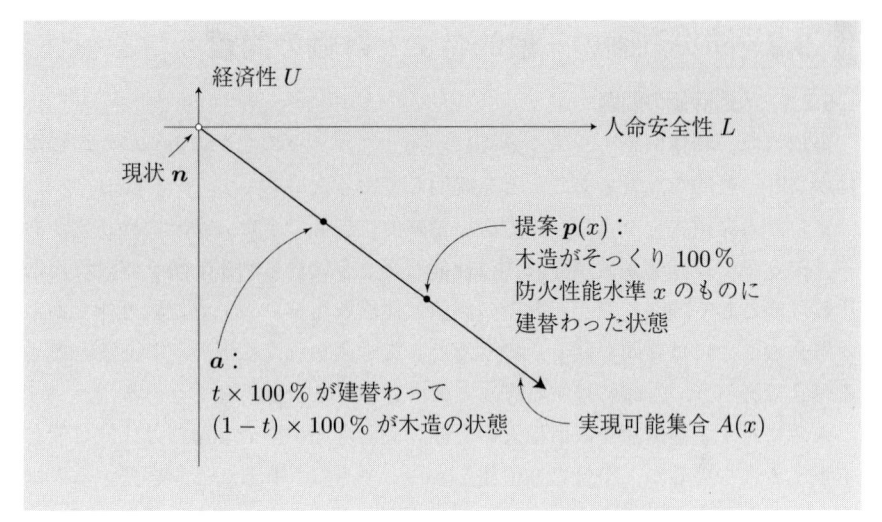

図 9.2 建替え割合の変化による状態の変化

ことは，提案 x と提案 y とを比較する際，市街地の新設建物の状況を推測し，両提案のもとで実現される状態の評価空間での位置を推測し，これを比較してどちらの提案がよいかを決めることが絶望的であることを意味する．われわれには，各提案 x に対して，1つの実現可能集合 $A(x)$ が決まるということだけしかわからないのであり，この実現可能集合 $A(x)$ を率直に比較判断するほかないのである．

ここで，現状のままということは計画しないことと同じであるので，これを除外して考えると，補助パラメータ t は正の値をとると考えてよい．この条件のもとでは，防火水準を x としたときの実現可能集合 $A(x)$ は，以下のようになる．

$$A(x) = \{\boldsymbol{a} \mid \boldsymbol{a} = t\boldsymbol{p}(x) + (1-t)\boldsymbol{n} \quad (t > 0)\} \tag{9.3}$$

このとき，図 9.2 のように実現可能集合は，1つの提案に対して現状 $\boldsymbol{n}$ から1つの半直線になる．

上記の防火性能の義務水準 x を決めるというわれわれの課題は，評価空間の集合 $A(x)$ をみながら望ましい防火水準 x を制約 $\boldsymbol{p}(x) \in P$ を満たすなかから選ぶことである．

9.2 防災計画の一般的特徴と評価の問題

9.2.1 人命評価の問題

前項では，具体例を 1 つやや詳細に記述したが，そのなかのいくつかの特徴はかなり一般的な点でもあることを説明しておきたい[74]．

また，人命損失をなんらかの方法で金銭的に評価できないかという誘惑がある．第 8 章では建物が破壊されずに機能したときに得られる効用を建設費用と比較可能として議論したが，人命の価値と建設費用をいつでも比較可能であると考えることには疑問が残る．できたとしても限られた状況のみであると考えるべきであろう．人命に対する考え方にはさまざまな立場があり得る．

人命に対する補償額を人命損失の金銭評価と考え，人命と金銭は比較可能と主張する人もいるが，十分な補償額をもらっても殺されることを容認する人はいないことで明らかなように，補償額は文字通り償いとしての金銭の額であって人命の評価額ではない．一方，「命は地球より重い」と人命の評価値は無限大であると主張する人もいるが，この考え方にも問題がある．例えば，建築防火に関して人命安全のために限りなく費用をかけることは，建築防火だけを考えているときには妥当なようにも思えるが，防火への過剰なまでの費用負担は逆に交通安全など防火以外の安全性の改善に費用をかける可能性を減少させてしまうことで，トータルには人命安全にならないことすらある．

人命安全と経済性の比較可能性の問題には，修復可能性あるいは再生産可能性という基本的問題が潜んでいる[74]．ここでは，簡単な説明を与えておこう．例えば，電球のような工業製品の場合，電球が切れてしまったならば，新しいものを買えばよい．これは切れてしまった電球と新たな電球とが本質的に等価であり，壊れたものを作りなおすことが可能であることを意味する．このことを再生産可能と呼ぶ．このとき，電球が切れたことによる損害は，新たな電球の購入額とみなして問題ない．また，壁に穴があいたとき，左官屋さんになおしてもらう．腕のよい職人さんがなおすと元通りになる．これを修復可能という．この場合も損害額は修理代と等価とみなすことができる．電球が切れてしまうことや壁に穴があいてしまうことと，人命の損失とは大きく異なる．一度死んでしまうと生き返らないということが本質的である．つまり，生から死の過程があっても，死から生の過程がないことに尽きる．これが，人命安全問題

の深刻な点であり，人命は，修復不可能であり再生産不可能なのである．

このような深刻な問題を抱えているので，人命と金銭の代替性を想定することには慎重になるべきであり，そうした意味で，防災計画の評価問題は人命安全性と経済性という2つの評価規準を持つ多次元評価問題となる．

例題 9.1
人命以外で，修復不可能な性質が問題となるものをあげよ．

【解答】 文化財などの歴史的遺産があげられる．例えば，法隆寺五重塔は，もしも失われてしまうと，たとえ現代技術で同じものを建設したとしても，歴史的価値は大きく低下してしまう．歴史的な意義が失われ，再建したものはあたかも模造品のような意味しかなくなるおそれがある．

このほか，生態系も同様な性質を持つ．一度バランスを失った生態系がもとに戻らなくなることがある．例えば，数の激減した種においては絶滅してしまうと，その種を復活することは現代の技術ではできない．

これら修復不可能なものについて金銭的評価を行うことには無理がある．■

9.2.2 多次元評価の方法

評価項目を金銭的評価に換算できるのであれば，総合的な評価値は1つの金銭的尺度で行い，これを最適化すればよい．しかし，このような換算ができない場合，計画案を合理的に比較することは全くできなくなるだろうか．実は，ある程度の比較ができるのである．以下の議論は，より一般的に換算不可能な評価尺度がいくつあっても同様な議論になるが，以下では，われわれの問題にそくして，人命安全性と経済性という2つの相互に換算不可能な尺度がある場合について説明する．

2つの計画案，A案とB案があるとしよう．人命安全性も経済性もともにA案のほうがB案よりもよいとしたら，A案のほうがB案よりもよいといってよいだろう．どちらを採用するかと問われるならば，どのような価値観の人でもA案を採用するだろう．このように，(a) すべての評価尺度でA案がB案よりも優れているとき，「A案はB案を支配している」という．この支配 (dominant) の概念が多次元評価の基本となる．

少し，微妙なケースも検討しておこう．A案の人命安全性とB案の人命安全

性が同一であり，経済性で A 案のほうが B 案よりも優れているときは，どちらかを採用するならば A 案ということになるだろう．そこで，(b) ある尺度で A 案が B 案よりも優れていて，ほかの尺度では同一もしくは A 案のほうが優れている場合も，「A 案は B 案を支配している」ということにする．

しかし，(c) 人命安全性では A 案が B 案より優れているが，経済性では逆に B 案のほうが A 案よりも優れているという場合には，支配関係は成立しない．

以上のケースを図示すると図 9.3 となる．

(a) A 案は B 案を支配している

(b) A 案は B 案を支配している

(c) A 案と B 案に支配関係は成立していない

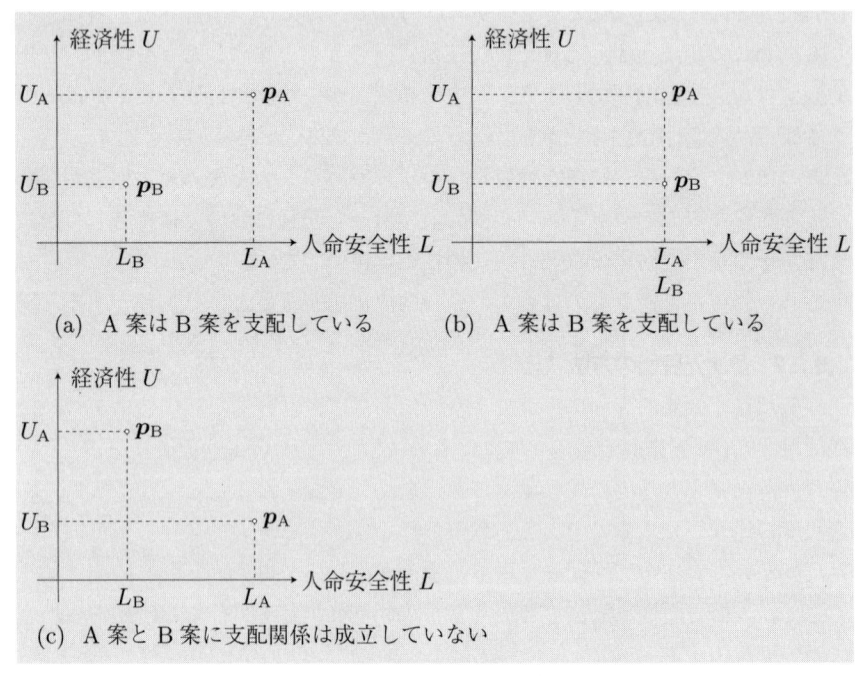

図 9.3 支配関係の概念

上記の支配の関係は 2 つの計画案の関係であることに注意しよう．われわれの課題は，最も優れた計画案を見出すことである．そこで，ある計画案 P^* が，ほかのどの計画案 P_i $(i = 1, \cdots, n)$ に対しても「P^* が P_i を支配している」ということになれば，計画案として P^* を採用すべきだろう．しかし，このような結論が出やすい状況は少ない．実際には，人命安全性の優れた計画案は費用がかさみ経済性に劣ることが多い．なかなか両方の尺度で優れているものがみ

9.2 防災計画の一般的特徴と評価の問題

つかることは少ない．では，どのように考えたらよいだろうか．この疑問に答えるのが「パレート最適」という概念である．考え方は単純で「計画案で支配される案を除いた残りのなかから採用すればよい」という発想である．やや厳密にいいなおすと「計画案の集合のなかでそれを支配するものが存在しない計画案の集まり」をパレート最適集合と呼ぶ．採用すべき案はパレート最適集合から選ぶべきだということになる．パレートの名は効用の考え方を研究したイタリアの経済学者の名前に由来する．

例として，表9.1で示された5つの計画案のパレート最適集合を求めてみよう．横軸に人命安全性，縦軸に経済性をとった2次元評価空間に各案をプロットしてみると図9.4のようになる．

計画案2は計画案1に支配され，計画案4は計画案1にも計画案3にも支配されていることがわかる．したがって，計画案2と計画案4を除いた {計画案1, 計画案3, 計画案5} がパレート最適集合である．もしも，実行案を選ぶ場合には，この3つの案から選ぶべきである．

表9.1 計画案と評価値

計画案	人命安全性	経済性
計画案1	5	3
計画案2	4	1
計画案3	3	4
計画案4	2	2
計画案5	1	5

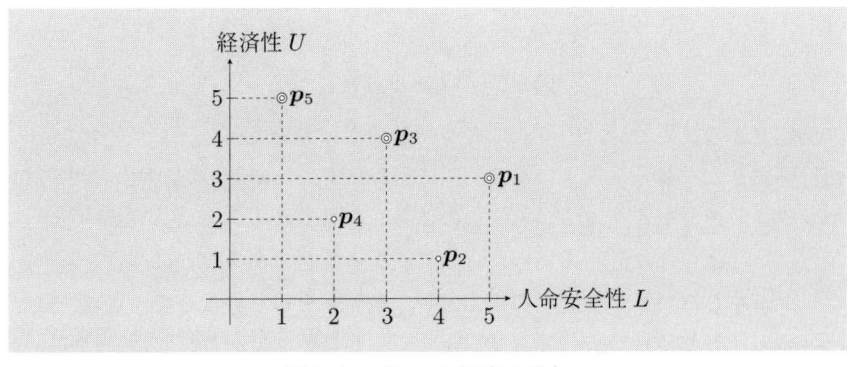

図9.4 パレート最適の概念

例題 9.2

表 9.1 で示された計画案のうち計画案 1 が除外され，かわりに新たに計画案 1′ が加わった 5 つの計画案の集合（表 9.2）に対して，パレート最適集合を求めよ．

表 9.2　変更された計画案と評価値

計画案	人命安全性	経済性
計画案 1′	3	5
計画案 2	4	1
計画案 3	3	4
計画案 4	2	2
計画案 5	1	5

【解答】 横軸に人命安全性，縦軸に経済性をとった 2 次元評価空間に各計画案をプロットすると図 9.5 のようになる．計画案 4 は計画案 3 に支配され，計画案 3 は計画案 1′ に支配され，計画案 5 は計画案 1′ に支配される．このことから，計画案 3，計画案 4，計画案 5 を除く {計画案 1′，計画案 2} がパレート最適集合である．

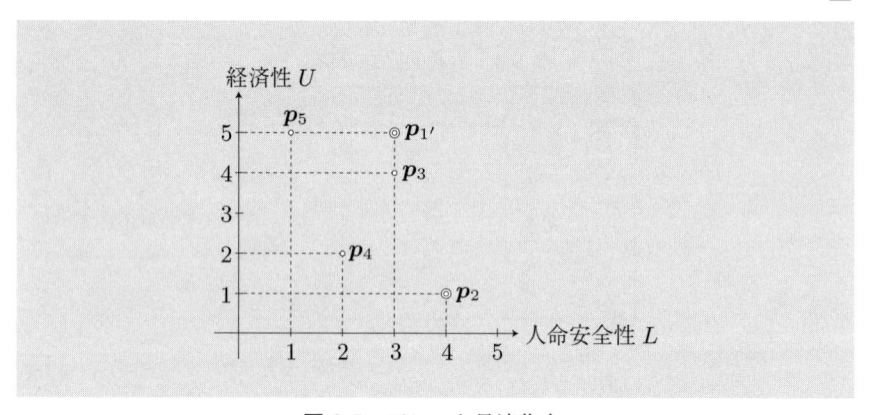

図 9.5　パレート最適集合

例題 9.2 の結果では，表 9.1 の 5 つの計画案においてパレート最適でなかった計画案 2 がパレート最適になり，逆にパレート最適であった計画案 3 と 5 はパレート最適でなくなっている．このことからもわかるように，パレート最適集合は，与えられた計画案集合に対して決まる集合であることに注意しよう．

以上に示したパレート最適の考え方が，経済学をはじめとして，合理的意思決定の方法として用いられており，極めて重要な概念である．しかし，残念なことに，われわれの都市防災問題では，パレート最適の概念が単純に適用する

ことはできない．というのは，図 9.4 や図 9.5 でみたように選択すべき対象は，（人命安全性と経済性を表す）評価空間のなかの点であった．しかし，われわれの問題では，1 つの安全規制水準を選択したとしても徐々に建物が建替わり，そのプロセスは図 9.2 でみたように，評価空間では半直線になっている．つまり，点ではなく集合になっている（次項でより詳しく検討する）．そのことで，パレート最適の概念を活用して新たな評価方法を手にいれることができる．

9.2.3 評価状態の変動性

先の例では，評価対象が実現可能集合というように，評価空間の部分集合となっていた．通常の意思決定問題では，実現状態が複数考えられたとしても，それぞれの生起確率を考え，この期待値としての状況を 1 つ考えるということが行われる．つまり，計画案 x に対して，評価対象は評価空間で 1 つの点 $p(x)$ として評価される．むしろ，このように確率を付与することで，数学的には評価空間がコンパクトな空間となることを保証したり，混合戦略のような凸集合の性質をフルに引き出すことも可能になったといってもよい．また，そのように考えづらい場合でも，資産選択問題のようにバラツキなどの変動要因そのものも評価軸の 1 つとして繰り込むことで，評価対象は，評価空間の 1 つの点に対応する．防災計画でも，このようなことが可能ではないのかという疑問があるかも知れない．しかし，以下の 2 つの理由で，防災計画においては，評価対象を評価空間の点とみなすことには，慎重であるべきである．

防災計画を立案するなかで，しばしば登場するのが「万が一，…ならばどうすべきか」という議論である．可能性は極めて小さいが重大な被害となる状況が，常に問題とされているのであり，単純に期待値のような議論にしてしまうと，このような視点が失われる危険があるのである．もうひとつの問題が，先に述べたように，計画案が提案されてからその実現までに多くの月日がかかるということであり，その途中の段階も問題とされるからである．

具体例に登場した特徴のいくつかが基本的な特徴でもあることを示したが，特に，評価対象が評価空間上で集合として判断せざるを得ないという問題は，防災計画に限らないようにも思える．つまり，評価空間で評価対象を点として処理するこれまでの一般的な最適化技法や意思決定方法で定式化してしまったがゆえに無視されていたことが，ほかの分野の問題でもあると考えられる．

9.3 2つの集合の比較評価の方法

9.3.1 評価空間における支配概念の拡張

先の具体例の問題に戻ろう．これまで数理的方法にない問題，つまり提案水準 x のもとでの実現される状態の集合，実現可能集合 $A(x)$ やほかの水準 y における実現可能集合 $A(y)$ についての比較という問題を検討しよう．すなわち，評価空間内の部分集合の比較という問題を定式化しておこう[45],[58],[99],[100]．

最初に，先に説明した支配の概念やパレート最適の概念など通常の評価空間に関することを，数理的表現を用いてまとめておく．評価空間と称する以上，評価空間の点 u をベクトルで表記したとき，各要素 u_i について順序関係 $>$ および等号関係 $=$ が定義されている．さらに，任意の2つの点 u, v について，

$$\exists i[u_i > v_i] \quad \text{かつ} \quad \forall j[u_j \geq v_j] \tag{9.4}$$

が成立しているならば，u は v を支配しているといい，

$$u > v \tag{9.5}$$

と表記し（最初の各要素 u_i についての順序関係 $>$ と同じ記号を用いているが前者がスカラーに対するものであるのに対し，これはベクトルに関する関係であることに注意），u を v より望ましいものとみなす．この支配の概念は，通常の評価の概念の基本となっているものである．

われわれの課題は，この評価空間における点についての支配概念を拡張して，集合についての順序概念を構築することである．つまり，集合 A, B に関して，

$$ARB \tag{9.6}$$

なる関係 R が成立するとき，集合 B よりも集合 A のほうを望ましいと判断できるような関係 R の概念を上記の支配関係 $>$ を利用して構築することである．

このような関係としては種々のものが考えられるが，あまり議論されていない．まず考えられるのが，

$$AR^*B \Leftrightarrow \forall u \in A, \quad \forall v \in B[u > v] \tag{9.7}$$

として定義できる関係 R^* である．2次元の場合に，この関係を図示したものが，図 9.6(a) である．しかし，このように厳しい関係が成立するのは，具体的

9.3 2つの集合の比較評価の方法

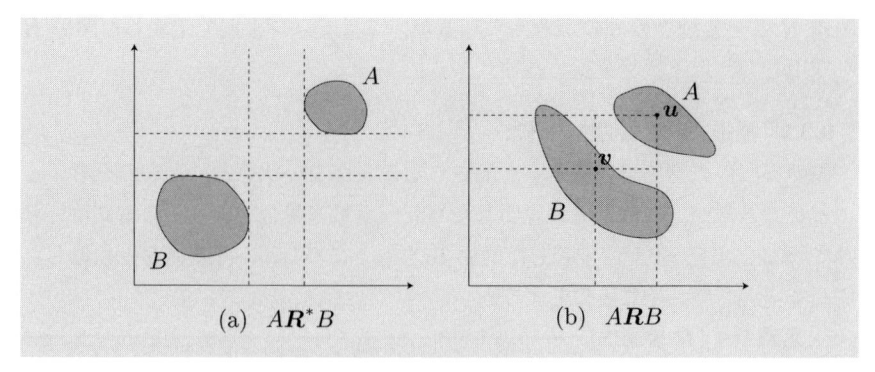

(a) AR^*B (b) ARB

図 9.6 集合の関係

問題のなかでは稀であり，われわれの問題のためには，もう少しゆるい関係が必要である．そこで，次の関係 R を定義する．

$$ARB \Leftrightarrow [\forall v \in B[\exists u \in A[u > v]]] \quad \text{かつ} \quad [\forall u \in A[\exists v \in B[u > v]]] \tag{9.8}$$

直観的には，2次元評価空間では図 9.6(b) のような関係である．この関係 R がわれわれの問題を考える場合に適切であるかどうか考えておこう．A として x を提案したときの実現可能集合 $A(x)$, B として y を提案したときの実現可能集合 $A(y)$ と考えてみる．関係 R の定義の前半は，

$$\forall v \in A(y)[\exists u \in A(x)[u > v]] \tag{9.9}$$

となり，y を提案して実現する状態 v がどんなものであっても，それに対応して，提案 x をしておけばより望ましいもの u が存在していることを主張しており，提案 y のもとでは，提案 x をしておけばもっとよい状態 u があり得たという「後悔」が残ることを意味している．後半は，

$$\forall u \in A(x)[\exists v \in A(y)[u > v]] \tag{9.10}$$

となり，逆に提案 x のもとで実現する状態 u がどんなものであってもそれに対応して，提案 y のもとではそれよりも望ましくない状態 v がありえるということであり，提案 x 以外の提案 y をすると，状態 u のときより悪い状態 v が実現する可能性があることを意味している．こうした意味を考えると，上記の関係 R は一応われわれの期待にそっていると考えることができよう．このほかにも

関係 R として種々のものが考えられるが，ここでは，上記で定義した関係 R を採用して，以下議論を進めたい．

9.3.2 拡張された最適性の概念

先の支配の概念を用いると，支配されることがない状態というものを考えることができるが，これが先に説明したパレート最適集合であり，頻繁に用いられている．以下，上記で定義した関係 R をもとにパレート最適概念と類似した概念を定義しておくことにしよう．

定義 9.1 (R 最適性)

提案可能集合 P が与えられ，その各要素に対して実現可能状態集合 $A(x)$ が定義されるとき，x^* が R 最適な提案であるとは，

$$A(x) \boldsymbol{R} A(x^*) \tag{9.11}$$

$$\boldsymbol{p}(x) \in P, \quad \boldsymbol{p}(x^*) \in P \tag{9.12}$$

なる x が存在しないことである．

すなわち，関係 R の意味で x^* よりも望ましいものが存在しなければ，それが最適であるということである．

9.3.3 パレート・レイ・オプティマム

R 最適性の概念を効率的にわれわれの問題に適用するために，若干特殊な概念を定義しておく．

事例で述べたように，実現可能集合 $A(x)$ は半直線になっていた．図 9.1 を再び眺めてみると，現状 n を原点とすると提案可能集合 P は第 4 象限にあり，図 9.2 に示すように実現可能集合 $A(x)$ は，右下がりの半直線になる．もしも，これが右上がりとなっていれば，原点から離れるほど原点に近いところを支配することとなり，自然と原点から離れたところが選択されていくので，わざわざ計画的な配慮など必要なくなってしまう．現実的には，図 9.2 のようになった場合が問題となるので，実現可能集合のうち，そうしたものだけを扱うために，明確な定義を与えておく．

9.3 2つの集合の比較評価の方法

定義 9.2 (パレート無差別半直線)

実現可能集合 $A(x)$ が原点を通る半直線となっており，$A(x)$ 内のすべての点が $A(x)$ のパレート最適となっているとき，この集合 $A(x)$ をパレート無差別半直線と呼ぶ．

以上のもとで，パレート・レイ・オプティマムという概念が定義できる．

定義 9.3 (パレート・レイ・オプティマム)

すべての提案 x について，実現可能集合 $A(x)$ が原点 n を通るパレート無差別半直線となる場合で，提案 x^* が R 最適のとき，これをパレート・レイ・オプティマムという．

パレート・レイ・オプティマムの概念を明確にし，これを活用するため，まずパレート無差別半直線についての性質を調べておこう．

提案状態 $p(x)$ が提案状態 $p(x')$ を支配しているとき，パレート無差別半直線 $A(x)$ と $A(x')$ がどのような関係があるか考える．まず，パレート無差別半直線 $A(x)$ の任意の要素 z を取り出してみる．つまり，

$$z \in A(x) \tag{9.13}$$

なので，以下のように表現できる．

$$z = tp(x) + (1-t)n \quad (t > 0) \tag{9.14}$$

ベクトルの各成分について書けば，次のようになる．

$$z_i = tp(x)_i + (1-t)n_i \quad (t > 0) \tag{9.15}$$

一方，提案状態 $p(x)$ が提案状態 $p(x')$ を支配していたので，

$$p(x)_i = p(x')_i + \varepsilon_i \quad (\varepsilon_i \geq 0) \tag{9.16}$$

と表すことができる．ただし，上記不等式において，すべてに等号は成立しない．(9.16) 式を先の (9.15) 式に代入すると，

$$z_i = t(p(x')_i + \varepsilon_i) + (1-t)n_i \tag{9.17}$$

である．

ここで，各要素が以下の式で与えられるベクトル z' を定義する．

$$z'_i = tp(x')_i + (1-t)n_i \tag{9.18}$$

このベクトル z' は，t が正であることから，パレート無差別半直線 $A(x')$ の要素である．つまり，

$$z' \in A(x') \tag{9.19}$$

である．

(9.17) 式と (9.18) 式を用いると，

$$z_i = z'_i + \varepsilon_i t \quad (\varepsilon_i t \geq 0) \tag{9.20}$$

ただし，上の不等式中ですべてにおいて等号が成立することはない．このことは次の支配関係が成立することを意味する．

$$z > z'$$

ここで，z および z' がそれぞれパレート無差別半直線 $A(x)$ と $A(x')$ に属していることから，「提案状態 $p(x)$ が提案状態 $p(x')$ を支配しているとき，パレート無差別半直線 $A(x)$ の任意の要素 z に対し，これに支配されるパレート無差別半直線 $A(x')$ の要素 z' が必ず存在する」ということがわかった．

■ 例題 9.3

上の議論を参考にして「提案状態 $p(x)$ が提案状態 $p(x')$ を支配しているとき，パレート無差別半直線 $A(x')$ の任意の要素 z' に対し，これを支配するパレート無差別半直線 $A(x)$ の要素 z が必ず存在する」を示せ．

【解答】パレート無差別半直線 $A(x')$ の定義から，要素 z' の各成分は，

$$z'_i = tp(x')_i + (1-t)n_i \quad (t > 0) \tag{9.21}$$

と表すことができる．一方，提案状態 $p(x)$ が提案状態 $p(x')$ を支配していることから，

$$p(x')_i = p(x)_i - \varepsilon_i \quad (\varepsilon_i \geq 0) \tag{9.22}$$

ただし，上の不等式ですべての成分で等号となることはない．
が成立している．ここで，各要素が以下の式で与えられるベクトル z を定義する．

9.3 2つの集合の比較評価の方法

$$z_i = tp(x)_i + (1-t)n_i \quad (t > 0) \tag{9.23}$$

このベクトル z は上式より，パレート無差別半直線 $A(x)$ に属している．

一方，(9.21), (9.22), (9.23) 式を用いることで，以下のようになる．

$$z'_i = t(p(x)_i - \varepsilon_i) + (1-t)n_i = z_i - \varepsilon_i t \quad (\varepsilon_i t \geq 0) \tag{9.24}$$

ただし，$\varepsilon_i t \geq 0$ においてすべての成分で等号となることはない．
(9.24) 式がベクトル z がベクトル z' を支配していることを意味していることから，「提案状態 $p(x)$ が提案状態 $p(x')$ を支配しているとき，パレート無差別半直線 $A(x')$ の任意の要素 z' に対し，これを支配するパレート無差別半直線 $A(x)$ の要素 z が必ず存在する」ことが示された． ■

さて，例題の直前にわかった事実「提案状態 $p(x)$ が提案状態 $p(x')$ を支配しているとき，パレート無差別半直線 $A(x)$ の任意の要素 z に対し，これに支配されるパレート無差別半直線 $A(x')$ の要素 z' が必ず存在する」と，例題で示された事実「提案状態 $p(x)$ が提案状態 $p(x')$ を支配しているとき，パレート無差別半直線 $A(x')$ の任意の要素 z' に対し，これを支配するパレート無差別半直線 $A(x)$ の要素 z が必ず存在する」をあわせると，次の命題が証明されたことになる．

命題 9.1

提案状態 $p(x)$ が提案状態 $p(x')$ を支配しているとき，$A(x) \boldsymbol{R} A(x')$ となる．

パレート・レイ・オプティマムな提案 x^* を見出す方法を示唆する命題を示しておきたい．

まず，現状 n と提案可能集合 P が与えられたときに，現状 n を頂点とし P を包む円錐 $C(n, P)$ を考える．

$$C(n, P) = \{a \mid a = tp(x) + (1-t)n \quad (t \geq 0, \quad p(x) \in P)\} \tag{9.25}$$

さらに，この円錐の境界を $\partial C(n, P)$ と表す．

まず，この円錐 $C(n, P)$ に関して，(9.25) 式を次のように書き換えることができる．

$$C(n, P) = \{a \mid a \in A(x) \quad (p(x) \in P)\} \cup \{n\} \tag{9.26}$$

この式は，次の命題が成立することを示している．

> **命題 9.2**
>
> 円錐 $C(\bm{n}, P)$ の任意の内点 $\bm{y}$ に関して，以下の条件を満足する提案状態 $\bm{p}(x)$ が提案可能集合 P に属する提案 x が存在する．
>
> $$A(x) = \{\bm{a} \mid \bm{a} = t\bm{y} + (1-t)\bm{n}\}$$

これまでの議論においては，パレート・レイ・オプティマムな提案 x^* の提案状態 $\bm{p}(x^*)$ が提案可能集合 P のパレート最適集合に属すことを要請していないが，パレート・レイ・オプティマムな提案 x^* の提案状態 $\bm{p}(x^*)$ は，すべてパレート最適となっていることが，命題 9.1 および命題 9.2 を用いて証明できる．つまり，次の命題が得られる．ただし，提案可能集合 P におけるパレート最適集合を P^* と表す．証明は第 3 部の問題 2 および 3 とする．

> **命題 9.3**
>
> x^* をパレート・レイ・オプティマムな点とするとき，次の関係が成り立つ．
>
> $$\bm{p}(x^*) \in \partial C(\bm{n}, P) \cap P^*$$

9.4 防災計画における最適化

9.4.1 防災計画における最適化

具体例として示した防災計画の最適化問題について，上記のパレート・レイ・オプティマムの概念を適用してみよう．

命題 9.3 によってパレート・レイ・オプティマムな点 x^* に対応する評価空間上の点 $\boldsymbol{p}(x^*)$ は，現状 $\boldsymbol{n}$ を頂点とする提案可能集合 P を包む円錐 $C(\boldsymbol{n}, P)$ の境界にあることから，まず，この円錐を作る．評価空間が 2 次元であるので，この円錐は図 9.7 で $\boldsymbol{n}T_1$ と $\boldsymbol{n}T_2$ の間の領域ということになる．したがって，その境界 $\partial C(\boldsymbol{n}, P)$ は 2 つの半直線 $\boldsymbol{n}T_1$ と $\boldsymbol{n}T_2$ ということになる．一方，$\boldsymbol{p}(x^*)$ は，提案可能集合のパレート最適集合 P^* にも含まれていることから，半直線 $\boldsymbol{n}T_1$ と提案可能集合 P の接点ということになる．結局，図 9.7 のように，現状 $\boldsymbol{n}$ から提案可能集合 P に接線を引き，その接点を $\boldsymbol{p}(x^*)$ とすれば，この点に対応する義務づけ防火水準 x^* がパレート・レイ・オプティマムな水準となる．

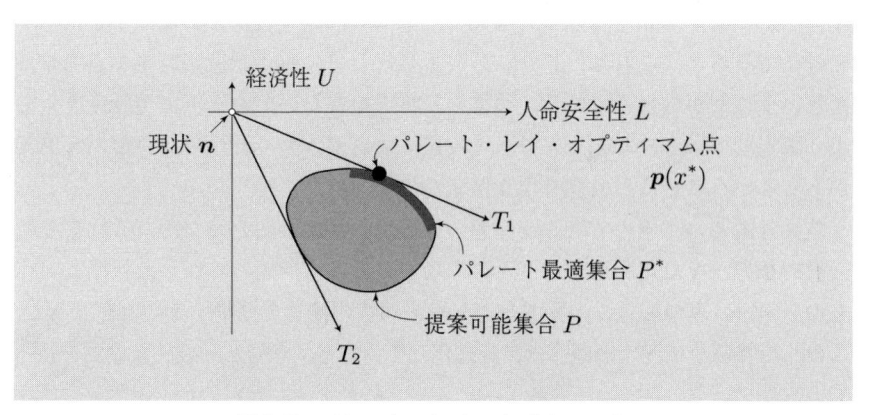

図 9.7　パレート・レイ・オプティマム

これまで議論してきたように，防火水準 x^* を提案しておけば，提案のもとで実現する状態が幅を持っていても，集合の比較関係 $\boldsymbol{R}$ で述べたような意味で望ましい案であることになる．

9.4.2 特定できないという情報の価値

上記までの議論を振り返ってみると，若干奇妙なことが生じている．通常，提案可能集合 P が与えられると，最適なものは，この集合のパレート最適集合にあると考えている．このパレート最適集合のうちのどの点がより望ましいかということに関しては判断のしようがない．

また，本章の議論では，ある提案 x をしても，実現状態は評価空間上では $p(x)$ のような点になるとは限らず集合 $A(x)$ となってしまい，この実現可能集合 $A(x)$ のなかから評価すべき点を特定できないというのが前提であった．

しかし，命題 9.1 によれば，われわれが望ましいものとして探究したパレート・レイ・オプティマムな点は，パレート最適集合 P^* をさらに限定した集合に属している．2次元評価空間の場合，図 9.7 のようにパレート最適集合 P^* は曲線部分になるのに対して適当な条件のもとで，パレート・レイ・オプティマムな点はただ 1 つの点となる．大雑把ないい方をすると，提案可能集合の次元 m に対して，パレート最適集合は $m-1$ 次元であり，パレート・レイ・オプティマムな点の集合は $m-2$ 次元となる．このような限定性がどこから生じたのかを考えてみると，これは，1 つの提案 x に対して，実現状態が特定できなかったということから生じている．つまり，特定できないという事実が最適集合をより限定しているのである．やや大袈裟にいえば，全くわからないという事実があるということは，大変有用な情報なのである．

防災計画という極めて特殊な問題の最適性の議論を紹介したが，これまでの一般的な方法をただ応用しようというのではなく，計画のおかれた状況というものを率直にみつめ，この状況に適した最適性の概念を構築することを試みた．こうした特殊な状況での概念は，定式化してみると，意外と一般的な側面を持っている．

第3部の問題

- **1** (8.27) 式, (8.28) 式より, (8.29) 式, (8.30) 式を導出せよ.

- **2** 9 章の本文で述べたように, パレート・レイ・オプティマムな点 x^* の提案状態 $p(x^*)$ は, 提案可能集合 P のパレート最適となっていることを証明せよ.

- **3** 9 章の本文で述べたように, パレート・レイ・オプティマムな点 x^* の提案状態 $p(x^*)$ は, 円錐の境界に含まれることを証明せよ.

問題略解

第1部

1 $s=3$, $\lambda=1/5$, $\mu=1/10$ より $\rho=\lambda/\mu=2$ であり，例題 1.2 より $p_0=1/9=0.1111$ である．待ち行列の長さの期待値 L_q は，以下のように計算される．

$$L_q = \frac{\mu\lambda\rho^s}{(s-1)!(\mu s-\lambda)^2}p_0 = \frac{8}{9} = 0.8889$$

2 前問の解答とリトルの公式を用いて，待ち時間の平均値 W_q は

$$W_q = \frac{L_q}{\lambda} = \frac{8/9}{1/5} = 4.4444$$

と計算できる．

3 $s=3$, $\rho=\lambda/\mu=2$ であり，例題 1.2 より $p_0=1/9=0.1111$ であるので次のように計算できる．

$$Q = \frac{\rho^s}{(s-1)!(s-\rho)}p_0 = \frac{4}{9} = 0.4444$$

4 この種の問題は勘違いしやすいので具体的な値で考えるとよい．例えば，$1000\,\text{m} = 1\,\text{km}$ の場合，

$$F = \frac{1 \cdot m_1 m_2}{1000^2} = \frac{k \cdot m_1 m_2}{1^2}$$

なので，$k=10^{-6}$ となる．

5 制約条件のない場合のウィルソンモデル $N_{ij} = F_i E_j \exp[-\lambda c_{ij}]$ に，$c_{ij} = k\log r_{ij}$ を代入することで，以下のようにグラビティモデル式になる．

$$N_{ij} = F_i E_j \exp[-\lambda k \log r_{ij}] = F_i E_j \exp[\log r_{ij}^{-\lambda k}] = F_i E_j r_{ij}^{-\lambda k}$$

6 ロジットモデルに，関係式 $u'_{ij} = u_{ij} + a$ を代入すると，以下のようになる．

問 題 略 解　　　　　　　　　　　　　　　　　　225

$$P'_{ij} = \frac{\exp[u'_{ij}]}{\sum_k \exp[u'_{ik}]} = \frac{\exp[u_{ij}]\exp[a]}{\sum_k \exp[u_{ik}]\exp[a]} = \frac{\exp[u_{ij}]}{\sum_k \exp[u_{ik}]} = P_{ij}$$

すなわち，定数を加えても同じ結果になる．

第2部

1 まず，(5.28) 式から，

$$T_n + \frac{1}{a_n} = \frac{\sum_{i=1}^{n-1} \frac{A_{n-1,i}}{a_i^2} + \sum_{i=1}^{n-1} \frac{A_{n-1,i}}{a_i a_n}}{\sum_{i=1}^{n-1} \frac{A_{n-1,i}}{a_i}}$$

であるが，(5.30b) 式を代入して以下のようになる．

$$T_n + \frac{1}{a_n} = \frac{\sum_{i=1}^{n-1} \frac{(a_n - a_i)A_{n,i}}{\lambda_{n-1} a_i^2} + \sum_{i=1}^{n-1} \frac{(a_n - a_i)A_{n,i}}{\lambda_{n-1} a_i a_n}}{\sum_{i=1}^{n-1} \frac{(a_n - a_i)A_{n,i}}{\lambda_{n-1} a_i}}$$

$$= \frac{\sum_{i=1}^{n-1} \frac{(a_n - a_i)A_{n,i}}{a_i^2} + \sum_{i=1}^{n-1} \frac{(a_n - a_i)A_{n,i}}{a_i a_n}}{\sum_{i=1}^{n-1} \frac{(a_n - a_i)A_{n,i}}{a_i}}$$

この式の分子と分母を計算しておく．分子は，以下のように計算できる．

$$A = \sum_{i=1}^{n-1} A_{n,i} \left\{ \frac{a_n - a_i}{a_i^2} + \frac{a_n - a_i}{a_i a_n} \right\} = \sum_{i=1}^{n-1} \frac{A_{n,i}(a_n^2 - a_i^2)}{a_i^2 a_n}$$

$$= \sum_{i=1}^{n-1} \frac{A_{n,i} a_n}{a_i^2} - \sum_{i=1}^{n-1} \frac{A_{n,i}}{a_n} = \sum_{i=1}^{n-1} \frac{A_{n,i} a_n}{a_i^2} - \sum_{i=1}^{n-1} \frac{A_{n,i} a_n}{a_n^2} = \sum_{i=1}^{n} \frac{A_{n,i} a_n}{a_i^2}$$

分母については，

$$B = \sum_{i=1}^{n-1} \frac{A_{n,i} a_n}{a_i} - \sum_{i=1}^{n-1} A_{n,i} = \sum_{i=1}^{n-1} \frac{A_{n,i} a_n}{a_i} - \left(\sum_{i=1}^{n} A_{n,i} - A_{nn} \right)$$

となるが，(5.31) 式より，

$$B = \sum_{i=1}^{n-1} \frac{A_{n,i}a_n}{a_i} + A_{n,n} = \sum_{i=1}^{n-1} \frac{A_{n,i}a_n}{a_i} + \frac{A_{n,n}a_n}{a_n} = \sum_{i=1}^{n} \frac{A_{n,i}a_n}{a_i}$$

となる．したがって，

$$T_n + \frac{1}{a_n} = \frac{\sum_{i=1}^{n} \frac{A_{n,i}a_n}{a_i^2}}{\sum_{i=1}^{n} \frac{A_{n,i}a_n}{a_i}} = \frac{\sum_{i=1}^{n} \frac{A_{n,i}}{a_i^2}}{\sum_{i=1}^{n} \frac{A_{n,i}}{a_i}} = T_{n+1}$$

という結果を得る．

3 一般に，1つの建物からの類焼確率を P_1 とするとき n 個の周辺建物からの類焼確率 P_* は，

$$P_* = 1 - (1 - P_1)^n$$

となるが，P_1 が十分小さいときは次の近似式が成立する．

$$P_* \cong nP_1$$

この式は，周辺からの類焼確率は周辺建物数に比例することを明示している．従来，都市の不燃化の議論では，類焼確率 P_1 の減少が重要視されてきたが，上式が示す事実は都市内の棟数密度も都市防災上重要なファクターであることを意味している．

4 関数

$$G(x) = \ln(1-x)$$

における $x = 0$ でのテイラー展開，すなわちマクローリン展開を考えると，

$$G(x) = G(0) + G'(0)x + \cdots = 0 + (-1)x + \cdots$$

であり，変数 x が極めて小さいときには，2次項以降は無視できるので，

$$G(x) = \ln(1-x) = -x$$

という近似式が得られる．

5 与えられた2式より，変数 S を消去すると，以下の式が得られる．

$$\ln[-\ln\theta]/b - \ln[-\ln\phi]/b_\mathrm{f} = \ln a_\mathrm{f} - \ln a$$

この式は，パラメータを書き換えるだけで，(7.19) 式のように表現できる．

問 題 略 解

第3部

1 (8.27) 式の $p_2=0$ でのテイラー展開近似を考える．まず，q_0 の p_2 による偏微分を計算すると，

$$\frac{\partial q_0}{\partial p_2} = \frac{1}{(p_2+r)(1+r)^{T-1}}\left\{T(1-p_2)^{T-1} - \frac{(1+r)^T - (1-p_2)^T}{p_2+r}\right\}$$

であり，$p_2=0$ における q_0 の値と上記偏微分の値は，それぞれ，

$$q_0\Big|_{p_2=0} = \frac{(1+r)^T - 1}{r(1+r)^{T-1}}$$

$$\frac{\partial q_0}{\partial p_2}\Big|_{p_2=0} = \frac{1}{r(1+r)^{T-1}}\left\{T - \frac{(1+r)^T - 1}{r}\right\} = \frac{rT - (1+r)^T + 1}{r^2(1+r)^{T-1}}$$

となる．したがって，p_2 の値が十分小さいとき，次の近似が成立する．

$$q_0 \cong \frac{(1+r)^T - 1}{r(1+r)^{T-1}} - p_2\frac{(1+r)^T - rT - 1}{r^2(1+r)^{T-1}}$$

同様にして，(8.28) 式より，q_1 の $p_2=0$ でのテイラー展開近似式を作る．q_1 の $p_2=0$ での値および q_0 の p_2 による偏微分の $p_2=0$ での値は，

$$q_1\Big|_{p_2=0} = \frac{(1+r)^T - 1 - rT}{r^2(1+r)^{T-1}}$$

$$\frac{\partial q_1}{\partial p_2}\Big|_{p_2=0} = \frac{2\{1+rT-(1+r)^T\} + r^2T(T-1)}{r^3(1+r)^{T-1}}$$

となるので，次の近似式を得る．

$$q_1 \cong \frac{(1+r)^T - 1 - rT}{r^2(1+r)^{T-1}} - p_2\frac{2\{(1+r)^T - 1 - rT\} - r^2T(T-1)}{r^3(1+r)^{T-1}}$$

2 パレート・レイ・オプティマムな点 x^* の提案状態 $\boldsymbol{p}(x^*)$ が提案可能集合 P のパレート最適集合 P^* に属さないと仮定する．このとき，パレート最適の定義から，提案可能集合 P にある提案 x で，提案 x^* を支配するもの，すなわち，$\boldsymbol{p}(x) > \boldsymbol{p}(x^*)$ となるものが存在している．

したがって，命題 9.1 より，$A(x)\boldsymbol{R}A(x^*)$ が成立している．この事実は，提案 x^* がパレート・レイ・オプティマムでないことを意味する．これは点 x^* がパレート・レイ・オプティマムであることに矛盾するので，提案状態 $\boldsymbol{p}(x^*)$ が提案可能集合 P のパレート最適集合 P^* に属さないと仮定することはできないことになる．したがって，

$$\boldsymbol{p}(x^*) \in P^*$$

つまり，提案状態 $p(x^*)$ は提案可能集合 P においてパレート最適となる．

3 パレート・レイ・オプティマムな点 x^* の提案状態 $p(x^*)$ が円錐境界に属さないと仮定する．すなわち，$p(x^*) \notin \partial C(\boldsymbol{n}, P)$ とする．

一方，提案状態 $p(x^*)$ は提案可能集合 P に属していること，提案可能集合 P は円錐 $C(\boldsymbol{n}, P)$ の内部に含まれること，$p(x^*) \in P$，$P \subseteq C(\boldsymbol{n}, P)$ を考えると，$p(x^*) \in C(\boldsymbol{n}, P)$ であることがわかる．以上のことから，提案状態 $p(x^*)$ は，円錐に属し，その境界に属さないので，円錐 $C(\boldsymbol{n}, P)$ の内点であることになる．

内点 $p(x^*)$ の開近傍すなわち，点 $p(x^*)$ から距離 ε 未満の点の集合

$$E(x^*) = \{\boldsymbol{u} \mid \|p(x^*), \boldsymbol{u}\| < \varepsilon \ (\varepsilon > 0)\}$$

を定義すると，適当な ε を選択することで，

$$E(x^*) \subseteq C(\boldsymbol{n}, P) - \partial C(\boldsymbol{n}, P)$$

とすることができる．このとき，開近傍 $E(x^*)$ 内の点 $p(z)$ を以下のように定める．

$$p(z)_i = p(x^*)_i + \frac{1}{2}\varepsilon$$
$$p(z)_j = p(x^*)_j \quad (j \neq i)$$

この定義により，明らかに，$p(z) > p(x^*)$ となっている．この式と命題 9.1 によって，

$$A(z) \boldsymbol{R} A(x^*) \tag{*}$$

となる．一方，$p(z) \in E(x^*)$，$E(x^*) \subseteq C(\boldsymbol{n}, P) - \partial C(\boldsymbol{n}, P)$ であることから，$p(z) \in C(\boldsymbol{n}, P)$ となっている．この事実と，命題 9.2 より，提案状態 $p(x)$ が提案可能集合 P に属する提案 x が存在して，

$$A(x) = \{\boldsymbol{a} \mid \boldsymbol{a} = t\boldsymbol{p}(z) + (1-t)\boldsymbol{n}\} = A(z)$$

となる．さらに，この事実と (*) 式より，$A(x) \boldsymbol{R} A(x^*)$ となる提案 x が存在していることになる．これは提案 x^* がパレート・レイ・オプティマムでないことを意味する．ゆえに，最初の提案状態 $p(x^*)$ が円錐境界に属さないと仮定することから，矛盾が生じたので，$p(x^*) \in \partial C(\boldsymbol{n}, P)$．つまり，提案状態 $p(x^*)$ は円錐境界に属していることになる．

参考文献

[1] 吉武泰水：施設規模の算定について，日本建築学会論文集，第 42 号，pp.117–127, 1951
[2] 吉武泰水：所要設備個数について（事務所の場合），（学校及び映画館の場合），日本建築学会論文集，第 45 号，pp.76–84, pp.85–94, 1952
[3] 吉武泰水：病院外来部の規模，日本建築学会論文集，第 49 号，pp.130–136, 1954
[4] 吉武泰水：病棟施設の規模，日本建築学会論文集，第 50 号，pp.101–109, 1955
[5] 岡田光正：待合せを伴う共同施設の規模について，日本建築学会研究報告（第二部），第 33 号，pp.69–70, 1955
[6] 岡田光正：規模論の統一に関する理論的考察，日本建築学会論文報告集，第 54 号，pp.557–560, 1956
[7] 浦良一：地域医療施設の使われ方からみた設置計画，日本建築学会論文報告集，第 63 号，pp.309–316, 1959
[8] 岡田光正：経済性を考慮した適性規模の算定法（共同設備の規模算定に関する諸問題・その 5），日本建築学会論文報告集，第 103 号，pp.342, 1964
[9] 岡田光正：建築施設の規模計画に関する研究 (1)（需要が確率的に変動する場合），日本建築学会論文報告集，第 130 号，pp.33–38, 1966
[10] 岡田光正：建築施設の規模計画に関する研究 (2)（需要が時間的に変動する場合及び年々増加する場合），日本建築学会論文報告集，第 131 号，pp.34–39, 1967
[11] 吉武泰水：建築計画概論（上），コロナ社，1967
[12] 岡田光正：施設規模（建築計画学 12），丸善，1970
[13] 岡田光正・小林昭：建築計画決定法，朝倉書店，1972
[14] 岡田光正・高橋鷹志：建築規模論（新建築学大系 13），彰国社，1985
[15] 宮脇一男・長岡崇雄・毛利悦造：待ち合わせ理論とその応用，日刊工業新聞社，1961
[16] 森村英典・大前義次：待ち行列の理論と実際，日科技連出版社，1962
[17] 森村英典・大前義次：応用待ち行列理論，日科技連出版社，1975
[18] Coelho, J. D. & A. G. Wilson: *The optimum location and size of shopping centers*, Regional Studies, vol.10, pp.413–421, 1976

参考文献

[19] Wilson, A. G.：*Advances and problems in distribution modeling*, Transportation Research, vol.4, pp.1–18, 1970

[20] 栗原嘉一郎ほか：分館の利用圏域——公共図書館の配置に関する研究・5—，日本建築学会論文報告集，第 194 号，pp.45–52, 1972

[21] 谷村秀彦：地域施設の最小移動距離配置計画，日本建築学会論文報告集，第 305 号，pp.137–146, 1981

[22] 谷村秀彦：空間相互作用モデルの線形双対性とその地域施設配置計画への応用，第 319 号，pp.98–108, 1982

[23] 青木義次・大佛俊泰：ロジットモデルと空間影響モデルを連動した居住地選択行動モデル，日本建築学会論文報告集，第 444 号，pp.97–103, 1993

[24] 青木義次：集計単位問題についてのノート，総合都市研究，第 65 号，pp.17–24, 1998

[25] 青木義次・村岡直人：遺伝的アルゴリズムを用いた地域施設配置法，日本建築学会論文報告集，第 484 号，pp.129–135, 1996

[26] 青木義次・関口友裕：外部ゾーンを考慮した事業所移動モデルの構築，日本建築学会論文報告集，第 580 号，pp.119–124, 2004

[27] Ben-Akiva, M. and S. R. Lerman：*Discrete choice analysis：theory and application to predict travel dimand*, M.I.T. Press, 1985

[28] Train, K.：*Qualitative choice analysis*, M.I.T. Press, 1986

[29] Vaughan, R.：*Urban Spatial Traffic Patterns*, Pion, London, 1987

[30] 江沢譲爾ほか：経済立地論の新展開，勁草書房，1973

[31] 金子敬生ほか：地域経済の計量分析，勁草書房，1973

[32] 岡田光正・吉田勝行・柏原士郎・辻正矩：建築と都市の人間工学，鹿島出版会，1977

[33] Foot, D.：*Operational Urban Models*, Methuen & Co., Ltd, 1981, 青山吉隆ほか訳：都市モデル，丸善，1984

[34] 土木学会土木計画学研究委員会：土木計画学講習会テキスト 15—非集計モデルの理論と実際，土木学会，1984

[35] 谷村秀彦ほか：都市計画数理，朝倉書店，1986

[36] 日本建築学会編：建築・都市計画のための調査・分析方法，井上書院，1987

[37] 日本建築学会編：建築・都市計画のためのモデル分析の手法，井上書院，1992

[38] 谷口汎邦・青木義次：新学園建設に関する基礎的諸条件の調査研究，日本地域開発センター，1976

[39] 谷口汎邦・青木義次：公共施設における計画過程の構造分析，日本建築学会論文報告集，第 238 号，pp.107–116, 1975

[40] 谷口汎邦・青木義次：公共施設における計画過程の情報関連分析，日本建築学会論文報告集，第 239 号，pp.107–113, 1976

参 考 文 献

[41] 青木義次：地域施設整備過程の最適化とその意味について，第 21 回地域施設計画研究シンポジウム発表論文集「地域施設計画研究 2」，pp.111-116, 1984
[42] 青木義次・納富大輔：地域施設整備過程の最適経路の性質，日本建築学会計画系論文報告集，第 558 号，pp. 183-186, 2002.8
[43] 安田八十五・青木義次ほか：都道府県における公共政策策定のための基礎研究，地方自治情報センター，1975
[44] 石見利勝・青木義次ほか：地方経済情報システムに関する調査研究，地方自治情報センター，1980
[45] 青木義次：計画の構造と手法，建設省建築研究所，建築研究報告第 80 号，1977
[46] ポントリヤーギンほか（関根訳）：最適過程の数学的理論，総合図書，1967
[47] ボルチャンスキー（阪本訳）：最適制御の数学的方法，総合図書，1968
[48] 川越邦雄・青木義次・奈良松範：火災損失額のシミュレーション分析よりみた防火対策の評価，日本建築学会大会学術講演梗概集（計画系），pp.931-932, 1975.10
[49] 森下弥三郎：住宅における火災拡大過程に関する統計的考察，日本火災学会研究発表会概要集，1977.5
[50] 青木義次：火災フェイズの拡大に関する確率論的研究 (1) 各フェイズの滞留確率関数の導出，日本建築学会関東支部研究報告集，pp.421-424, 1977.7
[51] 青木義次：火災フェイズの拡大に関する確率論的研究 (2) 未知パラメーターの推定，日本建築学会関東支部研究報告集，pp.425-428, 1977.7
[52] 青木義次：火災フェイズの拡大に関する確率論的研究，日本建築学会大会学術講演梗概集（計画系），pp.713-714, 1977.10
[53] 青木義次：火災フェイズの拡大に関する確率論的研究 (1)―確率過程モデルとそのパラメーター推定―，日本火災学会論文集，Vol.29, No.1, pp.1-8, 1979.6
[54] 青木義次：火災フェイズの拡大に関する確率論研究 (2)―構造種別による火災拡大の差および人命安全性の尺度，日本火災学会論文集，Vol.29, No.1, pp.9-16, 1979.6
[55] 建設省建築研究所：安全性に関する評価法及び測定法の開発，昭和 51 年度総合技術開発プロジェクト住宅性能総合評価システム開発報告書，1977.3
[56] R. Hooke, A.Jeeves：*Direct Search Solution of Numerical and Statistical Problems*, J. Assoc., Comput., March, Vol.8, pp.221-228, 1961
[57] L. C. W.Dixson：*Non-linear Optimization*, 松原訳，培風館，1974
[58] 青木義次：建築安全計画手法に関する研究，東京工業大学学位論文，1979.5
[59] 佐々木弘明・神忠久：都市における延焼確率とその地域適用性について（その 1），日本火災学会研究発表会概要集，1974.5
[60] 佐々水弘明・神忠久・金子裕一郎：都市における延焼確率とその地域適用性について（その 2），日本火災学会研究発表会概要集，1974.5

[61] 佐々木弘明・神忠久・橘房夫：都市における延焼確率とその適用性について（その3），日本火災学会研究発表会概要集，1974.5
[62] 神忠久・佐々木弘明：都市における延焼確率とその適用性について（その4），日本建築学会大会学術講演梗概集，pp.1327-1328, 1974.10
[63] 佐々木弘明・神忠久・金子裕一郎：都市における延焼確率とその適用性について（その5），日本建築学会大会学術講演梗概集，pp.1329-1330, 1974.10
[64] 青木義次：類焼確率関数の数理・統計的導出，日本建築学会関東支部研究報告集，pp.321-324, 1976.7
[65] 川越邦雄・青木義次・奈良松範：地区防火計画のシミュレーション分析，日本建築学会大会学術講演梗概集，pp.873-874, 1976.10
[66] 青木義次：地区安全性の費用便益分析．建築研究所年報，pp.385-387, 1978.3
[67] 青木義次：類焼確率関数の数理的導出，日本建築学会大会学術講演梗概集，pp.785-786, 1978.9
[68] 佐々木弘明・神忠久：都市火災の延焼確率と延焼シミュレーション，統計数理研究所彙報第26巻，第1号，pp.11-21, 1979
[69] 青木義次：都市火災拡大の一次元離散型確率モデル―都市火災拡大の確率論的分析研究その1―，日本建築学会論文報告集，第381号，pp.111-121, 1987.11
[70] 糸井川栄一・塚越功：飛火を考慮した市街地火災の確率的延焼モデル，都市計画論文集，日本都市計画学会，No.23, pp.469-474, 1988.11
[71] 青木義次：都市火災拡大の二次元一様空間確率モデル―都市火災拡大の確率論的分析研究その2―，日本建築学会論文報告集，第386号，pp.27-35, 1989.2
[72] 青木義次：類焼確率関数―都市火災拡大の確率論的分析研究その3―，日本建築学会計画系論文報告集，第402号，pp.45-51, 1989.8
[73] 堀内三郎：建築防火，朝倉書店，1972
[74] 川越邦雄・青木義次：安全論，新建築学大系：建築安全論（1章），彰国社，1983.3
[75] 水野弘之・堀内三郎：地震時の出火率と住家全壊率の関係について，日本建築学会論文報告集，第247号，pp.101-110, 1976.9
[76] 水野弘之，堀内三郎：地震時の出火件数の予測に関する研究，日本建築学会論文報告集，第250号，pp.81-90, 1976.12
[77] 青木義次：倒壊率―出火率関係式の構造について，日本建築学会大会学術講演梗概集（計画系），pp.1543-1544, 1980.9
[78] 熊谷良雄・青木義次・糸井川栄一：建物用途を考慮した地区別出火危険度の算定方式に関する研究，日本都市計画学会学術発表論文集，第17号，pp.553-558, 1982.11
[79] 小林正美：1923年関東地震における出火状況の分析―都市地震火災の出火状況の予測に関する研究（第一報），日本建築学会論文報告集，第337号，

pp.99–105, 1984.3
- [80] 小林正美：関東地震以降の主な地震における出火状況の分析―都市地震火災の出火状況の予測に関する研究（第二報），日本建築学会論文報告集，第338号，pp.115–121, 1984.4
- [81] 水野弘之・小林正美：「1923年関東地震における出火状況の分析―都市地震火災の出火状況の予測に関する研究（第一報）」に対する質疑討論，日本建築学会計画系論文報告集，第351号，pp.122–125, 1985.5
- [82] 青木義次：地震時出火の確率構造，日本建築学会計画系論文報告集，第412号，pp.53–60, 1990.6
- [83] 浜田稔ほか：建築防火論，建築学大系21，彰国社，1975
- [84] 棚橋一郎ほか：市街地における出火・延焼の予測手法に関する研究，建築研究報告 No.102，建設省建築研究所，1983.2
- [85] E. J. Gumbel：*Statistics of extremes*, Columbia Univ. Press, 1957, （河田ほか訳：極値統計学，広川書店，1963）
- [86] 中野清司：建築構造の安全性に関する研究の現状，建築研究報告 No.73，建設省建築研究所，1976.3
- [87] 青木義次：重要度係数の最適化，建築研究報告 No.74，建設省建築研究所，1976.10
- [88] 建設省建築研究所（担当国土開発技術研究センター）：目標公準に関する基本調査，昭和51年度総合技術開発プロジェクト新耐震設計法開発報告書，1977.3
- [89] 青木義次：重要度係数の最適化，日本建築学会論文報告集，第266号，pp.115–121, 1978.4
- [90] 青木義次：重要度係数の最適解，日本建築学会論文報告集，第267号，pp.113–120, 1978.5
- [91] 星谷勝：確率的手法による構造解析，鹿島出版会，1973.3
- [92] Arrow, K. J.：*Alternative Approaches to the Theory of Choice in Risk-Taking Situation*, Econometrica, Vol.19, 1951
- [93] Arrow, K. J.：*The Limits of Organization*, W.W. Norton & Company, 1974
- [94] 野口悠紀雄：憶報の経済理論，東洋経済新報社，1974
- [95] Tobin, J.：*Liquidity Preference Behavior Towards Risk*, The Review of Economic Studies, Vol.25
- [96] Markowitz, H. M.：*Portfolio Selection：Efficient Diversification of Investment*, Cowels Foundation for Research in Economics at Yale University, Monograph 16, New York, John Wiley & Sons, Inc., 1959
- [97] Scott, F. R.：*Multivariate Risk Aversion*, Utility Independence and Separable Utility Functions, Management Science, Vol.22, 1975

[98] Aoki, Y.: *Scenario-Matrix as a Systematic Evaluation Method for Building Production*, BRI Research Paper No.60, 1974

[99] 青木義次：計画の社会的機能と状況的計画，都市計画，No.102, pp.10–19, 1978.6

[100] 青木義次：防災計画における最適化，オペレーション・リサーチ，Vol.38, No.1, pp.29–33, 1993.1

[101] 谷村秀彦ほか：地域施設計画，新建築学大系 21（4章），彰国社，1984.3

索　引

あ 行

安全率　8, 192
移動費用　33
ウィルソンモデル　39
運営費用　24
エコロジカルファラシー　45
延焼　141
円錐　219
円錐の境界　219
エントロピーモデル　38, 40

か 行

回収年数　186
回収率　187
外挿法　55
外力　158
火炎の接触　140
火災フェイズ　102
ガリン・ローリーモデル　68
河角式　156
換算評価　24
ガンベルの極値分布　160
ガンベル分布　45
基幹産業部門　70
危険回避　200
規制誘導型防災計画　204
規模論　4
極値分布　45
極値分布 I(max)　163

極値分布 I(min)　160
極値分布 II(max)　163
極値分布 II(min)　161
切り替え時刻　96
空間相互作用モデル　38
グラビティモデル　32
経済的利益　205
現在価値　24
後悔　215
行動モデル　45
効用　45
効用変動率　183
コスト当たり効用変動率　190
コスト当たりコスト増加率　191
コスト増加率　182
コスト・パフォーマンス・
　センシビリティ　182
コホートモデル　62
ゴンペルツ曲線モデル　58

さ 行

サービス水準　88
サービス水準最大化　88
サービス窓口　14
サービス率　9
最終類焼確率　146
最小自乗法　34
再生産可能性　208
最大値原理　92
最適性　216

残存確率　110
残存価値　24
時間距離　33
市場的均衡　200
指数曲線モデル　57
指数分布　13
施設サービスによる便益　24
施設需要　63
施設整備　86
施設便益　24
実現可能　96
実現可能集合　206
始点制約型モデル　44, 74
支配　209
社会的効用　180
集計単位問題　45
終点制約型モデル　44, 76
修復可能性　208
重要度係数　176
出火耐力　159
出火率　156
需要対応化　89
瞬間消火率　105, 122
瞬間遷移率　105, 122
瞬間避難確率　131
上限漸近曲線モデル　58
状態遷移確率の微分方程式　105
状態遷移モデル　103
情報不完全性　200
初期建設費用　24
人命安全性　205
人命評価　208
正規分布　164
整備目標年次　87
世帯構造変化モデル　63
整備水準　87
遷移確率　64

全費用　24
早期達成化　89
総合変動係数　192
総効用最大化原理　180

た 行

耐力　158
多項式回帰モデル　55
達成されていない不満　89
達成目標整備水準　87
卵型現象　31
単年度型予算　87
地域産業部門　70
地域施設　6
地域施設整備過程　87
着火可能性　143
中央安全率　192
超過確率法　8
直線回帰　55
提案可能集合　206
提案状態　205
転出率　65
等温線　141
倒壊率　156
到着間隔　13
到着率　9
等利用率曲線　30

は 行

ハフモデル　37
ハミルトニアン　92
パレート最適　211
パレート無差別半直線　217
パレート・レイ・オプティマム　216, 217
非顕在的価値意識　90
非達成不満　90

索　引

避難失敗確率　133
避難の確率モデル　131
火の粉　140
評価基準　204
標準正規分布　164
費用便益感度　182
費用・便益分析　6, 24
非類焼確率関数　147
フェイズの存在確率　123
輻射熱　140
不足感　89
平均消火時間　113
平均到達時間　111
平均避難時間　132
ポアソン到着　13
ポアソン分布　12
ポートフォリオ選択理論　200
ポントリヤーギン　92

ま　行

待たせることによる損失　24
待ち時間　16
待ち損失　24
窓口　14
マンハッタン距離　33

面積制約条件　83

や　行

用途係数　176

ら　行

ライリー　32
ランダム到着　10
リトルの公式　18
利用率　30
隣接係数　143
隣接効果関数　144
隣棟間隔　141
類焼　140, 141
類焼確率　142, 145
類焼確率関数　145
類焼力　144
ローリーモデル　68
ロジスティック曲線モデル　59
ロジットモデル　38, 45

欧　字

dominant　209
R 最適性　216

著者略歴

青木義次
1972年　東京工業大学理工学研究科社会工学専攻修士課程修了
1972年　建設省建築研究所入所
1983年　東京工業大学工学部建築学科助教授
現　在　東京工業大学大学院 理工学研究科建築学専攻教授
　　　　工学博士

主要著書
一目でわかる建築計画（共著，学芸出版社）
建築安全論（共著，彰国社）

工学のための数学＝EKM-A5
建築計画・都市計画の数学
── 規模と安全の数理 ──

2006年1月25日ⓒ　　　　　初　版　発　行

著者　青木義次　　　　　発行者　矢沢和俊
　　　　　　　　　　　　印刷者　篠倉正信
　　　　　　　　　　　　製本者　石毛良治

【発行】　　　　　株式会社　数理工学社
〒151-0051　東京都渋谷区千駄ヶ谷1丁目3番25号
☎(03)5474-8661(代)　　　サイエンスビル

【発売】　　　　　株式会社　サイエンス社
〒151-0051　東京都渋谷区千駄ヶ谷1丁目3番25号
☎(03)5474-8500(代)　　振替 00170-7-2387

印刷　ディグ　　　　　製本　ブックアート
《検印省略》
本書の内容を無断で複写複製することは，著作者および出版者の権利を侵害することがありますので，その場合にはあらかじめ小社あて許諾をお求め下さい．

サイエンス社・数理工学社の
ホームページのご案内
http://www.saiensu.co.jp
ご意見・ご要望は
suuri@saiensu.co.jp　まで．

ISBN4-901683-32-2

PRINTED IN JAPAN

工学のための
データサイエンス入門
フリーな統計環境Rを用いたデータ解析

間瀬　茂・神保雅一・鎌倉稔成・金藤浩司　共著

A5判／264頁／本体2300円

2色刷　ISBN4-901683-12-8

本書の特徴
- 統計学の本来の意味が理解できるように，現実的なデータを使用．
- 理論と数値解析の詳細をRにまかせることにより，従来のテキストでは不可能であった現代的で重要な統計手法も紹介．
- 様々な統計手法を，Rで解析する手順に沿って解説し，解析結果の具体的意味がわかるように工夫．

主要目次
第1章　データとその記述
第2章　確率分布と母集団特性量
第3章　推定と検定
第4章　単回帰モデル
第5章　重回帰分析
第6章　分散分析
第7章　非線形回帰
第8章　シミュレーション
第9章　補遺

発行・数理工学社／発売・サイエンス社